高等职业院校文化素质教育改革创新教材

DAXUESHENG RENWEN XIUYANG

（医护类）

大学生人文修养

主编　吴慧荣　王　娜

中国教育出版传媒集团

高等教育出版社·北京

内容提要

本书是高等职业院校文化素质教育改革创新教材。

本书包括史学修养、哲学修养、社会学修养、科学修养、文学修养、语言学修养等六章内容，分别对医学的发展历程，医学哲学的形成与发展，社会发展与疾病和健康的关系，科技对医学发展的巨大影响，文学对人性的理解与生命的关照，良好表达、沟通能力对医护人员的重要作用等方面进行了阐述。附录部分包含中国传统文化常识、百家姓、医学领域容易读错的字、优秀书目推荐等内容。本书立足于落实立德树人根本任务，突出人文性，有助于学生深入了解当代医学人文精神的深刻内涵。

本书适合作为高职院校普及中华优秀传统文化知识、提高人文素养的通识课教材，也可以作为社会人士提升人文素养的课外读物。

图书在版编目(CIP)数据

大学生人文修养：医护类 / 吴慧荣，王娜主编. ——
北京：高等教育出版社，2024.5
　　ISBN 978 - 7 - 04 - 061138 - 0

Ⅰ. ①大… Ⅱ. ①吴… ②王… Ⅲ. ①大学生-人文
素质教育-高等职业教育-教材 Ⅳ. ①G640

中国国家版本馆 CIP 数据核字(2023)第 174415 号

| 策划编辑 | 雷　芳　赵力杰 | 责任编辑 | 赵力杰 | 封面设计 | 张文豪 | 责任印制 | 高忠富 |

出版发行	高等教育出版社	网　　址	http://www.hep.edu.cn
社　　址	北京市西城区德外大街 4 号		http://www.hep.com.cn
邮政编码	100120	网上订购	http://www.hepmall.com.cn
印　　刷	上海盛通时代印刷有限公司		http://www.hepmall.com
开　　本	787mm×1092mm　1/16		http://www.hepmall.cn
印　　张	14.75		
字　　数	299 千字	版　　次	2024 年 5 月第 1 版
购书热线	010-58581118	印　　次	2024 年 5 月第 1 次印刷
咨询电话	400-810-0598	定　　价	32.00 元

本书如有缺页、倒页、脱页等质量问题，请到所购图书销售部门联系调换

编写委员会

前言

"人文"一词最早见于《周易》："刚柔交错，天文也；文明以止，人文也。观乎天文以察时变，观乎人文以化成天下。"意思是观察自然界的运行规律，以认知时节的变化；注重人事伦理道德，将教化推广于天下。在西方，"人文"一词最早被用于14到16世纪的欧洲文艺复兴运动。这场运动主张以人为本，肯定人的价值与尊严，出现了一大批文学艺术家，创作出了探索人性、歌颂人性的不朽作品。这场运动所倡导的思想主张形成了以关怀人的个性、维护人的尊严、尊重人的价值为核心的人本主义理论体系。

正如党的二十大报告中指出的："中华优秀传统文化源远流长、博大精深，是中华文明的智慧结晶。"中国的人文主义体现在由道德主体所开启的精神境界里，这个道德主体就是人类本身。中国人以"仁善"为道德核心的思想体系，其本质正是关怀他人、尊重他人。随着人类社会的不断进步，人文理论已形成，并融入多个学科，如历史学、哲学、伦理学、社会学、文学、美学。这些学科从不同角度对人类思想意识和情感体验进行了研究，是人类文化的核心部分。

医学人文是一个探讨医学源流、医学价值、医学规范以及与医学有关的其他文化现象的学科群，包括医学史学、医学哲学、医学社会学、医学伦理学、卫生法学、卫生经济学等，强调的是在医学领域里各种文化现象的体现。

人文医学是集自然科学、人文科学、社会科学知识于一体的医疗系统服务，即医务人员以医学知识为基础，以人文科学、社会科学知识为底蕴，采用传统的和现代的诊断与治疗技术手段向病人提供优质服务的新学问。

医学人文是从社会科学角度阐述的，人文医学是从自然科学角度阐述的，但无论从何种角度阐述，医学因其"服务对象是人的生命"这一特殊性，其核心内涵都是一致的，那就是以病人为本，强调一切从人性出发，强调在医疗过程中对人的关怀和尊重，倡导既继承传统又契合时代特点的医德内涵。医学人文是人文医学得以发展的基础。

根据以上理论阐述，我们探索编写了这本教材，内容包括史学修养、哲学修养、社会学修养、科学修养、文学修养、语言修养等六章内容。史学修养阐述了医学的发展历程，旨在使学生认识历史

上重要人物对医学发展所做的贡献,学史做人,学史做事,培养学生热爱我国历史和文化遗产,坚定历史自信,传承民族精神;哲学修养阐述了哲学与医学的关系及医学哲学的形成与发展,旨在激励学生追求崇高的从医境界;社会学修养阐述了社会学知识,旨在使学生认识社会发展与疾病、健康的关系,促进其认识和发展自己的社会角色;科学修养阐述了医学科学精神,旨在使学生了解科技对人类发展的巨大意义,培养学生的医学科研意识;文学修养旨在使学生了解医护人员面对的病人不是单纯的物质身体,而是有着复杂思想感情的生命个体,文学作品中蕴含着丰富的人性理解与生命关照,通过赏析文学作品能更深入地了解社会、了解他人、了解自己,这是走进医学深处的另一条门径;语言修养阐述了表达能力、医卫沟通技巧、汉字规范书写、普通话、演讲、医学科技论文等方面的内容,旨在培养学生的口语表达能力及职业应用文写作能力。附录部分是对教材的重要补充,包括中华优秀传统文化基本常识、普通话等级考试试题示例、百家姓、医学领域容易读错的字、大学生阅读书目推荐等。

　　本书从人文理论入手,深入浅出地阐述了医学领域的人文内涵,并结合生活及医学案例,通过人文实践活动,对医学生进行人文精神的内化养成。我们希望本书能建构人文知识、人文精神、人文能力的三维度人文修养教育模式,探索基于生活职业情境的以学生为中心、以问题为基础、以讨论为手段的高效教学方法。

　　本书力求将人文精神与职业能力相结合,紧扣医学人文精神与知识能力,培养医者仁心、人文素养及医用沟通与写作能力;在形式上,本书创新教材与学生学习笔记、教材与教师教学笔记相结合的笔记式教材形式,教材融教学载体与学习思考于一体,每章内容结束留有空白页,用以学生梳理思维导图、案例分析、思考问答、实践活动设计及总结反思、写作本章学习感悟等,是教与学、读与写、知识性与工具性、理论性与实践性多项功能兼具一体的实用、高效的教材形式。

　　本书可作为医学类职业院校人文素质教育公共基础课教材,也可作为对人文精神人文关怀有理念的临床医务人员自我提升的读本。医学人文教育迫在眉睫又方兴未艾,希望本书能为探索医学人文教育的同行起到抛砖引玉的作用。

　　因编写水平有限,不当之处敬请各位专家及广大读者批评指正!

编　者
2024 年 1 月

目录

第一章

我们从历史的源头走来——史学修养

【学习目标】

知识目标：了解医学的起源及发展历程，认识学习医学史的意义。

能力目标：以史为鉴，学史做人，学史做事。

素养目标：学习医学家的伟大精神，提高医德，树立为医学献身的精神。

    中国是一个历史悠久的国家。从 170 万年前起，远古人类就在这片土地上繁衍生息，发展出博大的中华文明。回望数千年的人类文明历史，很多古代文明都已湮灭，唯有中华文明是人类历史上没有中断的文明，如今依然焕发着勃勃生机。中医药文化是中华优秀传统文化的瑰宝，是中华文明几千年历史留给后人的宝贵财富，也是打开中华文明宝库的钥匙。历史是一面镜子，我们可以从历史中得到启迪。

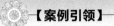

"一带一路"让中国传统医学震撼世界

数千年的中国医学历史,是光辉灿烂中华文明的重要组成部分,中医独特的治疗方法、神奇的医疗效果引起了世界医学专家的极大兴趣。中医针灸已有五千多年的历史,2010 年被联合国教科文组织列入"人类非物质文化遗产代表作名录"。近年来,"一带一路"合作伙伴出大批热爱和学习针灸的外国朋友,他们学习、教授和传播针灸,让中医药针灸成为世界的针灸。

第二届"一带一路"国际合作高峰论坛民心相通分论坛于 2019 年 4 月 25 日在北京国家会议中心举办。中医药是中华文明与"一带一路"合作伙伴交流合作的载体之一,是中华文明的宝贵财富,也将在"一带一路"倡议下惠及更多人民。在国家中医药管理局的指导和支持下,世界针灸学会联合会作为中医药领域唯一社会团体代表,参与了此次分论坛的故事分享环节。

一位手脚僵直、患有多发性硬化症的画家,仅仅希望能够再拿起勺子吃饭,经过三个月的针灸治疗得到康复。从艰难地移动手脚,到能够生活自理,并且重新拿起了画笔,她爱上了中国的针灸,甚至用针灸作画,并开办画展,希望让中医传播得更远。一位有言语障碍的自闭症儿童,经过针灸治疗,变成了能够表达、乐于表达的积极乐观的孩子,为此家长感激不已……

"一带一路"倡议使古老的中医药针灸惠及更多国家的人民。随着中医药文化的进一步传播,中医将创造更多的奇迹,造福人类。

(资料来源:《神奇! 针灸助患有多发性硬化症画家重拾画笔——来听"一带一路"国际合作高峰论坛上的中医针灸故事》,人民政协网,有改动。)

第一节 走进史学

读史使人明智。历史,是社会文明的重要传承,凝聚着人类的智慧结晶。历史离我们并不遥远,每个人都生活在历史的长河中。我们今天的一切,都是过去的延续和发展。明天,又将从今天出发。一个民族若忘记了自己的历史,就会在今天风云变幻的世界大潮中,失去自我,随波逐流。历史是延伸的。历史是文化的传承、积累和扩展,是人类文明的轨迹。

一、什么是史学

史学是记载和解释一系列人类活动历程的一门学科。历史比史学含义更广。历史是一个总称,涉及过去的事件和活动,以及对这些事件行为有系统的记录、研究和诠释。历史是客观存在的,无论史学家们如何书写历史,历史都以自己的方式存在着,不可改变。

许慎《说文解字》说:"史,记事者也;从又持中,中,正也。"可见"史"的本义是"记事者",也就是"史官"。由此引申,则"史"代表被史官记录的事。史学是研究人类变化、社会兴替的重要的学科。我们只有了解了真实的历史,才能透过复杂的现象看到历史的本质。因此,读史可以使自己在面对事情时更容易做出正确的判断,使人明智。

(一) 历史是思想的历史

古人遗留给我们的,不仅仅有遗文、遗物,还有其思想。英国历史学家柯林伍德在《历史的观念》中说:"历史的过程不是单纯事件的过程,它有一个由思想的过程所构成的内在方面;而历史学家所要求的正是这些思想过程。一切历史都是思想史。"即历史学家研究的不是狭义的思想史,而是一切历史行为内在的思想,这个范围包括政治史、经济史、军事史、宗教史、艺术史等。历史学家需要关注的正是这些历史行为内部的历史思想,只有思想才能构成历史行为。历史的叙事、评判与信念,都离不开思想的主观判断。

史学的研究对象是人类的行为,人类的行为是"外部"的行动与"内部"的思想的统一体,因此历史研究必须深入了解历史人物"内部"的思想,即在"历史学家心灵中重演过去的思想",并将历史人物没有明确表达的思想通过"构造"的方法补全,从中获取对人类思想的认识,并将其认识表述出来,这就是历史研究的目的和使命。也就是说历史的因果、是非、定论,无一不是思想纵横驰骋的结果。

(二) 历史是人物的历史

每个人的一生都是一部历史,每个人的历史都是独特的。无数人的历史连接成为整个人类的历史。

1. 杰出人物是历史发展中的关键力量

所谓的杰出人物,是指那些能够反映时代要求,代表先进的阶级、阶层或者社会集团的利益,对历史发展起进步作用的领袖人物,如政治家、思想家、科学家、艺术家,杰出人物是历史人物中对推动历史发展做出重要贡献或起重要作用的人。在历史发展进程中,新的历史任务往往是由具有进步意义的历史人物首先发现或提出来的。杰出人物能够及时掌握到时代的脉搏,反映社会发展的趋势和要求,相比同时代的人,他们能最早地发现新的历史任务,并能提出进步的思想、纲领和口号,从而为人民群众和进步阶级的斗争指明道路和方向。

2. 人民群众是历史的创造者

马克思主义唯物史观认为,人民群众是社会历史的主体,是历史的创造者。首先,人民群众是社会物质财富的创造者,物质资料的生产方式始终是人类社会赖以存在和发展的基础。而且人民群众又是物质资料生产活动的主体,人民群众总是先解决衣食住用行等必需的生活资料问题,然后才能从事政治、经济、文化和科学等各种活动。其次,人民群众也是精神财富的创造者。人民群众在社会实践活动中借助一定的物质手段为创造精神财富提供了必要的物质前提,人民群众的社会实践活动,是一切精神财富的源泉,人类社会的一切科学文化,都是人民群众社会实践活动的概括和总结。最后,人民群众还直接参与精神财富的创造活动。因此,人民群众是历史的主体,是历史的真正创造者,是推动历史前进的决定力量,决定了历史发展的前进方向。

(三) 历史是不断发展的

历史是对过去事实的记载,它是由一系列彼此关系错综复杂而有时间连续性的事件所组成的。人类历史进程波澜壮阔,创造了无数个辉煌灿烂的文明。文明是人类共同智慧的结晶,它推动着历史朝着人们理想的方向前进,人类文明在不断创造中得到发展。

在人类文明的进程中,发生过许许多多惊天动地的大事件,是这些大事件翻开了人类历史的长卷,影响了人类文明的发展。人类的发展史可以追溯到百万年前的早期原始人类。从历史的角度看,在远古时代,原始人类以狩猎和采集为主,以树根、坚果和野菜为食,以洞穴为住所。人类在长期使用天然工具的过程中学会了制造工具并用于劳动,他们以石器为主要劳动工具,至此,人类的发展进入了石器时代。这一时代是人类从猿人经过漫长的历史,逐步进化为现代人的时期。

此时的原始人类还学会了使用火和吃熟食。火的利用引起生活和生产方式发生飞跃性的变化。使用火,扩大了食物的种类和来源;使用火,可以吃到熟食,增强了人类的体质,尤其是促进了大脑的发育;使用火,可以更好地防御猛兽;使用火,原始人类的活动受气候和地域的限制减少了。火是人类第一次控制和利用的重要的自然力。

在新石器时代,原始人类发明了制陶术。最初的陶器,可能是在木制容器上涂上黏土,经火烧而产生的。后来人们发现,不用木制容器,将成型的黏土进行烧制,也可以获得有固定形状的容器,这样就发明了制陶术。

这一时期,原始人类开始定居,并建立了更为复杂的社会结构。他们开始从事农业生产,改变了生活方式。他们学会了耕种和驯养动物。由于弓箭和磨制石器的使用,人们猎获动物的数量显著增加,有时捕获的动物比较多,就驯养起来,这样就慢慢地出现了畜牧业。人类在长期采集野生植物的劳动中发现,遗漏或丢弃在住地附近的种子可以重新长出植物来,于是逐渐开始有目的地种植。最初种植的谷物可能是做饲养动物的饲料,后来才成了人的食物。磨制的石锄、石刀和石犁等给种植技术的发展创造了物质条件。种植技术的提高促使农业出现了。我国古代传说中的神农氏,其原型就是在适宜发展农业的地区最早从事农业生产的劳动人民。在耕种和驯化动物的探索中,人类逐渐超越了原来的狩猎和采集活动,而进行更加有组织的生产、生活和交往活动,这就是史学家说的"农业革命"。这些技能在给人类带来更多的猎物、谷物等收获的同时,也帮助人类不断进化,使他们能够建立起更复杂的社会和文化。此时,更高级的文明也就出现了。

由于石器工具的改进,农业和畜牧业的出现,社会大分工的发展,社会组织形式的变化等,新石器时代几千年的进展超过了旧石器时代几十万年的进展。在新石器时代末期,在少数农业发达的地区,氏族公社逐渐解体,出现了家庭和私有制。由于生产力的提高,一个人的劳动所得除维持生活以外还有剩余,战争中的俘虏已不再像过去被杀戮而被当作奴隶使用,原始社会开始向奴隶社会过渡。在新石器时代末期,出现了铜器。

最早出现的铜器是用天然铜制成的,天然铜也叫红铜。红铜质地软,不适宜做工具,石器还是主要的劳动工具。后来出现了青铜,大约在公元前 4 000 年,美索不达米亚地区进入了青铜时代。青铜是铜和锡的合金,色彩青灰,硬度高,易于煅烧,适宜制成各种用具、武器和装饰品。有了青铜刀、青铜斧,人们加工和改进各种木制的工具和器具就方便多了。在青铜时代,出现了有轮子的车和帆船。这使得人们能够建造更大的城堡,建立更复杂的王国,并且开始交流文明。中国是世界上第一个冶炼黄铜的国家,最早的冶炼黄铜的遗址是位于我国陕西省的姜寨遗址。甘肃省的马家窑文化遗址出土了一把单刃青铜刀,这把青铜刀也是我国最古老的青铜器。中国的青铜文化,距今已经有 5 000 年左右的悠久历史了,青铜时代历经了夏代、商代、西周、春秋战国等时期。

大约在公元前 1300 年,人类开始使用铁器,这标志着人类进入了铁器时代。人们最早发现的铁是陨石中的铁,古代埃及人称之为神物。世界上最早锻造出铁器的是赫梯王国,距今约 3 400 年。我国先民在春秋时期已经广泛使用铁器。我国在公元前 6 世纪时已经有了大规模的生铁制品,而且各种生铁制品已经用于人们的日常生活之中。

金属工具的制造和应用,促进手工业从农业中分离出来,使社会发生了第二次大分工。农业和手工业的发展又促进了交换的发展,催生了商业,引发了第三次社会大分工。在美索不达米亚、古埃及和中国等地区,奴隶制得到了充分发展,文字也大体出现在这个时期。文字是从图画演变过来的,最早都是象形文字。

大约在公元前 3500 年,古埃及有了象形文字。在美索不达米亚地区,当地人把象形文字和语音结合起来,减少并简化了使用的符号,创造了楔形文字。楔形文字和象形文字进一步简化,大约在公元前13世纪,位于地中海东岸(现在的叙利亚地区)的腓尼基人创造了历史上第一批字母文字。第一批字母一共有22个,它们是后来西方文字的祖先。最早的文字虽然都是象形文字,但是,古埃及、古印度和中国的象形文字对同样的内容却用了完全不同的符号进行表示。每一种文字又都有各自的发展规律,促成了不同的文化类型。有了文字,人类的生产经验和自然知识才能更好地传播、继承和积累,科学才能发展。所以,我们把文字的出现当作文明时代开端的标志之一。

"过去了的事就让它过去吧"这句话对吗?

二、学习历史的意义

(一)开阔知识视野

学习历史、研究历史的目的既是了解过去,也是把握现在,从历史中学会做人、学会做事。学习历史与人类其他活动一样,会产生巨大的价值功能,会对现实活动产生巨大的影响。

"欲知大道,必先为史",历史是一个民族、一个国家形成、发展及其盛衰兴亡的真实记录。正如一部《红楼梦》,在不同的人眼中呈现各异,历史也是这样。如果不相信"人心向背定兴亡"的铁律,何以透过风云变幻通古今之变?如果囿于个人私利的一亩三分地,又怎能理解"为官一任,造福一方"的追求?所谓"留取丹心照汗青",读史需要情怀,学史折射境界。通过历史来寻求内心信仰、明确前行方向,正是提升历史素养的真谛所在。

历史不是尘封的记忆,也不是埋没于故纸堆的故事。我们学习历史,是为了吸取成功的经验和失败的教训,创造新的历史,把握社会主流,确定人生目标。在历史中找到自己的榜样,给自己注入前进的动力,从而实现人生价值,更好地理解社会现实。

(二)传承优秀文化

中华优秀传统文化源远流长,在它的发展过程中,有一些思想观念长期受到人们的普遍尊崇,深刻地影响了人们的生活方式和行为态度。这些指导中华民族延续发展、不断前进的文化,在中国历史上起到了推动社会发展的积极作用,成为历史发展的内在思想源泉。

1. 刚健有为,自强不息

《周易》:"天行健,君子以自强不息。"意思是人要效法天的刚健性格,自强不息,积极向上,奋发有为。《周易》倡导的这种"自强不息"的精神在中国历史上产生了深远的影响,激励着古往今来的人们奋勇前进。刚健有为,自强不息,是一种勤勉的精神,坚持不懈的精神,也是一种不屈不挠的精神。它熔铸在中华民族的文化性格中,也体现在人们的实际行动上。任何艰难困苦都不能使中国人低头,任何屈辱都无法改变中国人的意志,任何挫折打击都不能使中国人停止前进的步伐。这种精神又凝聚为爱国主义精神,为国家、民族拼搏奋斗的精神,鼓舞着中华民族为祖国的尊严、民族的正义而进行反侵略、反压迫的斗争,激励了中国历史上无数的仁人志士,成为中华民族的典范,他们将国家民族的前途命运放在首位,表现出以天下为己任的爱国精神和为国家鞠躬尽瘁死而后已的至高境界。

2. 厚德载物,贵和尚通

《周易》:"地势坤,君子以厚德载物。"厚德载物即以宽厚之心怀包容万物,对待事物兼容并蓄。中华优秀传统文化具有"兼容并包""有容乃大"的精神底蕴。如经济上"不患寡而患不均",文化审美上"以和为美",人际关系上"以和为贵",家庭关系上"家和万事兴",思想流派上"和而不同",治国思想上"为国为礼",皆是和谐精神浸润会通的表现。中华优秀传统文化的博大精深,体现在能够以纳万川而成江河的胸怀,广泛吸取世界上各地区各民族文化。正是这种会通精神,使中华优秀传统文化不断地吐故纳新,输入新鲜血液,不断保持着青春活力。

(三) 鉴古今学做人

唐太宗说"以古为镜,可以知兴替",所以今人说"历史是一面镜子"。把历史比作一面镜子,时不时地照一照,结合历史上的经验教训,对现在面临的问题做出判断,不失为一种知古解今、取长补短、纠错扬正的好方法。

习近平总书记对历史的重要论述

修史立典,存史启智,以文化人,这是中华民族延续几千年的一个传统。

——《复兴文库》序言

历史是最好的教科书,一切向前走,都不能忘记走过的路;走得再远、走到再光辉的未来,也不能忘记走过的过去。

——《复兴文库》序言

勿忘昨天的苦难辉煌,无愧今天的使命担当,不负明天的伟大梦想,真正做到以史为鉴、开创未来,真正坚定历史自信。

——2022年1月11日,在省部级主要领导干部学习贯彻党的十九届六中全会精神专题研讨班开班式上的讲话

一个民族最深沉的精神追求,一定要在其薪火相传的民族精神中来进行基因测序。有着5 000多年历史的中华文明,始终崇尚和平,和平、和睦、和谐的追求深深植根于中华民族的精神世界之中,深深溶化在中国人民的血脉之中。

——2014年3月28日在德国科尔伯基金会的演讲

铜镜

学历史的目的不仅在于了解历史本身,还在于使自己变得不愚昧,在于看清自己,看清自己所处的时代,看清未来的走向。正如历史学家唐德刚所说:"今日的历史,却是将来历史的背景。吾人如能看清了今日历史的特性,那么对历史转型的下一阶段,也未始不能略探端倪。"

1. 坚守底线,回归常识

培养人文精神有两个重要方面,一是底线道德,二是基本常识。这是做人的最起码的要求。底线道德使人坚守人性的光辉;基本常识使人具备最基本的推理判断能力。

2. 悲悯情怀,人性所在

对人间的苦难能不能用一种感同身受的眼光来看待,自己的内心有没有一种博大的爱的情怀,是判断一个人是否具备善心的试金石。成长于大唐盛世的杜甫,年少便怀有经世济民的大志,希望能行儒家兼善天下的理想。安史之乱肆卷中原。动乱中的杜甫更是借诗句倾诉心中的悲苦。杜甫想家,遥想收复中原的那一天。国虽破,但山河依旧在,杜甫从未失去他对平定叛乱的信心、更没有失去忧国忧民的热诚,仍守着那份悲天悯人的胸怀,期盼有朝一日可以周济天下。

3. 铮铮铁骨,不屈不移

《孟子·滕文公下》中有这样的话:"富贵不能淫,贫贱不能移,威武不能屈,此之谓大丈夫。"

这三种品质是中华民族伟大气节的集中体现,是对人生最大的理性认识。数千年来,我们的先辈们不断丰富着"骨气"的含义,特别是在国家危难的时候,总会有人用血、用生命去诠释骨气的内涵。有浩然之气的人,不仅仅为自己活着,还把自己的个人价值融入社会,让自我价值在社会价值的实现中得以提升。

4. 诚信是金,无信不立

孔子说:"人而无信,不知其可也。"意思是说,做人不可以不守信用。孔子认为"信"比什么都重要,做人如此,治国也是如此。从个人的角度讲,失去了"信"将无以在社会上立足,肯定是最大的损失;从政府的角度讲,要取信于民,才能赢得民众的爱戴和拥护。

不仅儒家讲"信",法家也讲"信"。在《史记·商君列传》中记载了商鞅立木建信的故事。法令刚刚颁布的时候,商鞅怕人们不信,就派人把一根三丈长的木杆立在市场的南门,并说有能把这根木杆搬到北门的人就奖给他十金,后

孔子谈治国要素

有一次,孔子的学生子贡问孔子治国的要素是什么。孔子回答了三点:"足食,足兵,民信之矣。"意思是要有足够的粮食储备,要有足够的军备,还要得到百姓的信任。子贡是个爱钻牛角尖的学生,进而问道:"如果实在不行,这三点可以去掉哪一个?"孔子回答:"去兵。"他进一步追问:"如果还不行,剩下的两项去掉哪一项?"孔子回答:"去食。"理由是:"自古皆有死,民无信不立。"

这样的回答一方面表达了孔子对"信"的重视,另一方面,也说明了一个国家、一个民族如果失去了"信",将会变为一盘散沙。

来增加到五十金。人们你看我，我看你，都抱着怀疑的态度。有个胆大的人上去搬了，果然得到了奖金。商鞅用这样的方法来表明政府的诚信。法令颁布后，施行得极为顺畅。

5.学会感恩，懂得回馈

《诗经·卫风·木瓜》中有"投我以木桃，报之以琼瑶"的诗句。中国人常说："滴水之恩，当以涌泉相报。"说的都是人要有感恩之心。感恩，既是指要懂得对朋友、同事的帮助怀有感恩之心，也是指应该懂得对父母亲人常怀感恩之心，还是指应该懂得对自然怀有感恩之心。

古人懂得对自然怀有感恩之心和敬畏之心的重要性，因为他们知道，人类的生存是依赖自然的。正是出于对自然的感恩和敬畏，古人懂得"网开一面""不竭泽而渔，不焚林而猎"等道理，懂得要与自然和谐相处。

看一看

一饭千金

汉代的韩信少年时家中贫寒，父母双亡。他无以为生，迫不得已，只好到别人家吃"白食"，为此常遭别人冷眼。淮水边上有个为人家漂洗纱絮的老妇人，人称"漂母"，见韩信可怜，就把自己的饭菜分给他吃，天天如此，从未间断。韩信深受感动。韩信被封为淮阴侯后始终没忘漂母的赐饭之恩，派人四处寻找，最后以千金相赠。

（四）读史实学做事

1.独辟蹊径，独具匠心

据《大学》上讲，商朝的开国君主汤，在他的澡盆上刻着一句警诫自己的九字箴言："苟日新，日日新，又日新。"意思说：如果能一天革新一点，就要天天革新一点，还要每天不间断地革新一点。有学者认为，"创新"一词滥觞于此。我们的老祖宗早就清楚，人类作为万物之灵，不仅要生存，还要发展。发展的实质在于创新，于是才有"周虽旧邦，其命维新"这样的说法。创新既包括物质的，也包括精神的；既包括技术创新，也包括思想创新。

战国时的墨子既是有创新意识的思想家，又是有大量物质成果的发明家。他不仅在哲学、宇宙论、数学、物理学等领域的基础理论上有杰出贡献（比如把时间、空间和物体运动统一起来，认为离开时空的单纯运动是不存在的；再如最早给"圆"下了精确的定义），还发明了大量的机械，整理出一系列机械的制作工艺及方法。

最早的文字只能刻在龟甲和兽骨上，这样的做法肯定不适合大量的文字记录工作。东汉蔡伦为造纸术带来了新突破。据《东汉观记》卷十八记载："（蔡伦）造意用树皮及敝布、渔网作纸。奏上，帝善其能，自是莫不用，天下咸称蔡侯纸也。"蔡伦用树皮、破布、渔网造纸解决了原料问题，对造纸业起了极大的推动作用，使文字记录工作取得了革命性的进步。

创新需要独立的思想，如墨子；需要苦苦求索，如蔡伦；需要勇气，不破不立，没有打破旧框架、旧体系的勇气，就难有理论上和实践上的进步；还需要继承和借鉴，先进的思想意识不管是前人的还是别人的，都应该拿过来用，然后才能够超越他们。

2. 精益求精，臻于至善

古人说：学无止境。其实，技艺也无止境，所谓"强中自有强中手"，技艺的磨炼，追求精益求精，永远都应该成为做好一件事，或者投身一个职业的座右铭。

学习高雅的艺术需要这样，工匠要想完成工作，也要有精益求精的态度。中国古代很多手工技艺现在已经失传，这是很可惜的事情。古代无数精益求精的能工巧匠，为古代中国制造业的兴盛做出了杰出的贡献。像春秋时期的越王勾践剑，像宋代五大名窑汝、官、哥、钧、定生产的瓷器，都具有今天的工艺无法达到的高度。

总之，无论做什么事情，都需要我们首先具有精益求精的态度。只有具备精益求精的态度，学成高超的技艺，才能够适应现代社会对技术的要求，才能找到适合自己的岗位。

3. 随机应变，灵活变通

俗话说："做人要方，做事要圆。"意思是做人要有原则、有底线，而做事要学会灵活变通，不能拘执迂腐。只有具体问题具体分析，遇事本着灵活变通的态度，才可以更好地完成工作，也才可以在瞬息万变的环境中立于不败之地。

人要学会变通，所谓变通，就是做事情能够做到灵活，不拘泥于常规。在人的一生当中存在着许多选择。适当的执着与变通是人生的一门学问。山的智慧在于坚守，坚守才显得巍峨，而水的智慧在于变通，在变化中求生存，遇石则分，遇瀑则合，遇寒则冰，遇暖则融。在山穷水尽时应学会变通，方能迎来柳暗花明。

4. 统筹安排，运筹帷幄

看一看

孔子学琴

《史记·孔子世家》记载，孔子曾向著名琴师师襄子学习弹琴。师襄子教了他一首曲子后，他每日弹奏，丝毫没有厌倦的样子，手法从生疏渐至熟练。过了十天，师襄子对他说："这首曲子你已经弹得很不错了，可以再学一首新曲子了！"孔子说："我虽然学会了曲谱，可是还没有学会弹奏的技巧啊！"又过了一段时间，师襄子对孔子说："你已经掌握了弹奏技巧，可以再学一首新曲子了！"孔子说："我虽然掌握了弹奏技巧，可是还没有领会这首曲子的思想情感！"又过了许多天，师襄子来到孔子家里，听他弹琴。一曲终了，师襄子说："你已经领会了这首曲子的思想情感，可以再学一首新曲子了！"孔子还是说："我虽然弹得有点像样子了，可我还没有体会出作曲者是一位怎样的人啊！"又过了很多天，孔子请师襄子来听琴。一曲既罢，师襄子感慨地问："你已经知道作曲者是谁了吧？"孔子兴奋地说："是的！此人魁梧的身躯，黝黑的脸庞，两眼仰望天空，一心要感化四方。他是周文王吗？"师襄子赶紧离席而拜，激动地说："你说得很对！我的老师曾告诉我，这首曲子就叫作《文王操》。你百学不厌，才能达到如此高的境界啊！"

孔子是万世师表，千古圣人。正是这种勤奋好学、精益求精的精神，才成就了他。这种精神，在今天更显得弥足珍贵了。

当遇到一大堆错综复杂的事情同时向我们涌来时，我们首先要做的是分清轻重缓急，主要次要，排好顺序，明确先后，然后有步骤地去做。有时可能还要在迫不得已的时候做出取舍，拣重要的、急迫的事情先做起来，次要的或者不重要的事情干脆放弃。除此之外，有时还可以在计划好的情况下，几项工作齐头并进，计划得好，可使几项工作不仅互不干扰,还可以相互促进。

在沈括的《梦溪笔谈》中记载了这样一个故事。北宋祥符年间宫殿失火,有一个名叫丁谓的大臣主管宫殿的重新修建工作。他面临三个难题,一是取土,二是原材料运输,三是建筑垃圾清理。那么丁谓是怎么做的呢?他下令,挖开宫殿前的正大街取土,没几天就把正大街挖成了一条大沟。然后把汴河的水引入沟中,木材和砖头之类的建筑材料就都得以利用这条新开凿的简易运河运进宫中。等到工程全部结束,他再把建筑垃圾全部填入沟中,恢复了正大街的通行。因为安排得法,既省钱省力,又节省了时间。

统筹安排,常常可以达到省钱、省时、省力的效果,是提高劳动效率、节省开支的重要方法。

5. 利他合作,团队互助

《北史》卷九十六记载了鲜卑首领阿豺临死前用折一支箭和折十九支箭做比较,启发儿子要团结的故事,并且留下了"单者易折,众则难摧,勠力一心,然后社稷可固"的话。不管做什么事情,团队合作精神都是必不可少的。

楚汉相争时的刘邦是懂得团队合作的典范。刘邦最大的优点是能够把不同的人才整合到一起,让他们相互配合,发挥所长。刘邦并不是在无意识之下做到这一点的,而是有着充分的自觉。据《史记·高祖本纪》记载,刘邦登基为帝之后,曾经亲自对群臣总结说:运筹帷幄,决胜千里,我不如张良;安抚百姓,后勤保障等日常管理我不如萧何;指挥大军,纵横捭阖,战无不胜,攻无不克,我不如韩信。但是我能很好地任用他们。

现代社会,任何一个领域分工都越来越细,团队合作精神就更加不可缺少了。

第二节 漫漫医学路

回望医学走过的漫漫长路,以历史的眼光审视医学的今天,我们会发现,医学史的魅力,在于从时空维度展示医学丰富而又生动的演化模式;在于凸显探索生命本原、追求健康之美的本质;在于体现尊严与崇高,追寻梦想与辉煌。

一、医学史概述

(一)医学史的内涵

医学史是一门融合了医学学科和人文学科的交叉学科,是通过研究社会、政治、经济、哲学、科学、文化和医学的相互关系来研究医学发展过程和规律的科学,是人类文化史的一个重要组成部分。

医学史的研究领域十分广阔,不仅囊括了医学中各门学科的历史,还涉及丰富多彩的卫生保健活动的历史。医学史是思想的历史,医学发展史上一切重大事件的出现都与当时的哲学思想密切相关,人类历史上生命观和死亡观、健康观和疾病观的更替,东西方医学理论的变迁,勾勒出人类思想演化的轨迹;医学史是事件的历史,从古老的钻颅术到现代的腔镜术,从器官病变的定位到病原微生物的发现,从温度计、血压计的发明到 CT 和基因诊断,医学技术的发展为防治疾病、促进健康提供了越来越有力的保证;医学史同样是人物的历史,伟大的先驱们把自己的智慧、经验甚至生命奉献给人类的健康事业,他们在医学路上镌刻的医学传统精神将永久不衰,永远激励医学路上的后来者继续在险峻的山路上攀登。年轻一代的医者可以从先辈的知识中汲取精华,从遥远年代智者的教诲中唤起思想的共鸣。

微课:大医精诚

医学史有多种分类方法。一般可将医学史分为综合史和专门史两大类。综合史是对医学的演化历程及其与社会、政治、经济、文化之间的相互关系的综合研究,包括医学通史、国家医学史、地区医学史、民族医学史、断代医学史等。专门史则是对医学的某一分支、某一部分的历史研究。医学史不仅是从基础到临床的连接纽带,也是自然科学与人文科学间的桥梁,还是从过去到未来的通道。医学史作为历史学和医学的交叉学科,既具有历史学的特征,又反映出医学发展的特殊规律,它本身就是科学发展与人文精神的有机结合。

(二) 学习医学史的意义

学习医学史,不仅可以使医学生记住一些历史事件和人物,更重要的是可以使其站在哲学的高度纵观医学发展史,去思考围绕这些事件和人物的医学思想,以一种博大的胸怀,看到医学的过去、现在乃至未来,了解其对医学发展的意义,评价其对人类社会的影响,进而培养当代医学生独立思考和批判的精神,这正是医学科学工作者必备的素质。研究历史是要人们从历史中得到启发,让历史为现实和将来服务。

1. 了解医学发展规律,明确医学发展方向

医学史作为科学技术史的一个重要分支,在历史的平台上科学地揭示出中外医学的发展轨迹和内在规律。医学是不断发展的,医学知识也在不断深化、更新。医学的发展不是孤立的,医学史上的任何一次重大突破和发展都与当时的社会环境、政治经济状况、哲学思想以及科学技术发展有着密切的联系。如我国古代的"阴阳五行学说"、古希腊的"四体液说"都是在医学经验知识基础上通过哲学思想的概括形成的医学理论。

2. 扩大知识领域,提高人文修养

纵观医学的发展历史,我们不仅可以了解医学技术本身的自然演变,更重要的是可以处处体会到医学人文精神的弘扬。古往今来,一些杰出的中外医学家在医学发

展的长期实践中,凝练出精湛的医学思想,如中国古代医学经典《黄帝内经》中"是故圣人不治已病治未病,不治已乱治未乱"的思想,深刻地揭示了医学的科学内涵。医学史蕴含了大量的人文价值和文化特征,构成了医学厚重的文化沉淀,"医乃仁术"的古训更是为后人树立了不朽的医学精神追求。这些超越医学技术发展本身的精神财富真正体现出医学的本质和精髓。医学史正是这种科学精神和人文精神辩证统一的集中体现。

3. 总结经验教训,推动现代医学发展

成功与失败交替,经验与教训并存,这是历史的客观规律。经验积累是医学发展的最初方式,任何医学成就都是建立在前人积累的经验基础之上的。历史不只涉及过去,而且也总是与现实相连。学习医学史,有助于使医学生了解前人的成功与失败,并从中总结经验和吸取教训,促使他们去思考围绕这些事件和人物的医学思想,进而科学地解决医学发展过程中存在的现实问题,了解其对医学发展的意义,评价其对人类社会的影响,培养当代医学生的独立思考和批判精神,从而为推动现代医学的发展奠定基础。

议一议

　　你认为作为一名医学生,具备一些基本的医学史知识,将有助于提升你的哪些人文修养?

二、人类医药文明起源

　　医学从远古的原始社会走到今天,经过了漫长曲折的过程。自从出现了人类,原始的医药活动也开始萌芽。早期人类祖先们的生活习惯与动物没有多少差别,他们始终处在遭受伤害或患病的危险之中。伴随着工具的发明和改进,生产生活经验的积累,在与不同疾病抗争的过程中,原始人开始了对医药学知识的探索。

(一)工具制造与早期医疗

　　古猿在向人类进化的过程中,从被动地适应自然界,逐步发展到使用、制造工具,有目的地、自觉地改造自然界。原始人类最早所使用的生产工具是石器和骨器,石器是人类早期最重要的一种生产工具,因其资源丰富、容易加工、硬度较高等优点,在从石器时代到青铜时代的生产活动中,一直扮演着重要的角色。石器不仅是生产劳动的工具,也是最早的医疗器械。我国古代文献有"以石刺病"的记载。据《黄帝内经》记载:"天地之所始生也,鱼盐之地,海滨傍水。其民食鱼而嗜咸,皆安其处,美其食。鱼者使人热中,盐者胜血,故其民皆黑色疏理,其病皆为痈疡,其治宜砭石。"砭石是石器的一种,是原始人类最初使用的医疗工具,有锐利的尖端或锋面。早期的砭石是先民们用来切割痈肿、放血、叩击体表的工具被用来切开痈肿、排脓放血,或用以刺激身体的某些部位以消除病痛,后世医疗中常用的刀、针等就是由此发展而来的。石器时代的先民们也曾用骨针、竹针放血排脓,用骨、角、甲壳等切开脓肿。

石刀

（二）火的使用

火的使用，为人类提供了许多医疗条件。人类在使用火以前，过着茹毛饮血的生活。微生物的直接入口，带来了凶险的疾病；黑暗、寒冷的自然生存环境，限制着人们的行为；野兽的侵袭更是直接威胁着人类的生命安全。"燧人氏钻木取火，炮生为熟，令人无复腹疾，有异于禽兽"。火的使用是人类进化史上的一大进步，标志着人类文明进入了新纪元，把人与动物区分开来。在旧石器时代的遗址中，就有用火的痕迹。击石取火和钻木取火可能是早期人工取火的两种方法。用火来烧烤食物，可以对食物进行消毒灭菌，使食物利于被消化吸收，减少了人类的胃肠道疾病，同时也扩大了人类获取食物的范围，使人们得到了更多的营养素，增强了体质，促进了人类智力的发展。火也是先民们最早的治病工具之一，如火疗、热熨。火疗主要用于湿症、风寒等症的治疗。人类在烤火取暖过程中，发现用兽皮、树皮包上烧热的石块或砂土进行局部取暖，可以舒缓或消除因受冷而引起的腹痛或寒湿造成的关节痛，这就是原始的热熨。人类在用火的过程中，由于偶然的原因烧灼了局部皮肤，反而减轻了某些疾病的症状，如牙痛、胃痛，于是出现了灸法。我国考古工作者在新石器时代晚期的遗址上，发现当时人们已经使用火葬，并把骨灰收藏于陶罐内。火葬能够避免尸体腐败，防止疾病传播，这对人类早期的卫生防疫事业，起到了积极的作用。

（三）内服药的起源

人类早就认识到一些食物对疾病的治疗作用。原始人类由于对自然界的极端无知和饥不择食，常会误食一些有毒的植物而产生呕吐、腹泻、昏迷等中毒反应，甚至死亡。经过无数次的尝试和经验积累，人们逐渐获得了一些辨别食物和毒物的知识，当疾病发生时，就会根据过去的经验，吃某些植物来解除疼痛，这可说是药物的开端了。

"药食同源"反映了人类获取药物知识的最初途径,人类早期对药物的认识的确是在寻找食物的过程中获得的。我国古代有"神农尝百草"的传说。这个传说反映了某些客观事实,说明药物是在"尝"的过程中被发现的。当人类进入农耕时代以后,对植物有了进一步的认识,有意识地利用这类植物治病。中国古代称药物为"本草",欧洲古代称药物为"drug"(即干燥的草木)说明了人类最早认识的药是从植物开始的。美洲印第安人将荨麻的汁液与盐分和牛奶混合,滴入鼻孔治疗鼻出血。继植物药之后,人类通过渔猎活动获得动物药的知识。进入畜牧时代以后,人类对动物的习性以及动物药的功能有了进一步的认识。至于矿物药的知识,是原始社会末期,人类通过采矿和冶炼获得的。

(四) 陶器的发明与医药

陶器的出现使人们有可能储存液体与食物。新石器时代是以磨制石器和陶器的发明与应用为标志的,中国仰韶先民在公元前 7000 年左右就已经掌握了制陶技术,这使煮饭和煎炙药物有了可能。人们有了较为固定的饮水盛食的器具,于是可以用

三足鬲

煮、炖、蒸等多种方法加工烹调食物,更有利于对食物中营养成分的吸收。新石器时代陶器的出现,也推动了医药的发展。在陶器发明之前,人类是将生药直接放到口内咀嚼服下,这种服药方法副作用很大。在陶器发明之后,人们逐步地积累起汤剂治病的经验。汤液不但服用方便,容易发挥药效,而且扩大了药物的选择范围,降低了药物的副作用,这在药剂方面是一个很大的进步。汤液的广泛使用,促进了复方药剂的发展。

(五) 酒与医药的起源

距今六七千年前的新石器时代,人类开始酿酒。新石器时代,生产力得到了发展,出现了剩余产品,人们于是将多余的粮食拿来酿酒。酿酒技术的产生与陶器的广泛应用也存在着密切的关系。后来,随着医药知识的日益丰富,人们由单纯用酒,发展到制造各种药酒来治病了。甲骨文中有"鬯其酒"的记载,指的就是芳香的药酒,鬯是一种用黑黍和草药酿制的酒。以酒为药治病是医疗上的一大进步,故《汉书·食货志》称"酒,百药之长",可见其对酒之推崇。我国的繁体"醫"(医)字,是从"酉"(形似酒坛),可见酒与古代的医药有密切关系。古人认为,少量喝酒可以通经活血;酒可作麻醉剂,还有杀菌消毒的作用。尤其是在古代医学挣脱巫术统治的过程中,饮酒治病较为普遍。

（六）外治法的起源

远古时代,先民们生活艰苦,环境险恶,随时有遭受猛兽、虫蛇伤害的可能,加上氏族部落间的战斗,意外伤害较多,骨折创伤经常发生,伤亡率极高。起初,人们只是随便用树叶、草茎、泥灰涂敷在伤口上,久而久之,发现某些植物的叶、茎对伤口有特殊的治疗作用,从而发现了一些外用药,积累了药物外敷的经验。当身体因受外伤而局部出现疼痛和肿胀时,人们会本能地用手在受伤部位抚摸。这些简单的动作可以起到散瘀消肿、减轻疼痛的作用。这可以说是原始的按摩法。在外伤出血的情况下,人们会用手指在伤口周围压迫,或用泥土、捣烂的植物茎叶涂敷于伤口上。在这种下意识的简单处置过程中,人们逐渐发现某些植物具有止血作用,从而产生了最初的治疗体表出血的方法。除此之外,处于原始阶段的民族已掌握了医治骨折、脱位和创伤的简单方法,可以做简单的外科手术,如把坏牙拔掉。随着生产工具的改进和与疾病斗争经验的积累,先民们甚至用石刀施行剖宫产术、断肢术、穿耳鼻术、阉割术及钻颅术等外科手术。

（七）巫术与医药

在旧石器时代晚期,原始宗教意识已经产生。"巫师"主持原始巫教活动,也用医药为人防治疾病。原始人对疾病的产生一无所知,就将患病的原因归之于一种超自然的因素,认为是神或魔的旨意。当人患有剧烈头痛或反复抽搐等疾病时他们一方面以宗教仪式求神保佑,一方面给病人做原始的"颅骨开窗术",把想象中的病魔从孔洞中放出去。新石器时代晚期,由于生产力的发展,出现了社会分工,从而产生了专事祈祷、祭祀的巫师,他们成为沟通人和鬼神的使者。巫师在从事宗教活动外,又掌握某些医药知识,以巫术为人治病,从而造成医巫相混的局面。在以后很长时间内,这种原始的医学仍然影响着人类医药卫生的发展。《周礼·大聚》:"乡立巫医,具百药,以备疾灾。"反映了祭祀鬼神、禳除疾病的巫风盛行。古代曾把医写成"毉"反映了医巫传承的历史印记,巫教观念的存在与积淀,是巫医得以生存的重要条件。

人类医药卫生科学思想的萌芽,是从产生史前民俗文化的沃土中萌发和生长出来的,经过反复实践的检验,并接受文明的洗礼而趋向科学,因此,人类医药知识是人民群众在生产实践与疾病斗争过程中创造的。

三、根植于民族土壤的中国医学

中国医学产生于古代,根植于中国传统文化的土壤,与其他古代文明一样,中华文明在长期的演化过程中,也积累了丰富的医药学知识。中国的四大发明推动了世界文明的发展,其中的造纸和印刷术更是有力地促进了医药著作的出版和普及。与此同时,大量的仁医、名医涌现出来,为人们治疗疾病、解除病痛,做出了巨大贡献,他们还将自己诊疗过程中的所见所闻、所思所想、所感所悟以及宝贵经验和做法进行了整理,使得医药学理论不断创新丰富。在他们凝聚着心血和汗水的医著里,充满了大医济世救人的情怀,极大地丰富和完善了医药学宝库。

请查找中国医学发展中的重要人物及其主要成就及事迹。

(一)春秋战国时期

(1)中医学基础理论的确立。《黄帝内经》简称《内经》,是中医学经典著作之首,是托名黄帝及其臣子岐伯、雷公等论医之书。此书大约成书于战国中晚期,经过许多医学家整理集合而成,包括《素问》《灵枢》两部分。《黄帝内经》的出现,标志着中国医学由经验医学上升为理论医学。这部书以阴阳五行学说为基础理论、以整体观念为指导思想,来解释人体自身以及人体与外界环境之间的统一关系,系统地阐述了人体解剖、生理、病理、经络、诊断、治疗、预防等方面的许多重大问题,奠定了中国医学的理论基础,被奉为中医学四大经典著作之首。

(2)四诊法的奠基人扁鹊。扁鹊约生于公元前5世纪,是战国时渤海郡郑(今河北任丘)人,原名秦越人。"扁鹊"一词原本指古代传说中能为人解除病痛的一种鸟,因秦越人医术高超,百姓敬称他为神医,便说他是"扁鹊"。扁鹊提出"切脉、望色、听声、写形,言病之所在",就是扁鹊根据前人的医学经验,并结合自己的医疗实践,加以条理化而成的,这不仅为医学做出了贡献,而且说明了病情观察的方法和意义。

《黄帝八十一难经》简称《难经》,其作者与成书年代学界说法不一,约成书于西汉末期至东汉年间,作者有人认为是扁鹊。这本书是中医现存较早的经典著作。《难经》之"难"字,有"问难"或"疑难"之义。全书共八十一难,采用问答方式,探讨和论述了中医的一些理论问题,内容包括脉诊、经络、脏腑、阴阳、病因、病机、营卫、腧穴、针刺、病症等方面。《难经》在理论方面对后世伤寒学说与温病学说的发展产生了一定的影响。

你知道什么叫"岐黄"吗?

医学启蒙读物《医学三字经》前两句是"医之始,本岐黄;灵枢作,素问详",意思是中医学起始于岐黄。岐,指岐伯,是位精通医术的臣子;黄,指黄帝,是我们中华民族的始祖。现存最早的医学经典名著《黄帝内经》,是以黄帝和岐伯(还有其他臣子)君臣问答的形式写成的。"岐黄"实际上就是《黄帝内经》的代名词,后用来指中医学。

扁鹊像

（二）秦汉时期

秦汉是中国医学史上承前启后、继往开来的发展时期。

（1）药物学的萌芽。《神农本草经》是一部重要的药物学典籍，为中药学的奠基之作。其成书不早于东汉，全书分为"序录"和"正文"两部分。"序录"是关于药物学的总论，论述药物的君臣佐使、七情合和、性味产地、真伪鉴别等。"正文"逐一对药物的名称、性味、主治病症、产地等，进行分类记述。《神农本草经》总结了汉代以前几千年劳动人民在实践过程中所创造的医药经验，它使祖国宝贵的医药遗产得以流传至今，不但在当时有极大的指导用药的价值，而且对后世本草学和方剂学发展也有极深远的影响。

（2）出现了医案。西汉名医淳于意在诊治病人时必详细记录姓名、身份、籍贯、性别、病名、病因、脉证、诊断、治疗预防等内容，反映了早期医案淳朴可鉴的学术风格，为后世医家书写医案树立了榜样。

（3）"医圣"张仲景。东汉末年的名医张仲景是东汉南阳郡（今河南南阳）人。他年轻时就钦佩扁鹊的医术，愿当一名医生为百姓解除病痛。建安元年（196年），张仲景任长沙太守，看到许多百姓被疾病夺去生命，他毅然辞去太守的职务，把全部精力放在医学上，千方百计为老百姓解除病痛。他发明了猪胆汁灌肠术、人工呼吸和舌下给药法。他经过数十年含辛茹苦的努力，终于写成不朽之作《伤寒杂病论》。

《伤寒杂病论》是辨证论治的奠基之作，不仅总结了东汉前我国人民同疾病做斗争的经验，而且在外感热病和内科杂病等问题上进一步运用辨证论治的规律，丰富和发展了医学理论和治疗方法。书中六经论伤寒、

张仲景

张仲景与饺子

张仲景在长沙做官，在告老还乡退休的时候，正赶上那年冬天，寒风刺骨，雪花纷飞。在白河边上，张仲景看到很多无家可归的人面黄肌瘦，衣不遮体，因为寒冷，把耳朵都冻烂了，心里十分难受。

由于张仲景的名声早已经闻名天下，所以很多人上门求医。张仲景有求必应，整天都很忙碌，可虽然上门求医的人很多，可张仲景依然挂念那些冻烂耳朵的人。经过研究，他研制了一个可以御寒的食疗方子，叫"祛寒娇耳汤"。他叫徒弟在南阳东关的一个空地上搭了个棚子，支上大锅，为穷人舍药治病。那天正是冬至，他舍的药就是"祛寒娇耳汤"。"祛寒娇耳汤"其实就是把羊肉和一些祛寒的药物放在锅里煮，熟了以后捞出来切碎，用面皮包成耳朵的样子，再下锅，用原汤再将包好馅料的面皮煮熟。面皮包好后，样子像耳朵，又因为此药能防止耳朵被冻烂，所以张仲景给它取名叫"娇耳"。

张仲景让徒弟给每个穷人一碗汤，两个"娇耳"，人们吃了"娇耳"，喝了汤，浑身发暖，两耳生热，再也没人冻伤耳朵了。

脏腑辨杂病,形成了一套理法方药齐备、理论与临床相结合的体系,建立了辨证论治的基本规范,确立了四诊、八纲、脏腑、经络、三因、八法等辨证论治的基本理论并日趋成熟。这些诊治原则不仅适应于各种外感热病,而且对临床各科具有普遍的指导意义,给后世医家诊治疾病树立了规范,被历代医家奉为圭臬。

(4)外科始祖华佗。华佗是我国医学史上杰出的外科医生之一,也是全世界第一个使用麻醉进行手术的人。华佗亲身试药,制成了麻沸散,这是世界上最早的麻醉药。在医治疾病的同时,华佗创造了模仿虎、鹿、熊、猿、鸟动作姿态的"五禽戏"。"五禽戏"能增强体质,预防疾病。

(三)魏晋南北朝时期

(1)临床医学发展迅速。魏晋南北朝时期,许多医家面对动荡的社会局面,有更多的机会进行大量医治伤病疾苦的实践,从而使临床医学迅速发展。据记载,本时期问世的医方书籍近200种,在内科、外科、骨伤科、妇科、儿科以及各种急救处理等方面,均有很大进步。

(2)诊断学和针灸学规范化。诊断学和针灸学的基础理论和实践在这一时期更加规范化。晋代王叔和的《脉经》是我国现存最早的中医脉学专著,总结了汉以前有关脉学的成就,系现存我国最早脉学专书,书中总结了脉象24种,又论述了三部九候、寸口脉等,奠立了脉理与方法的系统化、规范化基础。魏晋时期学者皇甫谧著的《黄帝三部针灸甲乙经》,是中国现存最早的一部针灸学专著,并对后世产生了深远影响。他因此被誉为"针灸鼻祖"。

(3)炼丹术发展迅速。这一时期在玄学思想影响下,服石之风大盛,并使炼丹术迅速发展。这一时期产生了许多新疾病,也推动了药物学的发展。这是这一时期医药学发展的一个显著特点。

找一找

魏晋南北朝时期还有哪些著名的医学家?他们的主要贡献是什么?

(四)隋唐五代时期

(1)兴办医学教育。这一时期形成了较完整的医学教育体系,医药学术和防治知识逐渐规范和普及。政府注重培养医学后继人才,促进医药卫生事业的发展。唐王朝除了建立了从中央到地方的较为完整的医学教育体系,还吸收了外国留学生入学,极大地促进了医学整体水平的提高。

(2)中外医学交流广泛。唐代经济繁荣,交通发达,是中国封建社会的鼎盛时期。唐代医学水平处于世界领先地位,医药文化绚丽纷呈,医学思维十分活跃,内外交流频繁,新罗、日本等国都派遣留学生到中国学习,中国医学理论和著作大量外传到国外,中医学出现空前昌盛的局面。

(3)"药王"孙思邈。孙思邈是我国唐代杰出的医药学家。他的著作《千金要方》

及《千金翼方》是我国最早的医学百科全书,从基础理论到临床各科,理、法、方、药齐备。在药物学方面,他总结了前代本草著述,重视"地道"药材。他很讲究药物的实际效果,反对滥用贵重药品。为了提高药物疗效,他提倡自种自采和亲自动手炮制药物。由于他在用药方面的卓越贡献,被后人尊为"药王"。孙思邈把"医为仁术"的精神具体化,他常常救济乡邻而不取分文,他所著的《千金要方》第一卷《大医精诚》堪称医学典籍中论述医德的一篇极重要文献,为习医者所必读。孙思邈的博学多识、精益求精、敢于创新的医德医风是我们中华民族的精神瑰宝。

读一读

《大医精诚(节选)》

孙思邈

张湛曰:夫经方之难精,由来尚已。今病有内同而外异,亦有内异而外同,故五脏六腑之盈虚,血脉荣卫之通塞,固非耳目之所察,必先诊候以审之。而寸口关尺,有浮沉弦紧之乱;俞穴流注,有高下浅深之差;肌肤筋骨,有厚薄刚柔之异。唯用心精微者,始可与言于兹矣。今以至精至微之事,求之于至粗至浅之思,岂不殆哉?若盈而益之,虚而损之,通而彻之,塞而壅之,寒而冷之,热而温之,是重加其疾,而望其生,吾见其死矣。故医方卜筮,艺能之难精者也。既非神授,何以得其幽微?世有愚者,读方三年,便谓天下无病可治,及治病三年,乃知天下无方可用。故学者必须博极医源,精勤不倦,不得道听途说,而言医道已了,深自误哉!

凡大医治病,必当安神定志,无欲无求,先发大慈恻隐之心,誓愿普救含灵之苦。若有疾厄来求救者,不得问其贵贱贫富,长幼妍蚩,怨亲善友,华夷愚智,普同一等,皆如至亲之想。亦不得瞻前顾后,自虑吉凶,护惜身命。见彼苦恼,若己有之,深心凄怆,勿避险巇,昼夜寒暑,饥渴疲劳,一心赴救,无作工夫形迹之心。如此可为苍生大医,反此则是含灵巨贼。

自古明贤治病,多用生命以济危急。虽曰贱畜贵人,至于爱命,人畜一也。损彼益己,物情同患,况于人乎?夫杀生求生,去生更远,吾今此方所以不用生命为药者,良由此也。其虻虫水蛭之属,市有先死者,则市而用之,不在此例。只如鸡卵一物,以其混沌未分,必有大段要急之处,不得已隐忍而用之,能不用者,斯为大哲,亦所不及也。其有患疮痍下痢,臭秽不可瞻视,人所恶见者,但发惭愧凄怜忧恤之意,不得起一念蒂芥之心,是吾之志也。

夫大医之体,欲得澄神内视,望之俨然。宽裕汪汪,不皎不昧。省病诊疾,至意深心。详察形候,纤毫勿失。处判针药,无得参差。虽曰病宜速救,要须临事不惑。唯当审谛覃思,不得于性命之上,率尔自逞俊快,邀射名誉,甚不仁矣。又到病家,纵绮罗满目,勿左右顾盼;丝竹凑耳,无得似有所娱;珍馐迭荐,食如无味;醽醁兼陈,看有若无。所以尔者,夫一人向隅,满堂不乐,而况患者苦楚,不离斯须,而医者安然欢娱,傲然自得,兹乃人神之所共耻,至人之所不为,斯盖医之本意也。

夫为医之法，不得多语调笑，谈谑喧哗，道说是非，议论人物，炫耀声名，訾毁诸医，自矜己德，偶然治瘥一病，则昂头戴面，而有自许之貌，谓天下无双，此医人之膏肓也。老君曰：人行阳德，人自报之；人行阴德，鬼神报之；人行阳恶，人自报之，人行阴恶，鬼神害之。寻此贰途，阴阳报施，岂诬也哉？

所以医人不得恃己所长，专心经略财物，但作救苦之心，于冥运道中，自感多福者耳。又不得以彼富贵，处以珍贵之药，令彼难求，自炫功能，谅非忠恕之道。志存救济，故亦曲碎论之，不可耻言之鄙俚也。

（五）宋元明时期

（1）出现了众多的医学流派。宋元时期战争频仍，人民经历着长久的战乱，生活极端痛苦，疫病广泛流行，过去对病因、病机的解释和当时盛行的医方，已不能适应临床需要，当时一些医家产生了"古方不能治今病"的思想，中医学出现了许多各具特色的医学流派。其中有代表性的有四大家："滋阴派"的朱震亨；"补脾派"的李杲；"寒凉派"的刘完素；"攻下派"的张从正。他们从实践中对医学理论做出新的探讨，阐发了各自不同认识，创立了各具特色的理论学说，展开了学术争鸣。

（2）"药圣"李时珍。李时珍（1518年—1593年），字东璧，晚年自号濒湖山人，明代著名医药学家。李时珍继承家学，尤其重视本草，并富有实践精神，肯于向劳动人民学习。他以科学认真的态度，虚心学习、求教，加以刻苦钻研，严谨认真地总结了前人药物知识和用药经验，消耗了近三十年的时间，编纂出长达192万字的巨著《本草纲

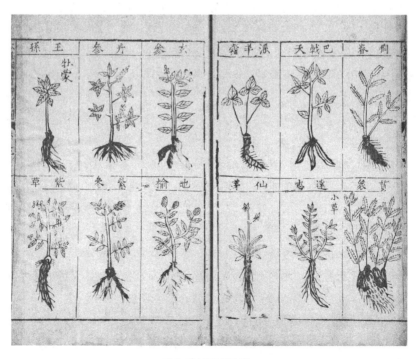

《本草纲目》插图

目》。该书绘图一千多幅,载药1 892种,收录
方剂一万多个,且把药物做了科学的分类,为后
世药物研究和临床提供了宝贵的资料,对世界
医学科学也有很大的贡献。

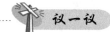

议一议

宋元四大医家的主要学术观点是什么?学术争鸣对医学发展有哪些影响?

(六) 清时期

(1)中医学理论趋于成熟。清代前中期的医学发展,呈现出一个比较错综复杂的局面,中医学传统的理论和实践经过长期的历史检验和积淀,至此已臻于成熟。尤其是温病学派进一步发展,在治疗传染性热病、降低死亡率、预防传染方面,卓有成效。

(2)温病学派代表叶天士。叶天士(1667年—1746年),名桂,字天士,清代著名医学家,"温病四大家"之一。叶家世代业医,祖父叶时和父亲叶朝采都是当地的名医。叶天士自幼耳濡目染,也有志于此道,他不仅孜孜不倦,而且谦逊向贤;不仅博览群书,而且虚怀若谷、善学他人长处。叶天士最擅长治疗时疫和痧痘等症,是中国最早发现猩红热的人。他首创温病"卫、气、营、血"辨证大纲,为温病的辨证论治开辟了新途径,被尊为温病学派的代表。

中医药文化是中华优秀传统文化的瑰宝,是打开中华文明宝库的钥匙。中医药学是中华民族几千年来同疾病斗争的经验总结,是西方医学系统之外,另一个独立的医学体系,是中国几千年历史留给后人的宝贵财富。

四、近代医学的进步

16世纪中叶到20世纪中叶是西方近代医学形成和发展的时期。近代医学以物理、化学、生物等学科为基础,在16世纪人体解剖学的基础上,经过17世纪的生理学、18世纪的病理解剖学、19世纪的细胞学和细菌学的发展,历经近400年逐步建立起生物医学体系。

(一) 医学革命与生物医学的奠基

1. 医学革命

文艺复兴时期,怀疑教条、反对权威之风兴起,医学界也产生了一场医学革命。人们主张医生"必须有丰富的经验",反对体液说和气质学说,主张寻找针对各种疾病的药物,反对滥用复方。这是向医学的墨守成规和盲目崇拜进行斗争。

2. 人体解剖学的奠基

在封建社会,解剖学发展缓慢,医书上的解剖图几乎都是根据动物内脏绘制成的。文艺复兴时期,医学领域开始重视人体构造。1543年,维萨里发表了《人体的构造》,向人们展示了全新的人体解剖知识,这是第一部完整的人体解剖教科书,从此解

剖学得到了快速的发展。

3. 预防医学的兴起

医学科学发展的历史,是人类与疾病做斗争的历史。构成医学重要组成部分的预防医学也在人类与疾病做斗争过程中诞生和逐步发展起来。

(1) 预防医学的萌芽。

预防疾病的思想和措施可追溯到古代中国,以及古希腊、古罗马的医学中,那时人们已经注意到天气、土壤、饮食、居住条件等自然环境和心理、情感、生活习俗等社会因素与疾病的关系,但是这些思想仅仅是直观的和零散的,没有形成完整的理论。16 世纪以后,人们开始关注预防医学及其社会性。

意大利医学家兰德斯(1654 年—1720 年)研究了疟疾的爆发流行,认为这种疾病可以传染,蚊子是传染媒介。意大利帕多瓦医生拉马齐尼(1669 年—1714 年)在手工业工人的健康和生活环境进行深入调查的基础上,出版了《论手工业者的疾病》一书,描述了 52 种职业的健康与疾病状况,被称为"劳动医学之父"。

18 世纪末期公共卫生方面最杰出的人物是德国医生弗兰克(1745 年—1821 年),他提出了居民的悲惨生活是疾病的温床的观点。完成了六卷本巨著《全国医学监督体制》,该书第一卷论述生殖、婚姻、怀孕和分娩,提出了婚前检查和优生;第二卷论述儿童卫生与性病等;第三卷论述食物、衣着、住舍;第四、五卷论述事故、犯罪和丧葬;第六卷论述了医学教育、医学实践和国家福利等问题。弗兰克设想通过制定法规等监督措施来保护公众健康。他的思想和著作影响甚广,他在传染病和环境卫生方面的认识被人们广泛接受。弗兰克是医学界公认的预防医学和社会医学的先驱。

(2) 牛痘接种术的发明。

18 世纪欧洲天花传播严重,死亡人数非常多,即便是没有死亡的人也陷入极度的恐惧之中。当然天花不只限于欧洲,它还在世界许多其他地区肆意传播,而儿童是最常见的受害者。1796 年,英国医生爱德华·詹纳(1749 年—1823 年)发明了用种牛痘的方法预防天花,他因此被称为免疫学之父。虽然牛痘接种法的成功推广历经了许多曲折和保守势力的抵制,英国人甚至刊出了污蔑种牛痘的漫画,但实践是检验真理的唯一标准,后来牛痘接种法终于被世界各国所接受。

(3) 中国近现代预防医学之父。

1910 年末,肺鼠疫在东北地区大面积大流行,清政府派伍连德为全权总医官,深入疫区领导防治工作,当时他年仅 31 岁,但熟谙细菌学、流行病学与公共卫生学,堪当重任。他不避艰险,深入疫区调查研究,1911 年,他主持召开了万国鼠疫研究会议。在他的竭力提倡和推动下,中国收回了海港检疫的主权。他加强铁路检疫、控制交通、隔离疫区、火化鼠疫患者尸体,兴办了检疫所、医院、研究所,还创办了哈尔滨医学专门学校。他与颜福庆等发起建立了中华医学会,并创刊《中华医学杂志》。伍连德在世界上第一次提出"肺鼠疫"的概念。

（二）近代生物医学体系的确立

当历史的脚步迈入 17 世纪以后，自然科学的前进步伐逐渐加快。新兴的资产阶级为了发展工商业，支持科学研究，对科学技术的进步起到了积极的推动作用。在哲学上，培根强调科学必须建立在科学的观察和实验的基础上，他的名言"知识就是力量"激励了数代人在改造自然的科学道路上不断探索。笛卡儿强调数学的重要性，重视逻辑推理，创造性地发展了演绎法，把机械论的观点用于科学上，对生理学和医学影响很大。近代生物医学体系在这一大环境下逐步确立和发展起来。

五、现代医学对中国传统医学的传承与发展

中医药文化是中华优秀传统文化的重要组成部分，是我国卫生事业的重要组成部分，有着丰富的实践经验和系统的理论体系。任何科学的形成和发展总是与其文化背景休戚相关的，医学因其本身具有的人文特征而与文化的关系尤为密切。无论是中医还是西医，其精神内核与其赖以形成的文化母体都是一致的。中国传统医学的价值和生命力源于其自身内在深厚的文化底蕴。新时代的医护工作者，应当努力发掘传统的中医药文化，进一步推动中国医药事业的深入发展，使我国传统医学与现代医学相互补充，共同推进健康中国建设。

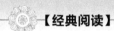【经典阅读】

青蒿素的发现　中国传统医学给世界的礼物

屠呦呦

尊敬的主席先生，尊敬的获奖者，女士们，先生们：

今天我极为荣幸能在卡罗林斯卡学院讲演，我报告的题目是：青蒿素——中医药给世界的一份礼物。

在报告之前，我首先要感谢诺贝尔奖评委会，诺贝尔奖基金会授予我 2015 年生理学或医学奖。这不仅是授予我个人的荣誉，也是对全体中国科学家团队的嘉奖和鼓励。在短短的几天里，我深深地感受到了瑞典人民的热情，在此我一并表示感谢。

谢谢 William C. Campbell（威廉姆.坎贝尔）和 Satoshi ōmura（大村智）二位

屠呦呦

刚刚所做的精彩报告。我现在要说的是四十年前,在艰苦的环境下,中国科学家努力奋斗从中医药中寻找抗疟新药的故事。

关于青蒿素的发现过程,大家可能已经在很多报道中看到过。在此,我只做一个概要的介绍。这是中医研究院抗疟药研究团队当年的简要工作总结,其中蓝底标示的是本院团队完成的工作,白底标示的是全国其他协作团队完成的工作。蓝底向白底过渡标示既有本院也有协作单位参加的工作。

中药研究所团队于 1969 年开始抗疟中药研究。经过大量的反复筛选工作后,1971 年起工作重点集中于中药青蒿。又经过很多次失败后,1971 年 9 月,重新设计了提取方法,改用低温提取,用乙醚回流或冷浸,而后用碱溶液除掉酸性部位的方法制备样品。1971 年 10 月 4 日,青蒿乙醚中性提取物,即标号 191♯ 的样品,以 1.0 克/公斤体重的剂量,连续 3 天,口服给药,鼠疟药效评价显示抑制率达到 100%。同年 12 月到次年 1 月的猴疟实验,也得到了抑制率 100% 的结果。青蒿乙醚中性提取物抗疟药效的突破,是发现青蒿素的关键。

1972 年 8 至 10 月,我们开展了青蒿乙醚中性提取物的临床研究,30 例恶性疟和间日疟病人全部显效。同年 11 月,从该部位中成功分离得到抗疟有效单体化合物的结晶,后命名为"青蒿素"。

1972 年 12 月开始对青蒿素的化学结构进行探索,通过元素分析、光谱测定、质谱及旋光分析等技术手段,确定化合物分子式为 $C_{15}H_{22}O_5$,分子量 282。明确了青蒿素为不含氮的倍半萜类化合物。

1973 年 4 月 27 日,经中国医学科学院药物研究所分析化学室进一步复核了分子式等有关数据。1974 年起,与中国科学院上海有机化学研究所和生物物理所相继开展了青蒿素结构协作研究的工作。最终经 X 光衍射确定了青蒿素的结构。确认青蒿素是含有过氧基的新型倍半萜内酯。立体结构于 1977 年在中国的科学通报发表,并被化学文摘收录。

1973 年起,为研究青蒿素结构中的功能基团而制备衍生物。经硼氢化钠还原反应,证实青蒿素结构中羰基的存在,发明了双氢青蒿素。经构效关系研究:明确青蒿素结构中的过氧基团是抗疟活性基团,部分双氢青蒿素羟基衍生物的鼠疟效价也有所提高。

这里展示了青蒿素及其衍生物双氢青蒿素、蒿甲醚、青蒿琥酯、蒿乙醚的分子结构。直到现在,除此类型之外,其他结构类型的青蒿素衍生物还没有用于临床的报道。

1986 年,青蒿素获得了卫生部新药证书。于 1992 年再获得双氢青蒿素新药证书。该药临床药效高于青蒿素 10 倍,进一步体现了青蒿素类药物"高效、速效、低毒"的特点。

1981 年,世界卫生组织、世界银行、联合国计划开发署在北京联合召开疟疾化疗科学工作组第四次会议,有关青蒿素及其临床应用的一系列报告在会上引发热烈反响。我的报告是"青蒿素的化学研究"。上世纪(20 世纪)80 年代,数千例中国的疟疾患者得到青蒿素及其衍生物的有效治疗。

听完这段介绍，大家可能会觉得这不过是一段普通的药物发现过程。但是，当年从在中国已有两千多年沿用历史的中药青蒿中发掘出青蒿素的历程却相当艰辛。

目标明确、坚持信念是成功的前提。1969年，中医科学院中药研究所参加全国"523"抗击疟疾研究项目。经院领导研究决定，我被指令负责并组建"523"项目课题组，承担抗疟中药的研发。这一项目在当时属于保密的重点军工项目。对于一个年轻科研人员，有机会接受如此重任，我体会到了国家对我的信任，深感责任重大，任务艰巨。我决心不辱使命，努力拼搏，尽全力完成任务！

学科交叉为研究发现成功提供了准备。这是我刚到中药研究所的照片，左侧是著名生药学家楼之岑，他指导我鉴别药材。从1959年到1962年，我参加西医学习中医班，系统学习了中医药知识。化学家路易·帕斯特说过"机会垂青有准备的人"。古语说：凡是过去，皆为序曲。然而，序曲就是一种准备。当抗疟项目给我机遇的时候，西学中的序曲为我从事青蒿素研究提供了良好的准备。

信息收集、准确解析是研究发现成功的基础。接受任务后，我收集整理历代中医药典籍，走访名老中医并收集他们用于防治疟疾的方剂和中药，同时调阅大量民间方药。在汇集了包括植物、动物、矿物等2000余内服、外用方药的基础上，编写了以640种中药为主的《疟疾单验方集》。正是这些信息的收集和解析铸就了青蒿素发现的基础，也是中药新药研究有别于一般植物药研发的地方。

关键的文献启示。当年我面临研究困境时，又重新温习中医古籍，进一步思考东晋(公元3—4世纪)葛洪《肘后备急方》有关"青蒿一握，以水二升渍，绞取汁，尽服之"的截疟记载。这使我联想到提取过程可能需要避免高温，由此改用低沸点溶剂的提取方法。

关于青蒿入药，最早见于马王堆三号汉墓的帛书《五十二病方》，其后的《神农本草经》《补遗雷公炮制便览》《本草纲目》等典籍都有青蒿治病的记载。然而，古籍虽多，却都没有明确青蒿的植物分类品种。当年青蒿资源品种混乱，药典收载了2个品种，还有4个其他的混淆品种也在使用。后续深入研究发现：仅Artemisia annua L.一种含有青蒿素，抗疟有效。这样客观上就增加了发现青蒿素的难度。再加上青蒿素在原植物中含量并不高，还有药用部位、产地、采收季节、纯化工艺的影响，青蒿乙醚中性提取物的成功确实来之不易。中国传统中医药是一个丰富的宝藏，值得我们多加思考，发掘提高。

在困境面前需要坚持不懈。(20世纪)70年代中国的科研条件比较差，为供应足够的青蒿有效部位用于临床，我们曾用水缸作为提取容器。由于缺乏通风设备，又接触大量有机溶剂，导致一些科研人员的身体健康受到了影响。为了尽快上临床，在动物安全性评价的基础上，我和科研团队成员自身服用有效部位提取物，以确保临床病人的安全。当青蒿素片剂临床试用效果不理想时，经过努力坚持，深入探究原因，最终查明是崩解度的问题。改用青蒿素单体胶囊，从而及时证实了青蒿素的抗疟疗效。

团队精神,无私合作加速科学发现转化成有效药物。1972年3月8日,全国523办公室在南京召开抗疟药物专业会议,我代表中药所在会上报告了青蒿No.191提取物对鼠疟、猴疟的结果,受到会议极大关注。同年11月17日,在北京召开的全国会议上,我报告了30例临床全部显效的结果。从此,拉开了青蒿抗疟研究全国大协作的序幕。

今天,我再次衷心感谢当年从事523抗疟研究的中医科学院团队全体成员,铭记他们在青蒿素研究、发现与应用中的积极投入与突出贡献。感谢全国523项目单位的通力协作,包括山东省中药研究所、云南省药物研究所、中国科学院生物物理所、中国科学院上海有机所、广州中医药大学以及军事医学科学院等,我衷心祝贺协作单位同行们所取得的多方面成果,以及对疟疾患者的热诚服务。对于全国523办公室在组织抗疟项目中的不懈努力,在此表示诚挚的敬意。没有大家无私合作的团队精神,我们不可能在短期内将青蒿素贡献给世界。

疟疾对于世界公共卫生依然是个严重挑战。WHO总干事陈冯富珍在谈到控制疟疾时有过这样的评价,在减少疟疾病例与死亡方面,全球范围内正在取得的成绩给我们留下了深刻印象。虽然如此,据统计,全球97个国家与地区的33亿人口仍在遭遇疟疾的威胁,其中12亿人生活在高危区域,这些区域的患病率有可能高于1/1 000。统计数据表明,2013年全球疟疾患者约为1亿9千8百万,疟疾导致的死亡人数约为58万,其中78%是5岁以下的儿童。90%的疟疾死亡病例发生在重灾区非洲。70%的非洲疟疾患者应用青蒿素复方药物治疗(Artemisinin-based Combination Therapies,ACTs)。但是,得不到ACTs治疗的疟疾患儿仍达5千6百万到6千9百万之多。

疟原虫对于青蒿素和其他抗疟药的抗药性。在大湄公河地区,包括柬埔寨、老挝、缅甸、泰国和越南,恶性疟原虫已经出现对于青蒿素的抗药性。在柬埔寨-泰国边境的许多地区,恶性疟原虫已经对绝大多数抗疟药产生抗药性。请看今年报告的对于青蒿素抗药性的分布图,红色与黑色提示当地的恶性疟原虫出现抗药性。可见,不仅在大湄公河流域有抗药性,在非洲少数地区也出现了抗药性。这些情况都是严重的警示。

世界卫生组织2011年遏制青蒿素抗药性的全球计划。这项计划出台的目的是保护ACTs对于恶性疟疾的有效性。鉴于青蒿素的抗药性已在大湄公河流域得到证实,扩散的潜在威胁也正在考察之中。参与该计划的100多位专家们认为,在青蒿素抗药性传播到高感染地区之前,遏制或消除抗药性的机会其实十分有限。遏制青蒿素抗药性的任务迫在眉睫。为保护ACTs对于恶性疟疾的有效性,我诚挚希望全球抗疟工作者认真执行WHO遏制青蒿素抗药性的全球计划。

在结束之前,我想再谈一点中医药。"中国医药学是一个伟大宝库,应当努力发掘,加以提高。"青蒿素正是从这一宝库中发掘出来的。通过抗疟药青蒿素的研究经历,深感中西医药各有所长,二者有机结合,优势互补,当具有更大的开发潜力和良好的发展前景。大自然给我们提供了大量的植物资源,医药学研究者可以从中开发新药。中医药从神农尝百草开始,在几千年的发展中积累了大量临床经验,对于自然资源的药用价值已经有所整理归纳。通过继承发扬,发掘提高,一定会有所发现,有所创新,从而造福人类。

最后,我想与各位分享一首我国唐代有名的诗篇,王之涣所写的"登鹳雀楼":白日依山尽,黄河入海流,欲穷千里目,更上一层楼。请各位有机会时更上一层楼,去领略中国文化的魅力,发现蕴涵于传统中医药中的宝藏!

衷心感谢在青蒿素发现、研究、和应用中做出贡献的所有国内外同事们、同行们和朋友们!

深深感谢家人的一直以来的理解和支持!

衷心感谢各位前来参会!

谢谢大家!

（资料来源：中国政府网。）

作者简介：屠呦呦,1930年12月30日出生于浙江宁波,药学家,共和国勋章获得者,中国首位诺贝尔生理学或医学奖获得者。她多年从事中药和西药结合研究,突出贡献是创制新型抗疟药青蒿素和双氢青蒿素。

赏析：在这篇演讲中,屠呦呦回顾了她和她的团队发现青蒿素的历史过程,同时,对于中医药在其中的作用。传统中医药学在漫长的发展历程中形成了一套行之有效、理论自洽的医学体系。对于这一套医学体系,我们不能简单地选择继承或者废除,而应更深入地去思考其在临床和科研上的意义。我们不仅需要一位屠呦呦这样的学者,更需要更多的年轻学者在这片沃土中耕耘。

【思考题】

1. 阅读《大医精诚》,分析"精"与"诚"的含义,谈谈医护工作者应该具备哪些医德素养。

2. 在中医药学发展的历程中,哪个人物、哪个事件给你的印象最深,请说出理由。

3. 请同学们梳理本章节的内容,画出思维导图。

【实践活动】

中华优秀传统文化宣讲大赛

请举办一场"中华优秀传统文化宣讲大赛",营造传承民族精神的良好校园文化氛围。

1. 活动目的

中华优秀传统文化源远流长、博大精深,是中华民族的精神支柱,是中华儿女的根与魂,是中国特色社会主义植根的文化沃土。同学们应通过参与本活动激发对中华优秀传统文化的热爱,自觉继承和发扬中华优秀传统文化,树立文化自信。

2. 活动要求

(1)可利用图书馆及网络资源,查找中华优秀传统文化的相关知识,选择一个宣讲主题。

(2)宣讲内容要真实、准确、条理清晰,要体现奋发进取、昂扬向上的精神风貌。

(3)使用普通话,口齿清晰、表达流畅、精神饱满、仪态自然,且脱稿完成,有较强的感染力和号召力。

(4)仪表整洁、仪态自然、大方得体。

(5)宣讲内容,以 PPT 的形式呈现,可以辅以多媒体资源进行展示。

(6)宣讲时间控制在 3 至 5 分钟。

3. 活动过程

大赛分班级初赛、系部复赛、学校决赛三个阶段。

(1)班级初赛:初赛在课堂教学中完成,根据教师评分及学生互评选拔优秀选手参加系部复赛。

(2)系部复赛:复赛由系部组织进行,根据教师评价和系部比例推荐优秀选手参加学校决赛。

(3)学校决赛:决赛由学校组织开展,根据校级评委现场评价打分评选出一、二、三等奖。

4. 活动评价

项 目	分值	评 价 内 容	得分
内 容	40	宣讲内容丰富充实,结构完整,有宣传教育作用,传递正能量	
语言表达	40	语言生动优美,声音洪亮,表达清晰流畅,脱稿宣讲,生动感人,富有感染力	
仪态仪表	10	衣着、发式整洁,仪表端庄,举止自信大方,态势语言适当	
时间控制	10	时间控制在 3 至 5 分钟	

【本章学习笔记】

第二章

精神世界的智慧花朵——哲学修养

知识目标：了解哲学的基本内涵、哲学的产生与发展及哲学研究的基本问题；了解中国古代哲学的特点及哲学与医学的关系。

能力目标：学会运用创新的哲学思维思考问题、解决问题，辩证地看待事物；掌握医学哲学的思维特点及思维方式，培养医学哲学思维能力，提升思考力与创新力。

素养目标：培养对病人的人文关怀能力和提升理性思维的哲学修养；追求崇高的从医境界，形成技术"修身"与人文"修身"的二元融合。树立正确的学习态度与认知态度，建立文化自信，培养人文精神。

　　哲学是精神世界的智慧花朵，它培养智慧，发现真理，印证价值。以人类对真善美的追求去反思人类的现实。哲学修养是人通过研究哲学而获得的对物、事和人的根本看法，影响着一个人的世界观、价值观和人生观，影响着他的行为、思想和境界修为。哲学具有时代特征，不同领域的哲学又有不同的内涵。医学哲学正走向未来，它从应用研究的角度，反思医学的感性经验和思维方式，突出了医学哲学反思批判的学术特征。它促进医学教育模式和观念转化，有助于使未来医务工作者成为具有科学思维方法、医学人文关怀能力、医学人文精神和医学专业知识协调发展的新型人才。

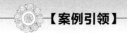

不是每朵花都要结果

表哥种了二十多年桃树,有几十亩桃园。几年前,我从他那儿移了棵嫁接好的桃树苗,栽在院子里。

"桃三杏四梨五年,枣树当年就见钱",这农谚准得很。桃树栽下后的第二年,料峭春寒尚未消退,枝丫间便冒出了一个个花骨朵。随着"春风又绿江南岸",仿佛一夜之间,那小小的桃树,竟"满树和娇烂漫红"了。

我兴奋地打电话向表哥报喜,表哥却叮嘱我:每条枝上只留五六朵桃花,其余的都摘掉。电话这端的我惊问为什么,表哥告诉我,不光如此,等结了桃,还要疏掉多余的果,每个枝上只留下一两个最大最好的。因为桃树太小,枝丫太细,桃子多了经不住……

虽是万般不舍,可看看桃树的"细胳膊",真的怕它承受不了太多的重负,只好忍痛割爱,按表哥说的照办。这年夏天,我收获了六个又大又甜的蜜桃。

第二年,桃树虽粗壮了许多,但仍显得有些"身单力薄"。我怕它还是不能承受累果之重,便主动疏掉一些繁花,摘去一些赘果,只是比上年留的要多了许多。这一年,我收获了更多的桃子。只是个头不太均匀,有的品相也不怎么好。

桃树渐渐长大,不再担心它的承受能力,我期待它结出更多的果实。于是,不肯再辜负每一朵花蕊,更舍不得糟蹋结出的每一个果子。可是,如此收获的桃子竟小了许多,感觉也不如原先的甜。我打电话询问表哥。表哥问明原委,告诉我——该疏的花一定要疏,该去的果坚决得去。他说:不是每朵花都要结果。

我如梦初醒。想想我们的人生,不同样如此吗?在人生的航程中,生活就如同一棵开花的树。有时候,我们的梦想很多,想做的事很多,想要的"果"很多,理想的树上花团锦簇。可是,现实却屡屡冷酷地告诉我们:尽管世界因生命而美丽,生命因梦想而精彩,但是,并不是所有的贝壳里都有珍珠,并不是所有的生命都能焕发光彩,并不是所有的梦想都能开花结果。为了实现人生最大、最美好又最接近现实的结果,我们不得不学会取舍,适时摘掉那些多余的"花"和"果"。因为,人生有涯而知无涯,精力有限而事无限,我们不可能面面俱到、诸事竟功。不然,貌似满树之"花"、累枝之"果",却终是得不到几个像样的"桃子"。

舍弃,并不是放弃,而是为了得到最好的结果。"不是每朵花都要结果",这何尝不是一种人生的智慧。

(资料来源:《不是每朵花都要结果》,刘明礼,《妇女》2019 年第 2 期,有改动。)

临床实践中需要超验的突破

有一位教授在当年读硕士研究生期间,到临床实习。一天,带教老师让他给一位腹痛患者备皮,说是胃穿孔准备急诊手术。患者中年女性,经过病史询问和体检后,他觉得患者像是急性阑尾炎,便回来向老师报告。带教老师着急地说:"患者有严重的溃疡病,昨天做钡餐检查,一挤一按极易穿孔,马上送手术室吧!"手术台上,老师在患者的上腹剑突到肚脐之间打开了腹腔,结果却令人大吃一惊,胃、十二指肠并没有穿孔,而是阑尾炎导致的腹膜炎。为了减少病人痛苦,老师没有在右下腹再开一个口,而是在助手的全力协助下从上腹正中切口做了阑尾切除。

医学是一门实践性很强的学科,医生实践越多,见识越广,经验也就越丰富。但是,在如今飞速发展的新时代,我们还要学会用医学哲学思维思考问题,不能一味地沿袭经验,我们需要突破经验,辩证地认识客观事物的共性与个性。经验以共性为基础,而作为个体的病人会有其具体情况,临床实践中若过分强调事物的普遍性(如消化性溃疡患者做钡餐容易引起穿孔),而忽视了基本素材的收集、整理和分析,就会缺乏支持决策的客观依据,违背了产生现象背后的客观规律,处理不当就会让我们的思维走向岔路。带教老师有着丰富的临床经验,如果再能建立起全面而辩证的哲学思维,在追求真实避免主观的同时进行超验思考,那么在紧急情况下也能做到精益求精,从而做出精确的判断,这样就会降低了病人的风险。

(资料来源:《医学中的哲学:临床思维》,梅铭惠,《医学与哲学》(临床决策论坛版)2008 年第 12 期,有改动。)

第一节 走 进 哲 学

哲学是时代精神和民族精神的精华,它是不同时代、不同民族的思想家在对个人与他人、个人与社会、整个人类和自然界以及个人的身心关系反思基础上进行的系统化、理论化的表达。哲学看似离我们的现实生活比较远,但实际上是时刻渗透在人类的生产生活中的,通过不同的生活方式、行为方式和文化特点等表现出来。

一、追问哲学

（一）什么是哲学

哲学是对世界基本和普遍的问题进行研究的学科，是关于世界观的理论体系。哲学思考的问题是就总的根本问题发问，而不是仅仅思考某个具体问题。比如，水分子结构是一个氧原子、两个氢原子，水加热到 100 摄氏度就会变成水蒸气，这些都是具体的科学知识。而孔子站在泗水边感叹"逝者如斯夫"，由眼前的川流不息联想到大自然的生生不息、运动不止；老子从"天下莫柔弱于水，而攻坚强者莫之能胜"得出柔弱胜刚强的一般结论，就是一种哲学的沉思和悟性了。

哲学源于人们对实践的追问和对世界的思考，始于惊讶、惊奇。哲学智慧产生于人类的实践活动，最根本的特征是追根性，强调对人生深层次意义的挖掘，有着可以穿透我们日常生活层面的无限深度。真正的哲学可以使我们正确地看待自然、社会和人生的变化与发展，用睿智的眼光看待生活和实践，正确对待社会进步与个人发展，正确对待集体利益与个人利益的关系，正确对待进与退、得与失、名与利，从而为生活和实践提供积极有益的指导。因此，哲学的任务，就是寻找光明，在人类生活的路途上点起前行的明灯，指导人们正确地认识世界和改造世界。哲学作为人精神活动的最深层形式，关注的是我们在世上生存和发展的终极意义，通过抽象的语言，将日常生活的枝节、常识和现象加以剥离，从而激发人性深处的精神潜力，以实现超越自然世界的人生价值。由此，哲学赋予日常生活以这样的意义：人不仅要生活，还要赋予当下的生活以意义；人不仅跟自然交换物质，还要赋予天地万物以价值和意义。对意义的思考，对价值的思考，是哲学的传统。

（二）哲学智慧的形成过程

哲学一词源出希腊语 philosophia，意为"爱智慧"。可以说，哲学就是对智慧的追求。人类对事物的认知过程，是从感性到理性，再到理智抽象性的具体。这就是不断辨析事物内涵并运用其内涵的过程。内涵持续引导人类构建起关于世界及宇宙的认知大厦，这个"理智抽象性的具体"就是我们通常所说的"智慧"。哲学智慧的形成有四个过程：反思、批判、变革、创新。

反思是对过去的思想和思维进行考察的过程，与正向思维相对，是对某个问题进行反复的、认真的、不断的深思。反思具有意识性、连续性、逻辑性、目的性、确定性、推动性的特点。哲学反思是智慧的开端，人们在初级认识阶段一般采用正向思维，会产生一些思想的火花，但反思是一种回顾，也意味着批判。

哲学智慧是一种"批判的智慧"，是一种对"自明性"进行批判的智慧。批判是哲学的一部分，但哲学不等于批判。一般认为，哲学的本质是一种批判精神，这种批判主要指向自我净化、自我完善、自我革新、自我提高所构成的智慧追寻。哲学的批判并非全盘否定,而是在不断地批判中继承真理与智慧,在自我否定中实现自我的进步与发展。

哲学是时代精神的精华,是社会变革的先导。它通过对旧思想旧制度的批判,更新人的观念,解放人的思想;它可以预见和指明社会前进的方向,动员和掌握群众,从而转化为变革社会的强大物质力量。哲学的变革智慧促进社会观念更新、科学发现、技术发明、工艺改进和艺术创新,从而实现人类的自我超越和自我发展。

创新从哲学上说是一种人的创造性实践行为,这种实践为的是增加利益总量。创新是对事物和发现的利用和再创造,特别是对物质世界矛盾的利用和再创造。人类通过对物质世界的利用和再创造,制造新的矛盾关系,形成新的物质形态。

我们只有懂得反思、批判,才会变革和创新,这就是智慧。所以说,哲学智慧是反思的智慧、批判的智慧、变革的智慧、创新的智慧。它是一种真正的大智慧,是一种"为天地立心,为生民立命""析万物之理,判天地之美"的智慧,是一种"知行合一""情景合一""万物皆备于我"的智慧,也是一种境界。我们只有对哲学智慧有了真正的理解,有了切实的体会,思考人生价值,升华人生境界,才能够进入真正的哲学思考,才能真正地走进哲学。

二、哲学的研究内容

哲学智慧之"大",体现在其研究对象的广度与深度上。人类的哲学认识与社会的变迁是互为表里、矛盾发展的过程。一般而言,哲学的研究对象包括自然界、人类社会和人类思维的规律及其相互关系。马克思主义哲学将其凝练为"思维和存在的关系问题是哲学的基本问题"。这一点与具体科学不一样,具体科学一般研究的对象是本学科独特领域的独有现象、规律及其内在关系,尽管也会涉及无限性的问题,但与探讨"无限宇宙"或"人类终极关怀"的"爱智"的哲学相比较,还是一种特殊性和普遍性之间的关系,它包含整个自然界、人类社会和人类思维在内的无限时空。

(一) 哲学的基本问题

人类从事的活动包括认识世界和改造世界。人类在追求智慧的过程中产生了各种哲学观点,这些观点也都是围绕着思维存在而展开的。思维和存在的关系问题贯穿哲学发展的始终,是一切哲学不能回避、必须回答的问题。哲学要从总体上探讨人与世界的关系,就必须首先弄清楚思维和存在的关系问题。

1. 思维和存在哪个是本源的问题

这个问题是我们划分唯物主义和唯心主义的唯一标准。依据对这个问题的回答产生了唯心和唯物两种哲学观点。第一种观点认为思维决定存在,这种观点属于唯心主义;第二种观点认为存在决定思维,这种观点属于唯物主义。我们坚持的是唯物主义观点。

2. 思维与存在有无同一性的问题

思维与存在有无同一性的问题,即思维能否正确地认识存在。这个问题是我们划分可知论与不可知论的标准。对于这个问题的回答有两种不同的观点。第一种观点认为思维和存在没有同一性,也就是思维不能够正确地认识存在,这是不可知论的观点;第二种则认为思维与存在具有同一性,也就是认为思维能够正确地认识存在,这属于可知论的观点。我们应该坚持可知论的观点。

马克思和恩格斯批判地吸收了过去的哲学成就,总结了自然科学的成果和无产阶级斗争的历史经验,建立了马克思主义哲学,即辩证唯物主义和历史唯物主义。

(二) 科学的世界观与方法论

1. 世界观决定方法论,方法论体现世界观

哲学既是世界观,也是方法论。世界观是对世界的本质、发展的根本规律、人的思维与存在的根本关系等基本问题的总体认识。方法论是关于人们认识世界、改造世界的方法的理论。人们关于世界是什么、怎么样的根本观点是世界观,用这种观点作指导去认识世界和改造世界,就成了方法论。一般来说,世界观决定方法论,方法论体现世界观,有什么样的世界观就有什么样的方法论,不存在脱离世界观的方法论,也不存在脱离方法论的世界观。哲学是世界观和方法论的统一,哲学是对自然、社会和思维知识的概括和总结。

2. 科学的世界观和方法论是马克思主义哲学

马克思主义哲学是辩证唯物主义和历史唯物主义,是揭示自然、社会和思维发展的一般规律的科学,是无产阶级科学的世界观和方法论,是马克思主义全部学说的理论基础。马克思采取了唯物地看待历史的观点,假设社会变化的原动力在于阶级之间的冲突,认为历史有其客观的支配规律,认为社会变化是辩证的。

(三) 唯物辩证法与形而上学

1. 唯物辩证法

唯物辩证法即"马克思主义辩证法",以自然界、人类社会和思维发展的一般规律为研究对象,是辩证法思想发展的高级形态,是马克思主义哲学的重要组成部分。唯物辩证法指出:物质世界是普遍联系和不断运动变化的统一整体;辩证规律是物质世界自己运动的规律;主观辩证法或辩证的思维是客观辩证法在人类思维中的反映。它包括三个基本规律:对立统一规律、质量互变规律和否定之否定规律,包括现象与本质、原因与结果、必然与偶然、可能与现实、形式与内容等基本范畴,其中以对立统一规律为核心。

马克思主义哲学的基础是唯物论,主导则是辩证法。唯物论与辩证法互相制约、相辅相成,推动着哲学本身与社会实践一同进步。它是全人类认识世界与改造世界的最普遍的、最有效的科学方法之一,因此它是世界全人类的思想财富。

2. 形而上学

形而上学是指对世界本质的研究,即研究一切存在者、一切现象(尤其指抽象概念)的原因及本源。这个概念最早由亚里士多德所构建,被称为"第一哲学""第一科学"。形而上学是一种孤立、静止、片面的思维方式。这种思维方式只看到一个个孤立的事物,而看不到事物之间的相互联系和相互作用;只看到事物的现状,看不到事物的过去和将来,或者只看到事物数量和场所的变更,看不到事物根本性质的变化;只看到事物的某一个方面,看不到事物的整体;只看到事物发展的外部条件,看不到事物发展的内在因素。

形而上学是古代的思辨哲学,是唯心主义的基础所在。在以黑格尔作为起点的现代哲学开始之后,西方开始普遍质疑形而上学,开始重新开辟道路,开展对传统的革命,加上科学哲学的大体完善,形而上学在 19 世纪的西方出现衰落之势。

以实践思维方式为基础,马克思的历史唯物主义实现了历史性、唯物性和辩证性的相互贯穿和内在统一,终结了形而上学的本体论,开启了后形而上学存在论的新视野。在哲学通向人现实生活世界的途中,马克思主义哲学终结了抽象、思辨的形而上学哲学,把现实的人作为哲学研究的出发点,把现实的人的生存境遇与发展命运作为哲学研究的主题,把人的解放、人的能力的充分发挥和每个人自由而全面发展作为追寻的价值目标。

三、中国哲学的发展历程

中国哲学是世界几大传统哲学类型之一。它致力于研究天人之间的关系和古今历史演变的规律,形成了自己独具特色的自然观、历史观、人性论、认识论和方法论,特别重视哲学与伦理学的联系。中国哲学分为古代哲学和现代哲学两部分。古代哲学经历了"春秋百家争鸣""汉唐儒道三玄""宋代儒学的发展""近代中西融合"四个阶段。现代哲学包括"对中国古代哲学的研究"和"对西方哲学的研究"两部分,其主要内容是马克思主义哲学思想。

(一)中国古代哲学的发展历程

中国古代哲学源远流长,博大精深,经历了漫长的历史发展阶段,大约萌芽于殷、周之际,成形于春秋末期,至战国时期已出现百家争鸣的繁荣局面,以儒家、道家、墨家等思想流派为代表,彰显着其思想智慧。

1. 原初文明

在原始社会,中国的古代哲学就已经开始萌芽了。当时,原始先民们面对变化多端的自然现象感到困惑和迷惘,并由此产生了对自然的神化、崇拜和思考。这种对自然的崇拜发展至商周时代仍占主导地位,而且在不断深化,对中国古代哲学产生了重大影响。

根据各种史料及历史传说,上古时期的伏羲氏已经通过"仰观天文、俯察地理、中通人事"的方式以阴阳符号为基础创作了八卦，这是先贤对整个世界经过长期观察并进行提炼和升华后做出的最早的哲学性总结。这种以阴阳为立论基础、以八卦代表八方和八类自然物象的创设模式体现了先贤"以简驭繁"的哲学智慧，成为后世中华文化的"源头活水"。

成书于商周时期的《易经》，从表面上看来是一部占卜的书，但其内容却蕴含着极其丰富的哲学思想。它的出现，标志着中国古代哲学思维的开始。

> **看一看**
>
> 《易经》又称《易》《周易》，分《经》和《传》两部分。《经》主要是六十四卦和三百八十四爻，并附有卦辞和爻辞；《传》包括解释卦、爻的七种文辞，共十篇。《易经》的主体思想是朴素的唯物主义观念和辩证法观点，它认为阴阳统率世间一切事物现象，强调变易、运动、转化。

2. 春秋百家争鸣

（1）儒家。

孔子是儒家学派的开创者，建立了以"仁"为核心的哲学体系，推崇"中庸"之道，主张"学而知之"。

儒家注重自身修养并讲求伦理道德，其中心思想是"仁义"，注重人与人之间的和谐关系。人际关系以五伦为依归，有一定的规范。对待长辈要尊敬；朋友之间要言而有信；为官者要清廉爱民；做人有自知之明，尽分内事，"君子务本，本立而道生"。

儒家政治思想是"仁政""王道"以及"礼制"，其理想是"大同"，其政治学主要阐述君臣关系、官民关系。孔子"君使臣以礼，臣事君以忠"，孟子"民为重，社稷次之，君为轻"，荀子"从道不从君，从义不从父，人之大行也"，是儒家政治学的代表性主张。

（2）道家。

道家思想是中国重要的并具有影响力的哲学思想之一。道家，是道德家的简称。老子是道家学派的开创者，建立了以"道"为核心的哲学体系，庄子是先秦时期道家最重要的继承者。道家以《老子》（又名《道德经》）与《庄子》（又名《南华经》）为主要思想典籍。

道家崇尚自然，认为以天为道并顺天而行事，就可消灾解祸。认为人类社会中的难题之所以无法解决，是因为人类的干预行为过多，故提倡无为而治。道家也向往返璞归真的生活。在人生观上，老子主张"清虚自守，卑弱自持"，在政治上，老子提出"无为而治"。道家将其学说由人生观和社会观扩展至宇宙论，提出"道""气""自然"等哲学概念。道家所追求的人生是自然、自在、自由的人生。道家对于生死，持一种纯自然的态度。道家修养论之主旨是致虚守静。老子首倡致虚守静，庄子则将致虚守静具体化为"心斋"与"坐忘"，并进而将致虚守静提升为本体论的高度，提出"齐物"。

（3）墨家。

春秋战国时期儒、墨两家并称"显学"，互相进行过激烈的争论。墨家学派纪律严明、技术高超。战国后期的墨家学派受到秦国的重视，是秦能够统一六国的重要因素之一。

（4）名家。

名家以惠施、公孙龙为代表人物，主要命题有"合同异""离坚白""白马非马"等。

若与后期墨家的"名实之辩"综合考察,名家学说可视为我国古代逻辑学的萌芽。

（5）法家。

法家的代表人物韩非和李斯受到秦国的重视,其学说也是秦能够统一六国的重要因素之一。他们都是荀子的学生,摒弃了荀子"隆礼"的思想,发扬了其"重法"的思想。

（6）阴阳家。

阴阳家的代表人物是战国时期邹衍。阴阳家的理论是从《易经》中来的,专言阴阳灾异。

除以上六家外,还有农家、兵家、纵横家、杂家等学派。他们代表不同阶层,从不同角度,对宇宙、社会和万事万物提出自己的主张。他们纷纷广收门徒,著书立说,相互诘难,形成"百家争鸣"的局面。

读一读

孔子这样建立"诗教"

《左传》记载,城濮之战前夕,春秋五霸之一晋文公预感此战意义重大,因此,在出征前他与群臣慎重讨论三军元帅人选。

这时,老臣赵衰推荐了郤縠,他的理由是,此人"说礼乐而敦诗书",即"喜爱礼乐,笃好诗书"。这是因为,礼乐是行为规范、道德准则,喜欢礼乐的人道德就好;诗书是政治经验的宝库,熟读诗书就有学问、有智慧。则诗书礼乐赋予了郤縠作为军事将领最重要的两项素质:忠诚与谋略。

就这样,郤縠成了晋国的首任三军元帅。从此,汉语中有了"诗书元帅"这个成语,当我们提起周瑜、诸葛亮这样的杰出儒将时,往往称之为诗书元帅。

人们常说中国是"诗的国度",诗歌传统源远流长,那么,《诗经》就是这一传统的总源头。两三千年来,它始终陶冶、教化着一代代中国人,塑造着我们的语言、思维和价值观。

人们把读书多、有学问叫作"满腹诗书""饱读诗书",这里的"诗书"二字并不是泛指诗歌和书籍,而是特指《诗经》和《尚书》。人们称品位高雅、富有情趣为"风雅",将故作高雅称为"附庸风雅","风雅"原指《诗经》中的国风和大雅、小雅,它们是《诗经》的主体内容,代表着端正的价值观和纯正的审美品位。可见,《诗经》的因子早已融入了我们的语言,潜移默化地塑造着我们的思维。

通过《诗经》进行的教化,称为"诗教",它承载着中华民族的历史、文化和价值观念。"诗教"传统的奠立伴随着中华文明命运的起伏跌宕,是一段继承与创新并重的艰辛历程,回顾这段历史,至今仍对我们富有启发和教育意义。

在"诗教"传统的奠立过程中,起关键作用的人物便是孔子。孔子生活于春秋末期的鲁国,在他以前,贵族还是主要的从政阶层,"诗书"还是贵族阶层的主要教养。

城濮之战发生在孔子出生前七八十年,它集中体现了当时的社会环境和文化氛围,郤縠所喜爱的"诗书礼乐"就是当时贵族阶层的普遍教养,从西周到东周前期的三四百年间,王家官办教育就是用"诗书礼乐"来教育贵族子弟的。

像郤縠这样纯熟掌握诗书礼乐的人便足以担任三军元帅,是因为这些内容就是当时高等教育的主要科目,郤縠就是当时的"学霸"。"诗书礼乐"全面、立体的教育体系,代表了中华民族三千年前极高的文明水平和政治智慧。

情况到孔子时发生了重大改变,一个明显的迹象就是,那些古老的贵族世家不再重视教育,贵族子弟日益不学无术,东周的文化和教育事业出现了停滞,原本西周以来比较完善的官办教育体系迅速走向瓦解。

孔子曾对弟子们讲过一段话:"大师挚适齐,亚饭干适楚,三饭缭适蔡,四饭缺适秦,鼓方叔入于河,播鼗武入于汉,少师阳、击磬襄入于海。"(《论语·微子》)这七句话讲出了八个人的去向,以太师挚为首的鲁国宫廷音乐家四散飘零,流落到了齐、秦、楚、蔡等国,实际说明了鲁国音乐人才的流失情况。

需要注意的是,太师及其属官不仅负责给天子、诸侯的政治活动和休闲生活提供背景音乐,而且他们还掌管着贵族子弟的礼仪、音乐教育,教少年贵族们歌唱、舞蹈、演练礼仪,以及培养官方音乐机构的后备人才,即下一代乐师。他们传授音乐所用的歌词,就是后来《诗经》的前身,当时仅是一首一首的"诗",就叫"诗",后来整理成独立完整的著作,便是后人所说的《诗经》。

因此,以太师为首的乐官们不仅是宫廷音乐家,也是当时国家教育机构的教师。比如孔子提到的跑到沿海地区的击磬襄,就是孔子的老师,孔子跟他学会了弹琴和击磬。后来,孔子年长以后到了卫国,日子过得不顺心了,就击磬消遣,来调节自己的情绪。

可是,到孔子晚年,随着世道的变乱,国家也不重视文教,这些优秀的乐师渐渐边缘化而至于失业,纷纷外逃。

从孔子出生之前精通"诗书礼乐"就足以担任元帅,到传授"诗书礼乐"的教师都自身难保,原本官方的礼乐教化队伍风流云散,漂泊天涯海角,这种现象代表着西周以来的文教制度正在瓦解,用一句后来人们熟悉的话讲,就是"礼崩乐坏"。而这,也就构成了孔子开创自己文教事业的时代背景和现实契机。

"大师挚适齐,亚饭干适楚,三饭缭适蔡,四饭缺适秦……"可以想见,当孔子掰着手指对弟子们细数这些当年自己接触过、欣赏过、向他们学习过的乐师都流落到了哪里的时候,他的内心一定充满了惋惜和感慨。

因此,孔子开创了一项影响深远的工作:他把"诗"的文本——也就是原本在国家教育、礼仪场合中使用的各种歌词收集起来,加以校订,订正其中的错误,删去其中重复和不重要的篇章,留下最精华的三百零五首,它就是我们今天还在阅读、背诵、讨论、研究的《诗经》,去零取整,又称为"诗三百"。孔子不仅校订了"诗三百"的文本,还继承乐师们的工作,校订了其配乐,使"诗三百"皆可被之管弦,和乐演唱。这也就是孔子自己所讲的:"吾自卫反鲁,然后乐正,雅、颂各得其所。"(《论语·子罕》)

与此同时,孔子也就接过了乐师们手中的接力棒,继续用诗书礼乐来教育自己年轻的弟子们。所不同的是,过去乐师们任职于朝廷,属于官办教育,现在孔子在民间,搞的是民办教育。与之相应的变化是,过去官办教育只接受贵族子弟,现在孔子则敞开大门,凡是有学习意愿、读书天赋的年轻人,不管出身、阶层,都可以来学。

孔子的事业具有继往开来的色彩:它以诗书礼乐为主要内容,继承了西周以来王家文化的精华;同时,又把它推向了更广大的人群,打破了贵族世家对教育的垄断,从而开启了一个全新的时代。

就这样,通过孔子的努力,《诗经》从周代官方教育的科目之一,转变为孔子的民间教育科目。通过《诗经》进行的教育,就称为"诗教"。

在孔子的教育生涯中,对诗教非常重视和推崇,他特别重视《诗》的作用,鼓励弟子努力学《诗》。他曾讲:"小子,何莫学夫诗?诗,可以兴,可以观,可以群,可以怨。迩之事父,远之事君。多识于鸟兽草木之名。"(《论语·阳货》)

孔子的意思是,学习《诗经》会对青年人产生多方面的帮助:诗"可以兴",诵读、演唱《诗经》中的作品可以活跃气氛,使人精神振奋,激发正能量;诗也"可以观",《诗经》中作品歌唱着不同时代、不同地方的各种人物事迹,以及政治的好坏、风俗的美丑、人的喜怒哀乐,有助于青年人了解时代、了解社会、理解人情、认识人性;诗还"可以群",有助于人际交往,让大家在歌唱中增进沟通、融洽气氛、增进感情;诗又"可以怨",帮助人委婉地表达不同意见,温和地抒发负面情绪,起到安抚心灵,调和矛盾的作用。

这四条,后来被归纳为成语"兴观群怨",一直沿用至今,它不仅适用于《诗经》本身,也适用于它之后的诗歌乃至更广泛意义上的文艺创作,道出了优秀作品积极的社会功能。

学《诗》有如此多的好处,孔子说,年轻人"迩之事父,远之事君"——在家庭中与父母相处和到社会上与上级沟通都会用得上。因为,学《诗》能调节性情,使人平和;能塑造价值观,让人忠厚;并能教人文雅地讲话,有效地与人沟通。

最后,孔子还补充讲了《诗经》在知识积累方面的作用:"多识于鸟兽草木之名"——《诗经》可以让人认识很多动物、植物。据今日学者统计,《诗经》中提到的动物有一百多种,植物有两百多种,另外,还有很多农具、工具、车马、建筑以及多方面的生产生活经验,可以说是一部古代生活的百科全书。在知识匮乏、书籍有限的春秋时代,《诗经》的确可以说是一门融会多种知识的综合学问。

就这样,在孔子的鼓励、倡导下,春秋末期在贵族教育中已经备受冷落的"诗教",又在民间兴盛起来。孔门弟子成为传播《诗经》的主力,我们今日所能看到的《诗经》版本,传统认为就是出于孔子弟子子夏学派的传承。孔子对《诗经》的保存和传播、对中国诗教传统的缔造,可以说功不可没。

同时,借着《诗经》的传播,从西周到东周这段丰富多彩的历史大事和古代中国人民的生活方式、民风民俗也都得以完整、生动地保存下来,流传后世,成为我们今天了解那个时代的珍贵史料。

(资料来源:《孔子这样建立"诗教"》,张毅,光明日报 2022 年 11 月 11 日,有改动。)

3. 汉代黄老之学向儒学的转变

汉初,受秦末战乱影响百业凋敝,国力衰弱,急需恢复社会生产力,百姓也渴望从秦朝苛政酷刑的阴影中走出来,因此黄老思想成为主流。至汉景帝时期,西汉经历了文景之治的大发展,国力日益强盛,虽有七国之乱,却影响不了西汉已然强大的局面。到此阶段,黄老之学已不能满足社会的发展。汉武帝时期,董仲舒的新儒学思想形成,其柔和了道法阴阳的思想,提出了"大一统""天人感应""天人合一"等思想,主张用儒法思想维护社会等级,礼法并施,儒法并重,但其本质以法辅儒。这迎合了汉武帝北击匈奴,用兵南越的想法。至此,儒家思想取代黄老之学,成为正统思想。

4. 魏晋"三玄"

"三玄"是魏晋时期人们对先秦典籍《老子》《庄子》《周易》三部书的总称,玄学又称新道家,是对这三部书进行研究和解说的学说,是中国魏晋时期到宋朝中叶之间出现的一种崇尚老庄的思潮。"重玄",语出《道德经》第一章"玄之又玄,众妙之门"。"重玄学"是中国思想史上一股重要的哲学思潮,也是隋唐之际的主流哲学体系,上承先秦魏晋玄学的发展脉络,后启宋明理学的哲学思考,在华夏哲学史上具有重要地位。

重玄学继承了先秦两汉老庄学与魏晋玄学,并且通过认真严密的理论分析,建立了中国哲学史上第一个包含本体论、存在论、方法论、修养论、心性论、意义论的完整哲学体系,实现了相当于先秦两汉老庄学与魏晋玄学的老庄学的第三期发展。

玄学创始于曹魏正始年间,创始人有何晏、王弼;发展于西晋太康年间,代表人物有嵇康、阮籍;完成于永嘉年间,代表人物有向秀、郭象。玄学以精神性的"无"作为思想体系的核心,强调"以无为本",是一种客观唯心主义的哲学。在司马氏取代曹魏前后,一些名士为了保身,逃避现实,就坐而论道,整日谈说玄理,以参与俗务为耻,以无所事事为荣,标榜清高,有的甚至更以"旷达"为名,走向极端的放荡不羁。

5. 唐代"三家并行"

唐代的柳宗元、刘禹锡等人又沿着王充开辟的道路对天人关系做了论证,把先秦之后的天人之学推进到一个更高的阶段,从而使中国古代的天人之学问题得到了比较合理的解决。隋唐与秦汉有些相似,经过一个统一但又短暂的王朝之后迎来了盛世,该时期佛教思想达到鼎盛,但并非一家独大,儒释道三家并行是这个阶段的思想特色,各学派之间在相互斗争中又相互学习。这种"三家争鸣"的状况为后来理学的出现打下了基础。

6. 宋明理学

宋明理学的出现可以说是中国古代哲学史上第二个理论高峰。宋明理学是以儒学为主干,融合佛道两家的智慧,综合形成的新形态哲学。理学重建了宇宙本体论和心性修养论,重建了道德形而上学的体系。理学主要分两支——程朱理学和陆王心学。

宋朝时,理学家们以儒学为基础,兼容佛道思想而提出了理学。他们以高度抽象的概念来规范和解释人与自然的关系,把天人之学纳入理学体系中,其"天人合一"观念肯定了人的主观能动性,但"存天理,灭人欲"的口号也显示了对人性的束缚与摧残。宋代理学的创始者是周敦颐、邵雍,奠基者是张载和程颢、程颐兄弟,朱熹是宋代理学的集大成者。

张载等人从唯物主义立场出发,对传统的天人关系进行了深入的探索,继承了古代的"天人相分"和"天人交相胜"的思想,但更强调人的主观能动性。对于周敦颐提出的动静相互贯通的学说,张载从唯物主义的角度对先秦的动静理论进行了阐发,提出"静也有动""动而不穷"的观点,肯定了静止的相对性和运动的绝对性,初步接触到运动守恒的观念,这具有重要的理论价值。南宋时期的朱熹,认为"理"是万物生成的本源,"气"是构成万物的材料,二者同存,不可分离。但理先于气而生,是第一性的。他认为人欲与天理是对立的,应"去人欲,存天理"。他还把这套学说运用于封建伦理道德中,提出了"三纲五常"理论。其哲学思想属于客观唯心主义。

明清之际的王夫之以其对当时自然科学和社会知识的掌握为基础,以张载的天人之学为出发点,把中国古代的天人之学理论推向高峰。王夫之认为天人作为一对矛盾,既有分又有合,合中有分,分中有合。他认为人可以根据对自然的认识发挥人的主观能动性,可以改造和利用自然。其对天人关系的论证,肯定了人在自然界应有的地位,对人理性的觉醒和解放有重要意义。其天人理论是对我国古代的天人之学的总结。

中国古代哲学有"有对"是事物运动变化源泉的观点。"有对"即辩证,是变易之学的核心部分。最早提出这个观点的就是《周易》,它通过事物"有对",即对立面的相互作用来说明事物运动变化的原因,这是"有对"之学的萌芽。老子比较系统地揭示出事物对立面的相互依存。《孙子兵法》发展了老子的"有对"思想,并指出了转化的条件。随着科学技术的发展,宋明思想家继承和阐发了先秦的"有对"之学,汲取并改造了佛学的辩证思维。朱熹进一步提出"有对"就是"一分为二",把"一分为二"看作是事物运动变化的普遍规律。明末清初的杰出唯物主义哲学家王夫之继承《周易》、张载的思想传统,进一步汲取了当时自然科学的成果和大动荡时期新的社会变化的经验,对中国古代变易之学做出了历史性的总结。

7. 近代哲学的中西融合

中国近代哲学的基本趋向是中西哲学的融合。这种融合不是外在的比附,而是内在的会通。其实质是"理智了解"与"情感满足"的统一,逻辑与直觉的统一,意义与意味的统一。其表现形式是西方形式逻辑的兴起与中国传统哲学直觉的弘扬。这一趋向由谭嗣同、严复、章太炎开其路,而由熊十力、冯友兰、金岳霖继其成。

(二) 中国古代哲学的特征

中国古代哲学有着自己特征,其特征表现在两个方面。一方面,中国古代哲学以"生命"为中心,特别重视人的"主体性"与"内在道德性"的确立。中国古代哲学关心人的"生命"是从德性方面讲的,从德性方面关心生命不是"知识"问题而是"实践"问题。中国文化首先把握了生命,中国人由如何安顿和调护生命提出了"内圣外王"之学,"内圣外王"之学亦称"仁"学。另一方面,中国古代哲学存在以知识论与逻辑学为中心的"智学"。与"仁学"主要把握"生命"不同,"智学"主要把握"自然之理",注重知识、科学。

中国古代哲学的具体特点有如下几方面。

（1）由善到美的"中庸"追求。真、善、美是整个人类的永恒追求。科学追求的是"真"，即实然状态；哲学追求的是"善"，即应然状态；艺术追求的是"美"，即主客一致的享受状态。与西方哲学相比，中国传统哲学更注重"由善到美"，所以以分析为基础的知识论不发达，以道德为基础的伦理哲学却非常突出。

（2）强调"天人合一"。对自然界和人类关系的考察是中国哲学探讨的一个基本内容。在"以水为生，以农立国"的中国古代社会，大自然基本不被当作可以征服的对象，而是人类生存、发展的母体和依托。"天人同构""天人合一"成为整个中国古代哲学的理论前提。

（3）整体观念突出。没有一定的高度、心胸和眼界，贯彻整体观是比较困难的。这是《黄帝内经》首篇首先强调医者和养生之人先要知"道"的原因所在。因为"道"涉及的就是中国古代哲学的"宇宙观（世界观）"问题。孔子的"朝闻道，夕死可矣"，韩愈把"传道"置于"授业"和"解惑"之前都表现出这种倾向。就客体角度而言，整体观同样不是抽象的、笼统的，而是通过阴阳的消长流变和五行的生克制化来解释社会的变迁乃至人体的异常，即不是关注实体而是注重关系的，这调整是中国古代哲学非常突出的方法论模式。在这种方法论模式下，包括人体在内的万事万物是通过阴阳和五行才构成了一个生生不息的大系统，彼此之间形成了直接或间接的、本质或非本质的联系。但在条件具备的情况下，原来间接的、非本质的联系能够转化成直接的、本质的联系。

（4）象思维（直觉思维）发达。象思维的特点是：只是呈现（或叙述），结论由自己做出；指点而不是指实、暗示而不是明述，因而张力无限。既然象思维的特点是"只是呈现（或叙述）"，那么如何通过经典展现出来的"象"来把握其精髓就是至关重要的，其中直觉思维（或说悟性）在其中起着异乎寻常的作用。这个过程是从"言"到"象"再到"意"的过程，即"得意忘象""得象忘言"。

中国哲学源远流长，穿越古今，不同于西方的哲学，有着自己的特色。我们应该多方面、多角度地学习中国哲学，面对近代发展起来的西方思想观念，我们既要开放地接纳其思想，又要不丢掉祖先留给我们的文化，要使之相互补充、相互交融。

（三）中国古代哲学与中医学

中国传统文化是中医学生成、发展和成熟的文化土壤，其中中国古代哲学又是中国传统文化的精髓，为中医学提供了最基本的世界观（宇宙观）和方法论体系，使中医学呈现出异于西医学的特质。

1. 中国古代哲学是中医学的文化基因，中国古代哲学与中医学互为表里

《易经》是中国传统文化的"源头活水"。传说伏羲除了画八卦，还制九针。《易经》以阴阳为立论基础，以五行生克制化来判断吉凶。中医学同样以阴阳平衡作为健康的标准，以五行生克制化的紊乱作为疾患的理论依据。

"阴阳"不同于现代的科学概念，它属于哲学范畴，与"道""五行"等成为中国古代哲学最基本的表达方式。

"五行"指木、火、土、金、水,最初是指与人们生产、生活联系最密切的五种自然物。春秋战国时期,阴阳家邹衍的"五德终始"学说以五行相克来解释朝代的更替,五行已经完全脱离了实体而成为一般意义上的哲学概念。后来医家用五行匹配人体的五脏六腑并根据其生克制化来解释、治疗人体疾病,更加强化了五行概念一般意义。

2. 中国古代哲学为中医学提供了世界观

我国古代很早就形成了自己独特的世界观,《易经》用卦爻符号体系来表达思想是最突出、最经典的表达。这种"意以象尽"的表达模式尽管含义深刻、张力无限,但并不清晰。对于卦的生成,《易传·系辞上》说:"是故易有太极,是生两仪,两仪生四象,四象生八卦。"这个过程表达的就是一个"无中生有"的过程。从太极到八卦乃至六十四卦,不应理解为一个发展的过程,而应理解为一个从"源"到"流"、从"干"到"支"、从"顶层设计"到"具体落实""具体展现"的过程。

先道后儒的两汉时期是中医学体系的成熟时期,主要表现为《黄帝内经》和《伤寒杂病论》的出现。汉末魏晋时期"贵无贱有"的玄学思潮对于"重本轻末"起到推波助澜的作用。《黄帝内经》中所言"治病必求于本"的"本"不是指向实体性的器官,而是"阴阳"乃至"道",所以在《黄帝内经》首篇中,岐伯才会首先说"其知道者,法于阴阳,和于术数"。从哲学角度看,这是在强调前提,即世界观的问题。包括病灶在内的实体性存在只是结果、是表征,而非根源。从这个角度看西医学用药物直达病灶的治病方法就是"舍本逐末"。这不是否定西医学,只是说中、西医学各有特色。

3. 中国古代哲学为中医学提供了方法论

有什么样的世界观就有什么样的方法论。作为理论前提的"天人合一"和"主客二分"不同,作为认知模式的"生成论"和"构成论"不同、"气化论"和"原子论"不同、"本"和"末"的含义也不同,所以中、西医学的方法论体系大相径庭。

议一议

如何看待"得"与"失"的关系?请用哲学观点谈谈。

第二节 医 学 哲 学

医学哲学的思想渊源悠久,古代医家十分重视医学问题的哲学探究,中国的《黄帝内经》是迄今为止已知世界上最早、最杰出的医学哲学论著,西方的希波克拉底和盖仑也是医学哲学研究的早期代表。医学哲学作为一门独立学科始于 20 世纪,它逐步研究和建立起专门的概念、观点、理论,并形成了相对独立的理论体系。医学哲学是医学中的哲学。

一、什么是医学哲学

(一) 医学与哲学的关系

1. 医学与哲学有密切的关系

很多古代的哲学家都是医生,因为医学涉及人,又涉及人与自然的关系。哲学是涉及自然科学和人文科学的综合学科。古代有很多哲学家,包括苏格拉底、柏拉图、亚里士多德等,他们的很多问题,都是让我们来思考医学的本源的。

2. 医学是科学与哲学的结合

生命的表达既是生物的、科学的,也是哲学的。医学绝不仅仅是知识和技术,更是有着人文关怀的思考与对生命的珍视。

3. 哲学是另一种医学

哲学与医学,是从两个不同的维度,运用两种不同的策略来解决人的有限性问题的。医学解决人的有限性问题,主要是在时空中尽量延伸人身体性存在的跨度,即拉长和扩展人有限的生命,使之尽量地趋向无限化,这是医学发展的一个最基本的目标,也是医学存在的一个最基本的理由。哲学是学术的制高点,是人类的第三只眼睛,天然地具有一种批判的形而上的眼光。事实上,我们可以发现,医学上的重要突破最后都能提升到哲学的层面去理解,需要哲学进行最后的讨论与总结。在此意义上,我们可以形象地说,哲学是另一种医学。

(二) 医学哲学的研究内容

1. 医学哲学的归属领域及研究对象

医学哲学属于应用哲学领域。哲学可以分为三个基本层次:元哲学、分支哲学和应用哲学。元哲学研究的是哲学的基本概念和理论,如本体论、认识论、价值论、历史观;分支哲学是一个中间层次的理论形态,如伦理学、美学、思维学;应用哲学是以不同领域的普遍问题和一般规律为研究对象的哲学,如医学哲学、教育哲学、管理哲学。

医学哲学的研究领域有人生命的存在过程、医学与哲学的关系、医学认识主体及其思维方法、医学的价值和医学的发展等。医学哲学研究的问题是从渗透于医学实践的方方面面、与医学各分支学科密切相关、与各科临床问题紧密相连的具体的医学问题中概括抽象出来的,具有一定程度的理论性、抽象性、概括性,是医学中的哲学问题。

2. 医学哲学的具体内容

医学哲学的具体内容包括:从医学角度全面理解人的本质的根本观点,即把人如实地理解为生物属性、社会属性、思维属性统一体的生命观;人的健康和疾病的本质和一般规律的根本观点,即人体观、健康观、疾病观;医学研究和疾病防治中主观正确反映客观的认识规律,即医学认识论,包括经验认识、逻辑思维、非逻辑思维;研究、诊断、防治疾病的方法、手段的本质及其发展规律,即医学方法论;科研和医疗的技术的地位、作用及其发展规律,即医疗技术论;医学作为一门科学的性质、地位、作用及其发展规律,即医学科学观。

同时,从广义上来讲,医学哲学的具体内容还包括研究医学领域特有心理现象的医学心理学,研究医学活动中特有的伦理关系的医学伦理学,研究医学领域特有的社会因素的医学社会学等。

组织胚胎学中的哲学

骨骼的成长过程中,成骨细胞使骨组织新生,而破骨细胞使原有的骨组织消亡,让新的骨基质再生。——发展是旧事物的灭亡和新事物的产生。

生物化学里的哲学

血糖过高时胰岛素被分泌,起到降低血糖的作用,而低血糖时,胰高血糖素被分泌,使血糖增高。胰岛素和胰高血糖素在机体里是一对对抗的激素,而又共同维持着血糖的正常水平。——它们是一对矛盾体,对立和统一是矛盾的根本属性。

氨基酸是人体必需的物质,而氨基酸的代谢产物氨气对人体组织和大脑是相当有害的。——任何事物都有它的两面性,有利总有弊。

解剖学里的哲学

人体有很多骨骼结构是相互依存、相互制约的,如尺骨和桡骨——它们是矛盾体,既对立又统一。

二、医学哲学的逻辑起点及思维方式

医学哲学研究对象的特征决定了医学哲学理论体系的建构:以人类生命的健康为逻辑起点,以医学哲学的本体论、认识论、方法论、价值论和发展观为基本结构,以一系列医学辩证范畴为核心概念,以辩证的人体观、生命观、预防观、疾病观、诊断观和治疗观等为基本理论。学习医学哲学能使医学生了解辩证思维的方法,铸造人文精神,培养整体关怀病人的能力和提高人文素质。

(一)医学哲学的逻辑起点及理论框架

1. 逻辑起点

医学哲学以人类生命的健康作为医学哲学理论体系的逻辑起点。医学哲学的种种要素以"始基"形式包含于其内,这个逻辑起点又是医学哲学的归属。医学哲学的理论体系以健康为逻辑起点,通过对人类生命存在的阐释、医学认识主客体互动关系的揭示、医学价值的分析、医学思维方法的研究和对医学发展一般规律的探讨,阐扬医学的本质,最后又回到逻辑起点,即医学的终极目标:维护健康,关爱生命。

2. 理论框架

医学哲学的辩证范畴是医学哲学理论框架中最重要的构件,是医学哲学理论体系中的基本单位。不同于医学理论中的其他基本概念,医学哲学的辩证范畴既具有哲学范畴的特征,如概括性、辩证性,又具有医学概念的具体性、针对性。它揭示认识对象的深刻内涵,是医学认识对象本质的逻辑表征,是医学思维、认识之网中的纽结。其辩证范畴包括医学实践、医学范式、医学价值、医学人文精神、临床认识主体和客体、无症状、疾病假象、典型症状与非典型症状等。

医学哲学的基本理论负载着医学哲学的思想内涵,反映了医学认识客体种种内在的、外在的辩证联系,是医学哲学理论框架中的实质内容。

(二)医学哲学的思维方式

1. 医学的思维特征

(1)医学思维是一种经验思维。医学实践解决的是关于健康和疾病方面种种复杂而又具体的问题。无论是对临床表现、疾病本质的认识还是临床经验的获得、医学理论的归纳,都离不开具体的医学实践。同时,受到医学发展水平、医学模式等因素的限制,临床思维活动基本上是依循以征断病的途径。医学在很大程度上还是一门经验科学,医学思维传统上是一种经验思维方式。这种思维方法是以医学实践经验为出发点,在医学经验的基础上进行医学认识活动的思维方法。

(2)医学思维是一种还原论色彩浓厚的思维。医学的有关理论诸如生理学、病理学和关于疾病的预防、诊断、治疗的理论等,都是对认识的客体的反映。在还原论思想的影响下的医学思维主体,运用各门自然科学提供的理论工具和技术,用精细的眼光去观察对象、用种种技术手段来分割、还原研究对象。因此,医学思维是一种还原论色彩很浓的思维方式。

(3)医学思维延续历史轨迹。经历了数千年发展的医学有自己特定的研究对象、特定的理论体系、特定的研究方法、特定的管理和运作程序。久而久之,医学形成了一定的医学模式和一定的思维方式并有效地被沿袭下来。如临床医学的分科诊治的模式对临床医生局部定位思维方式的形成、中医的理论体系对中医整体论思想和辩证论治的思维方式的形成都具有重要的作用。

(4)医学思维追求真实、避免主观。医学思维方式的表征是对研究对象的写实,追求清楚明白,力图使符征与所指之间的关系具有确定性,最好具有一一对应的关系,因而规范化的医学语言其内涵的意义空间是封闭的,其外延的范围是刚性的和清晰的,总是以消除意义的不确定性、暧昧性为目标。这样可以最大限度地真实反映客体的本来面目,在一定程度上避免医学思维方式的主观性。

2. 哲学的思维特征

(1)哲学思维是超验的。经验还是超验:医学思维方式和哲学思维方式的根本分野。哲学思维是一种立足于经验又超越经验的超验思维。经验方法还是超验方法,是医学思维方式和哲学思维方式的一个根本分野。哲学思维不像医学思维以对特定对象经验事实的客观描述为己任,而是对经验中的现存世界进行理性思考和价值评判,进而为人们变革现存世界提供某种理想目标和思维方法。

（2）哲学思维是反思的。反映还是反思：医学思维方式和哲学思维方式的主要区别。哲学所能够提供的不是对某种认识对象的具体的、细节的描述或客观的知识,哲学思维方式的超验性内在地要求哲学的思维方式不是以经验事实为对象的反映,而是一种反思。反思包含着对历史和经验的审视、批判、总结;反思体现着对现有理论和实践的督查、检讨、改进;反思孕育着对未来的瞻望、设计、谋划。反思是人类意识特有的哲学思维形态,是人类理性活动的高层次的表现。反映和反思之间的区别也是医学思维方式和哲学思维方式的主要区别。

（3）哲学思维是涌动的。稳健还是涌动：医学思维方式和哲学思维方式的不同侧重。创造性是哲学思维方式的基本特征之一。哲学忌讳因袭和平淡,它尽可能思人所未思和言人所未言。它继承,但不拾人牙慧;它借鉴,但不落窠臼;它渴望理解,但不甘于平庸;它追求严谨,但不陷入乏味。哲学思维方式帮助人们发现真相和真理,使人们认识到事物的辩证性,使人们走向新意和创意。哲学思维方式具有认知深化功能,是一种撇开表象而径奔本质,剔除偶然而直指必然,在差异中寻求共性,在寻常中发现殊异的思维。离开了创造的涌动,哲学就失去了活力。

（4）哲学思维是领悟的。理解还是领悟：医学思维方式和哲学思维方式的解读差异。哲学思维方式的表征是象征性的。在象征性的表达方式中,符征和意征的关系是不确定和不对应的,因而其内涵的意义空间是开放的,其外延的范围是弹性的和模糊的。因此,哲学的解读往往不是通过理解,而更多的是靠领悟。

3. 医学哲学的思维特征

（1）探索性：开创医学研究的新视域。几百年来,医学分科诊治制度的沿袭、医学科研方向的日益精细化、医学分支学科的充分发展,无疑促进了医学的深入发展,但是对医学实践中的一般问题、普遍问题和共性问题的研究却起到了限制作用。缺乏系统性、概括性、理论性的研究,就难以达到一定的理论高度,也就无从发现一般问题、普遍问题、共性问题之中的一般规律,这势必影响医学的发展。医学哲学思维方式的特征之一就是其显著的探索性：开创医学研究的新视域,研究医学实践中的一般问题、普遍问题、共性问题,探索医学活动的一般规律。

（2）多维性：多元、综合、科学的认识方法集合体。医学问题的复杂性和综合性,要求当代医学认识主体在知识结构中有一个多元、综合、科学的认识方法集合体,这是新世纪医学人才知识结构的重要特征。医学哲学的思维方式是多维的,自然科学视野与人文科学视野交织汇集。医学特有的认识方法、自然科学领域共同的认识方法和医学哲学的思维方法互为表里,经验思维方式和超验思维方式协同耦合;对认识客体的反映和对认识主体的反思辩证统一;继承、沿袭和创造、建树有机结合;具体、精确地写实和抽象、深刻地概括相互辉映;分析归纳、辩证综合等传统的思维方法和系统论、信息论、控制论、耗散结构理论、协同学、突变论等现代科学方法论珠联璧合。

（3）中介性：优化主体的认知结构。有什么样的知识结构，就有什么样的认知水平。在 21 世纪医学认识主体的知识结构中，理论思维素质的地位和作用越来越重要；医学哲学的基本理论和思维方式成为其中不可或缺的基本内容。医学哲学的中介性是指作为一种医学思维方法学，医学哲学必须首先用于建构主体的知识结构，化为指导主体进行科学认识的理论思维，再经过具体的医学实践而作用于客体；或者说，医学哲学不是直接向人们提供关于某种疾病诊断治疗的具体做法，处理某种临床问题的具体措施，而是向医学认识主体进行医学哲学思维方式的教育，使其具有认识和分析医学实践中一般问题、普遍问题和共性问题的能力。

（4）开放性：面向未来的认知视角。医学哲学的思维方式是一种面向医学发展未来的思维方式。它适应现代医学发展的客观需要，从系统的、整体的、联系的、综合的、动态的、发展的、历史的视角认识、分析问题。医学哲学思维方式以医学研究对象内在的、客观的、辩证的性质为根据，将医学认识对象放在内在矛盾发展的历史之中，放在自然界和人类社会多因素相互作用的背景中来考察。同时，医学哲学自身也随着医学、哲学和其他学科的发展而不断发展，是一种开放性的思维方式。

（5）批判性：对医学实践的理性思考。医学认识活动是一种复杂的认识活动、思维活动、理性活动。行进在 21 世纪中的医学，需要自我反思，反思医学史上人们在认识过程中的成功经验和失败教训，进而把握探求医学新知的规律；反思现行医学理论和经验模式的得失，进而整理、谋划发展和创新的思路及方法。医学哲学的反思，是对医学实践的理性思考，是对医学未来发展的推敲和谋划。

（6）可接受性：与医学真正融为一体。医学哲学思维方式的表达，既要保持其区别于医学的超验性质，又要体现医学的实证精神和人文情怀，这样才能对医学认识主体予以方法论的指导；既要保持哲学研究抽象性、深刻性的长处，又要反映医学理论和实践的具体性、专业性。对于医学哲学而言，太哲学化了会使其无法与医学真正融为一体，无法发挥其方法论功能而流于形式；太医学化了会使其无法揭示医学实践中一般问题、普遍问题和共性问题的本质，无法实现医学哲学研究的目的而失去意义。

三、学习医学哲学的意义及方法

（一）学习医学哲学的重要意义

（1）为医学发展提供科学的世界观，使我们避免盲目性和片面性。

任何自然科学的研究总是在一定的世界观的指导下进行的。恩格斯指出："不管自然科学家采取什么样的态度，他们还是得受哲学的支配。问题只在于，他们是愿意受某种坏的时髦哲学的支配，还是愿意受一种建立在通晓思维的历史和成就的基础上的理论思维的支配。"医学发展的历史和现实都表明,任何一门具体的医学学科都不能为我们提供有效的世界观层次上的指导,唯有医学哲学能够给我们提供关于人体、生命、健康、疾病以及医学自身全方位的、系统的总体看法和基本观点,使我们在对待具体的医学问题时,有一个明确方向和理论指导。否则就事论事,孤立看问题,往往会带有主观片面性。因此,学习和研究医学哲学,能使我们高瞻远瞩,避免盲目性、片面性。这就是医学哲学对医学的指导作用。

(2)为医学发展提供科学的认识论和方法论,使我们更快地取得更多的成果。

任何自然科学的研究既离不开一定的世界观的指导,又总是以一定的理论思维方法为先导。恩格斯指出:"一个民族想要站在科学的最高峰,就一刻也不能没有理论思维。"树立科学的认识论和掌握良好的科学研究方法,有利于医学工作者充分发挥主观能动性。一个医学工作者的认识论是否科学,研究方法是否正确,往往决定了其能否在医学领域取得成功。医学哲学不仅揭示了自然界固有的客观辩证法,同时也阐明了人类认识自然界的主观辩证法。客观辩证法和主观辩证法的一致性从认识论和方法论层面上为我们认识自然、改造自然提供了科学的理论指导,使我们在具体的科学研究中不走弯路或少走弯路,多出成果,快出成果。现代医学的发展早已摆脱了直观的经验总结,在深入分化的同时,日益趋向整合化,这就对医学工作者的理论思维能力提出了更高的要求。

(3)有助于培养适应于现代科技和社会发展需要的复合型医学人才。

人的一生所接受的专业教育一般由少到多、由多到专,这当然是必要的。但是,这种被描述为"旗杆型"的知识结构越来越跟不上现代科技和社会发展的步伐。医学的研究对象是具有自然和社会双重属性的人,这种研究对象的特殊性就更加要求医学工作者不仅应该掌握广博精深的专业知识技能,而且应当具备必要的哲学修养。医学工作者通过学习和研究医学哲学,能够扩大知识面,拓宽视野,活跃思维,跳出医学专业知识的狭小天地,走向更加广阔的天地,在看似孤立的知识块之间编织起联系之网,加深从整体上对人与自然以及医学的本质、特点及其发展规律的认识,从而使自己的知识结构由"旗杆型"过渡到"复合型",达到知识结构的多元化,更好地适应现代科技和社会的发展。

(4)有助于我们科学理解和正确评价医学遗产和医学成果,提高科学鉴赏力。

医学是一门复杂的科学。医学在其漫长的历史进程中,不可避免地受到人们的世界观、认识论和方法论的影响,尤其在现代医学的发展过程中,各种新成果、新发现、新学派接踵而来,伪科学现象也混在其中。如何分清它们的主流和支流、精华和糟粕,如何看待和评价这些新成果、新发现、新学派,都直接关系到医学的发展,关系到社会公众身心健康的切身利益问题。要正确解决这些问题,绝不能凭个人的利害关系和主观愿望,必须借助于医学哲学的基本观点和方法,做出恰当的分析和正确的判断。学习和研究医学哲学,有助于提高科学鉴赏力,弘扬科学精神,揭露伪科学的真面目。

（5）有助于我们运用辩证唯物主义观点，评判医学领域中的各种社会、哲学思潮。

当今世界新科技革命风起云涌，对人类社会的影响和作用大大超过了以往的任何时代。这种影响也势必会反映到思想理论上来。一方面，我们可以从中汲取新的思想营养，以当代科技革命的新成果丰富、充实马克思主义哲学的内容；另一方面，唯心主义和形而上学也可能歪曲这些成果，使我们做出错误的结论。比如，"活力论""唯能论"等，都是历史上出现过的错误思潮。医学科学也不例外，存在有单纯强调疾病由外因引起的"外因论"，单纯强调遗传物质作用的"基因决定论"，片面重视局部病灶而忽视整体的"局部论"，或只重治疗而轻预防的单纯医疗观点等。通过学习和研究医学哲学，有助于我们分析医学领域中的各种社会、哲学思潮，提高辨别能力，同时帮助我们把某些医学家在哲学上的错误观点和科学上的成就区别开来，自觉抵制医学领域中形形色色的错误思潮，促进医学的健康发展。

（二）医学哲学的学习方法

1. 以辩证唯物主义哲学为指导

辩证唯物主义哲学是科学的世界观和方法论的有机统一体，它是医学哲学建立和发展的基础。医学哲学是辩证唯物主义哲学与医学相互渗透、彼此结合的产物，是在辩证唯物主义哲学的指导下，对医学的史实、成果和具体研究方法的哲学概括。因此，学习和研究医学哲学，必须以辩证唯物主义的世界观和方法论为指导，这样有助于研究方向的正确性和方法的科学性。

2. 以医学实践中的普遍问题为研究对象

医学是一门具体科学，研究特定领域的特定对象。但每一个具体的医学问题之中毫无疑问地隐含着一般规律；每一个医学分支学科的研究对象中，毫无疑问地存在着与这些分支学科都有关系但都不专门研究的共性问题、普遍问题。医学哲学是对医学理论和实践中的具体问题、感性经验的抽象和概括，是以医学实践中一般性、普遍性和规律性问题为研究对象的。如人体生理和心理的辩证关系、人体整体和局部的辩证关系、病因分析的一般方法、病人个体差异问题、疾病的一般过程、疾病的复杂性问题，它们与医学各分支学科密切相关，与各种疾病紧密相连，但都又相对独立，具有某种程度的共性。

3. 以医学的一般概念为研究的重点

医学的一般概念在生物医学的层次上相对抽象地反映了医学理论和实践中的共性，如生理、心理、结构、功能、稳态、正常、异常、典型、非典型、原发、并发、病因、诱因、误诊、预后。医学哲学以医学的一般概念为研究的重点，用医学哲学的思维方式和认识方法对其进行医学哲学层次上的发掘，深入揭示其内在的本质。

4. 以医学史和哲学史为鉴，探讨医学在高新技术条件下出现的新问题

医学哲学是在医学与哲学的相互结合中逐步产生、不断发展的，它涉及医学、哲学、科学、技术和社会科学等广阔的知识领域，并把人与自然、社会联结起来，所以在医

学哲学的学习和研究过程中，只有汲取哲学史、科学史、技术史，特别是医学史、医学思想史的精华，才能使医学哲学之树根深叶茂。近几十年来，在高新技术条件下的医学实践产生了一系列人文社会问题，如克隆技术、基因工程带来的法律、伦理、道德方面的问题，需要医学哲学从更高的层次予以研究，揭示其内在的哲学基础。

 看一看

推荐阅读

成云雷著《趣味哲学》；冯友兰著《中国哲学简史》；杨立华著《中国哲学十五讲》；孙正著《哲学修养十五讲》；傅佩荣著《哲学与人生》。

 【经典阅读】

《人生的境界》

冯友兰

哲学的任务是什么？我曾提出，按照中国哲学的传统，哲学的任务不是为了人对客观实际增加正面的知识，而是为了提高人的心智。这里正是对这句话加以说明的一个好机会。

在我所著《新原人》（人性新论）里，我说过自己的看法：人与其他动物不同，在于当他做什么事时，他知道自己在做的是什么事，并且自己意识到，是在做这件事。正是这种理解和自我意识使人感到他正在做的事情的意义。人的各种行动带来了人生的各种意义；这些意义的总体构成了我所称的"人生境界"。不同的人们可能做同样的事情，但是他们对这些事情的认识和自我意识不同，因此，这些事情对他们来说，意义也不同。每个人有他的生命活动的范围，与其他任何人都不完全一样。尽管人和人之间有种种差别，我们仍可以把各种生命活动范围归结为四等。由最低的说起，这四等是：一本天然的"自然境界"，讲求实际利害的"功利境界"，"正其义不谋其利"的"道德境界"，超越世俗、自同于大全的"天地境界"。

一个人可以按照他的本能或社会习俗而生活。这样的人好像儿童或原始社会中的人，他们做各种事情，而对自己所做的事缺乏自觉，或并不真正意识到它的意义。因此，他所做的对自己并没有什么意义，这种人生是"自然境界"的人生。

还有一种人，他有私，时刻意识到自己，所做的事情都是为了自己。这不一定表明他就是全然不讲道德。他也可以做一些于别人有益的事情，但他这样做的动机是为了自己的好处。因此，他所做的每一件事，对他自己来说，都是"有用"的。他的人生境界可以称作"功利境界"。

还可能有些人，懂得世上并不是只有自己，还存在着一个社会，它是一个整体，自己是社会的一个组成部分。本着这样的理解，他做任何事情，都是为了整个社会的好

处;或者用儒家的话来说,他行事为人是为义,而不是为利("正其义而不谋其利"),他是真正有道德的人,所做的都合乎道德,都具有道德的意义。他的人生境界可以称为"道德境界"。

最后,人也可以达到一种认识:知道在社会整体之上,还有一个大全的整体,就是宇宙。他不仅是社会的一个成员,还是宇宙的一个成员。就社会组织来说,他是一个公民,但他同时还是一个"天民",或称"宇宙公民"。这是孟子早已指出的。一个人具有这样的意义,在做每一件事时,都意识到,这是对宇宙的好处。他懂得自己所做的事情的意义,并且自觉地这样做。这种理解和自觉使他处于一个更高的人生境界,我称之为在精神上超越人间世的"天地境界"。

在这四种人生的境界中,前两种都是人的自然状态,后两种是人应有的生命状态;前两个境界可以说是来自天然,后两种境界则是人自己的心灵所创造的。自然境界是最低级的存在,功利境界比自然境界稍高一点,更高是道德境界,最高是天地境界。这样排列是因为,自然境界的人生不需要对人生有任何理解和自我意识;功利境界和道德境界需要有一点对人生的理解和自我意识;天地境界需要的人生理解和自我意识则最高。道德境界所讲求的是道德价值,天地境界所讲求的则是超越道德的价值。

按照中国哲学的传统,哲学的任务是为了帮助人达到后两种人生境界,特别是天地境界。天地境界也可以称为"哲学境界",因为唯有经验哲学给人的宇宙情怀,人方始可能达到天地境界。道德境界其实也是一种哲学境界,因为道德行动并不仅仅是符合道德规范的行动,或由于人养成某些符合道德的习惯,它还要求人懂得自己行为中涉及的种种道德问题,而这正是哲学所要给予他的。

人在道德境界中生活的衡量标准是"贤",它的含义是"道德完美"。人在天地境界里生活,则是追求"成圣"。哲学就是启发人追求"成圣"。成圣是人所能达到的生命最高点。这便是哲学的崇高任务。

柏拉图在《理想国》一书中曾说:哲学家必须从感觉世界的"洞穴"里上升到"智性的世界"。哲学家如果是在智性世界中生活,他也就是超越了人间世的。在这样的境界里,最高的成就是和宇宙合一;在这种和宇宙的融合中,他也超越了智性。

中国哲学强调一点:圣人并不需要为当圣人而做什么特别的事情。他不可能施行神迹,也不需要去那样做。圣人所做的事无非就是寻常人所做的事;但是他对所做的事有高度的理解,这些事对他来说有一种不同的意义。换句话说,寻常人在蒙昧状态中做事,圣人则是在完全自觉(觉而又悟)的状态中做事,这便是天地境界。

因此,中国人所说的圣人,既在世界里生活,又不属于世界;中国哲学既是现世的,又是彼岸世界的。随着未来的科学进步,我相信宗教的教条和迷信将让位给科学,人对于彼岸世界的追求将在未来的哲学中得到满足。这个未来哲学既是现世的,又是彼岸的。在这方面,中国哲学可能有所贡献。

（资料来源:《中国哲学简史》,冯友兰,中华书局2015年版,有删改。）

作者简介：冯友兰(1895—1990)，中国现代哲学家、哲学史家。他的著作《中国哲学史》《中国哲学简史》《贞元六书》等已成为 20 世纪中国学术的经典，对中国现当代学界乃至国外学界影响深远，被誉为"现代新儒家"。

赏析：本文是一篇哲学随笔，作者从哲学的任务入手，阐述人生的四重境界，即自然境界、功利境界、道德境界、天地境界，内容通俗易懂，道理既深又广，语言深入浅出，平易流畅，不事雕琢。

【思考题】

1. 你怎样理解冯友兰先生提出的人生的四重境界？
2. 医学哲学的思维方式是怎样的，具有哪些特点？
3. 梳理本章节内容，画出思维导图。

【实践活动】

辩　论　赛

请在班级内举办一场辩论赛：用医学哲学思维及辩证法来讨论"医术"与"医德"的关系。

1. 活动目的

通过精彩辩论、思维博弈和精诚合作，使学生明白医德和医术密不可分的道理。"德之深者，必以术造其德；术之精者，必以德固其术"，医术是医德的基础，掌握扎实的医术才能更好地完成"健康所系、性命相托"的医者使命。医德是医术的保障，医者工作的开展需要医德予以指引，离开医德的医术犹如无本之木、无源之水。医学生除了要学习扎实的医学理论知识，还要不断提高自身人文素养，树立正确的人生观、价值观、道德观，努力成为一名德才兼备的医务工作者。

2. 活动要求及规则

(1) 熟悉辩论赛的相关流程。

(2) 表达流畅、说理透彻。

(3) 普通话标准，吐字清晰，声音洪亮。

3. 活动流程

(1) 提交材料：在比赛开始前，双方代表各提交一份一千字左右的文字材料。材料内容包括辩论逻辑框架设计，主要论点、论据，对对方立论做的分析等有关辩论的战略战术。

（2）陈词：提倡即兴陈词，引经据典恰当。立论要求逻辑清晰，言简意赅。

（3）自由辩论：正方先开始，正反方辩手轮流发言。发言辩手落座视为发言结束。同一方辩手的发言次序不限。如果一方时间已经用完，另一方可以继续发言，也可向主持人示意放弃发言，放弃发言不影响评判结果。自由辩论提倡积极交锋，对重要问题回避交锋两次及以上的一方扣分，对于对方已经明确回答的问题仍然纠缠不放的，适当扣分。

（4）结辩：辩论双方应针对辩论会整体态势进行总结陈词；脱离实际，背诵事先准备的稿件，适当扣分。

4. 注意事项

所有参赛辩手不得在辩词中杜撰事实，捏造数据，进行人身攻击。

5. 评分标准

项 目	分值	评 分 细 则	得分
辩论技巧	40分	语言流畅，应变能力强，发言有说服力和逻辑性	
内容、资料	30分	论据内容充实，引述资料恰当	
有风度及幽默感	15分	有风度及幽默感，仪表风度自然大方，尊重对方，尊重评委与观众，表情、手势恰当	
自由辩论	15分	个人在自由辩论中的表现良好	

【本章学习笔记】

第三章

社会人生的角色之光——社会学修养

【学习目标】

知识目标： 了解社会、社会化、社会角色和社会群体等社会学的相关知识，以及医学社会学等相关概念的内涵；认知疾病和文化之间存在的紧密联系及影响患者求医行为的主要社会文化因素。

能力目标： 掌握人的社会化的概念、意义及影响因素，并能将其应用于学习、工作和生活实践；掌握医生的社会角色及职业要求，提升职业修养，从而更加适应工作岗位的需求。

素养目标： 明确自身的社会角色，培养职业要求的人文关怀，建立良好的医患关系。思考自身社会定位，认识自我并完善自我，塑造良好的道德品质和职业品格，提升公民素养，更理智地走好未来的职业之路和人生之路。

　　社会学是研究人群及其行为，揭示社会发展规津的学科。社会学的出现标志着人类第一次系统、科学、宽容、平静地面对自己，而社会学的产生和发展，也是社会需要的产物。社会学使人类擦亮了审视自己的眼睛，是人类认识自身的一场革命。学习研究社会学，宏观上对国家和社会、微观上对个人生活都是至关重要的。医学社会学是基于社会学的视角、理论和方法，运用实证研究的方法，发现并阐释医学发展与社会发展之间关系的一门学科。

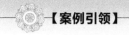

处理好人生的角色关系，可以做一个优雅的人

孙老师是一位内科的主任医师，无论是她的患者还是家属，或是她的同事和学生，大家都觉得她不仅医术精湛，而且医德高尚。无论是在拥挤嘈杂的门诊，还是在病房，孙老师对患者是特别有耐心的，询问病情的语速始终不急不缓，倾听患者的主诉不仅仅是用耳，更是用眼和心。她的眼神有一种力量，会让急躁的患者安静下来；她的语言有一种温度，会让失落的患者找回信心，让患者能够切身体会到"尊重"的意义。

对于自己的学生来说，孙老师最大的影响力就是言传身教。在学问方面，孙老师对学生要求极高却不失和蔼。每次查房时，学生们都是既紧张又兴奋。兴奋是因为老师会告诉大家许多书本以外的知识，紧张是因为老师会随时向大家提问一些疑难问题。孙老师常讲的一句话就是："面对生命，也许一个小小的无心之举就有可能让患者脆弱的内心世界坍塌。"所以孙老师听不得学生们用"可能""大概"这样模棱两可的词汇介绍患者的病情。她批评学生时，声调不高，语气也不严厉，但是学生们都会特别紧张，这可能就是常说的"不怒而威"吧。

在丈夫和女儿的眼里，她是温婉的妻子和慈爱的母亲。孙老师穿衣服不跟从时尚，却有自己的风格和品味，她认为适合自己的就是最好的。她在家里做饭时是那样的专注，仿佛要把所有的爱都融入食材。女儿参加钢琴比赛取得了优异的成绩，在上台领奖时表示，非常感谢父母在她小的时候大雪天接送自己上钢琴课，陪自己练习每个演奏曲，如今即使自己已经长大，父母还会在上台前打电话为她加油。等到女儿回到家后，孙老师微笑着对女儿说："谢谢你，让我们和你一起成长。"将爱与时光相融，阳光便会溢满心田，父母笑了，孩子的世界自然就是春天了。

（资料来源：《离爱不远的地方》，尹梅，北方文艺出版社2015年版，有改动。）

第 一 节 走 进 社 会 学

社会学起源于 19 世纪三四十年代,是从社会哲学演化出来的一门现代学科。社会学是系统地研究社会行为与人类群体的学科,它具有多重研究方式,且研究范围广泛,包括了由微观层级的社会行动或人际互动,至宏观层级的社会系统或结构。因此社会学和经济学、政治学、人类学、心理学、历史学等学科并列于社会科学领域之下。

一、社会

(一) 社会的概念

人类对由自身活动所构成的社会生活及其思考,无论在东方还是在西方都是源远流长的。中国先秦时期的思想家荀子就曾论述过"人生不能无群"的思想,人要通过交往,建立和谐的人际关系,才能过社会生活。"群"即指"社会",随着语义越来越丰富,"社会"一词有了引申义,即共同生活的个体通过各种各样关系联合起来的集合。社会不仅仅是由人组成的,还包括物质,没有一个可以共享的物质世界人类就不具备思维同步和感情契合的条件。社会是一个人际关系和物质基础及信息技术或近或远、或稠密或稀疏、或多或少的一个集成。

"社会"一词引申义中各种各样的关系叫作"社会关系"。人类最主要的社会关系包括家庭关系、共同文化以及传统习俗,还包括个体之间的关系、个体与集体的关系、个体与国家的关系、群体与群体之间的关系、群体与国家之间的关系。群体的范畴,小到民间组织,大到国家政党。国家在实质上是一个大社会。个人与国家之间的关系就是个体与大社会之间的关系,而个人与世界的关系就是个人与人类整体社会之间的关系。

(二) 社会的构成

目前中国社会学界普遍认同社会构成的"三要素"论。"三要素"即人口、环境与文化。

1. 人口

人口是社会的主体,指居住在一定地区内的人的总和。所谓"三人成群",就是指具有一定性别、年龄等自然构成关系的人群会形成一定的社会关系。人口包括数量和质量两个方面,一定数量和质量的人口,是社会存在和发展的必要基础。在一定的社会经济条件下,人口数量、人口质量、人口密度和人口增长以及它们的发展变化,能够对社会的发展产生重大的影响。第一,人口状况影响社会物质的生产。一定的人口数量和人口密度是劳动分工和协作的前提,人口状况会影响社会分工与社会生产方式,进而影响社会生产发展。第二,人口状况影响社会物质生活。当社会制度、生产力发展水平和社会总产量等条件大致相同时,人口数量、密度、增长速度同物质资料生产之间的比例对社会物质生活的衣、食、住、行等方面有很重要的影响。第三,人口状况对人们的精神生活、政治生活和文化教育的发展也有影响。一切社会活动、社会关系、社会现象和社会问题都同人口发展过程相关,社会学就是研究群体即人口的社会关系及诸多规律的学科。

2. 环境

环境包括社会环境与自然环境。环境是人口得以生存的时间和空间。时间是人类用以描述物质运动过程或事件发生过程的一个参数,是一个较为抽象的概念,是物质的运动、变化的持续性、顺序性的表现。时间永远向前,指时间的增量总是正数,社会处于时间的流变过程之中。空间是人口得以存在的场所。社会环境里的空间,既包含了人口存在的形象的自然空间,也包括了抽象的人与人之间的关系等。时间和空间构成社会的环境,如我们平时所说的"家庭环境""人际环境"。

人类社会必须依赖于自然环境,自然环境是人类社会的衣食父母,是养育人类的摇篮,它为人类社会提供了生存发展的场所,为人类社会提供了用于生活和生产的资源。在这个意义上,可以说人类社会对自然环境是有需求和依赖的,因此我们需要爱惜和保护我们赖以生存的环境。

3. 文化

文化是社会主体相互联系的媒介。目前学术界公认的文化定义为:文化是在某特定群体或社会的生活中形成的,并为其成员所共有的生存方式的总和,包括价值观、语言、知识、艺术、法律、风俗习惯、风尚、生活态度及行为准则,以及相应的物质表现形式。文化是人类解决生存问题的手段,是人类生存的基础,是人类所独创和独有的,是把人类同动物相区别的关键所在。

文化在经济、政治、社会建设和人民生活质量提升等方面发挥着重要作用。经济的发展需要文化提供支持,政治的发展需要文化提供动力,社会建设的发展需要文化提供保障,人民生活质量的提升需要文化提供支撑。所以,必须真正实现以人为本,不断提升人民的生活质量,逐步实现人的全面发展,重视并加强文化建设,满足人们的物质文化需要。

（三）社会的结构要素

社会的结构要素多种多样，其中占主导地位的是社会地位、社会角色、社会群体和社会制度。

1. 社会地位

社会地位是一个人或群体在社会中的位置和排名，有先赋地位和自致地位之分。

（1）先赋地位。先赋地位指一个人通过承袭得到的，在社会分层体系中所处的位置。主要包括性别、年龄、种族、地域、家庭背景等。先赋地位通常是不能改变的。

（2）自致地位。自致地位也称后致地位，指一个人在生命历程中，通过个人的努力而获得的地位。

2. 社会角色

角色是对群体或社会中具有某一特定身份的人的行为期待。与某一种身份相联系的角色的集合就是一个角色集。例如，医院里的医生要同病人、病人家属、护士、化验员、药剂师等多种角色打交道。

（1）社会角色的含义。社会角色是在社会系统中与一定社会位置相关联的符合社会要求的一套个人行为模式，也可以理解为个体在社会群体中被赋予的身份及该身份应发挥的功能。换言之，每个角色都代表着一系列有关行为的社会标准，这些标准决定了个体在社会中应有的责任与行为，如教师在学生面前应该为人师表，处处以老师的规范约束自己。每个人都在社会上扮演着自己的角色，且不只扮演着一个角色，如大学生不仅扮演着学生的角色，也同时扮演着子女、兄弟姐妹、寝室室友等角色。这些角色中有主要角色、也有次要角色。

社会角色有四层含义：第一，社会角色是一套社会行为模式；第二，社会角色由人的社会地位和身份所决定，而非自定；第三，社会角色是符合社会期望（社会规范、责任、义务等）的；第四，社会角色是社会群体或社会组织的基础。

（2）社会角色的特点。

① 客观性。社会角色的产生和存在是客观的，任何一种社会角色的产生都是一定社会文化、历史积淀的结果，是社会生产和生活发展的产物；脱离社会客观需要而由人们头脑中想象出来的"角色"在现实的社会生活中是不存在的。

② 对应性。任何一种社会角色一般都是对应于另一种社会角色而存在的，没有相对应的角色作为前提，这种社会角色也就不存在。社会学把这些相互对应而存在的社会角色称为"角色伴侣"。

③ 单一性。单一性是指在现实的社会生活中，不存在角色权利、角色义务和角色规范完全相同的两种不同的角色；同样地，在一个社会中，也不可能存在对同一社会角色会有不同的社会期望和行为规范。有些社会角色，由于文化习惯不同，会有不同的语言表达方式，但不同的语言表达所指的是同一个社会角色。

④ 职能性。角色乃是社会对个人职能的划分，它指出个人在社会活动中的地

位,在社会关系中的位置,在人际交往中的身份。所有的角色都不是自己认定的,而是社会客观赋予的。

⑤ 扮演性。每个个体都必须在社会活动中扮演一系列角色,这并不意味着人们故意在那里装腔作势,也不是说人们必然要产生某种行为。在很大程度上,人们的行为只能由其所处的背景和地位来决定,这就是社会标准。

⑥ 多重性。在社会关系系统中,个体扮演的角色绝不止一种,而是多重角色的统一体。例如,一位医生,在医院里是医者角色,在商店里是顾客角色,在公共汽车上是乘客角色,社会赋予其多重角色,在其身上得到了完整的统一。

⑦ 固定性。社会角色通过社会位置来具体表现。所谓社会位置是指在群体结构或社会关系中的某个地位。角色虽小也是独立存在的,每一个角色都有其对应的角色位置。

3. 社会群体

(1) 社会群体的含义。

当多人联结到一起,就产生了社会群体。社会群体简称“社群”。广义的社群指一切通过持续的社会互动或社会关系结合起来进行共同活动,并有着共同利益的人类集合体。狭义的社群,是指具有一致的行为模式、一致的行动能力、一套固定的角色关系和持续的相互交往的相对固定的人群。

(2) 社会群体的分类。

依据群体成员间关系的亲密程度,社会群体可以划分为初级群体与次级群体。前者是指由面对面互动所形成的、具有亲密的人际关系和浓厚的感情色彩的群体,如家庭、邻里、朋友和亲属。后者是为了某种特定的目标集合在一起,通过明确的规章制度结成正规关系的社会群体,如学校、公司、政府机构、各类社会组织。

根据群体的组织化、正规化程度来划分,社会群体可分为正式群体和非正式群体。前者对其群体成员的地位、角色和规范,以及权利、责任和义务都有明确的规定,并有相对固定的成员身份。后者则主要指社会组织内部的成员在日常互动中自发形成的人际关系系统,如同好群体、亲密朋友群体、利益群体。

依据群体内人际关系发生的缘由及其性质进行划分,社会群体可分为血缘群体、地缘群体、业缘群体、趣缘群体等。血缘群体是因血缘或生理联系而形成的群体,它是个体参与社会化的出发点;地缘群体是因空间或地理位置而形成的群体,如社区群体;业缘群体,是因职业劳动的联系而形成的群体,它是生产力发展、社会劳动分工细化的结果;趣缘群体,是因兴趣爱好等相同或相近而形成的社会群体。

读一读　　　　　　　　　群 体 力 学

群体力学就是群体动力学,又称团体动力学、集团力学,是研究对某个群体的活动有影响的多种因素的学问。这些因素的交互作用以及它们对群体的影响构成了群体的动力。

群体不同于社会的"类群",群体可以有不同的持续时间,规模也是群体的一个重要方面。群体体现的是个体与群体的关系,群体是具有内聚力的,也就是我们常说的凝聚力。

在科学探索中,需要充分发挥个人的潜力。但是,个人力量又是有限的。对医学生而言,团队协作能力主要指两个方面,一方面是在医学理论基础知识、实践技能的小组学习中,与小组成员密切配合、精诚合作,高效率地完成学习任务并共同提高的能力;另一方面是指在医疗团队的临床实践工作中,与团队成员互尊互信、协调一致,最大化地发挥工作效率实现工作愿景目标的一种能力。团队协作能力的要素主要有尊重、沟通、负责、信任、宽容和诚信等六个方面。

木 桶 定 律

团队精神的培养中有这样一个经典理论叫"木桶定律",讲的是由多块木板箍成的木桶,它的盛水量的多少是由其中最短的一块木板来决定的,这块短木板越短,它的盛水量就越少。

人们用这样一个道理来比喻一个团队的战斗力,团队成员因为生长环境、学习环境、生活环境的不同,每个人的性格、能力自然而然就会不尽相同,这样的一群人组成的团队怎样才能发挥最大的能量呢?那就要靠团队成员的互助互信、共同提高,从而使团队成员的能力水平达到均衡,这样的团队才能发挥最大的战斗力。所以医学生无论是在小组学习中还是在临床医疗团队工作中,都要时刻审视自己,不断提高自身的学习能力、业务能力以及沟通协调能力,不要让自己变成那块"短木板",影响团队的战斗力。

木桶定律漫画

4.社会制度

(1)社会制度的含义

社会制度是指建立在一定社会生产力发展水平的基础之上,反映该社会的价值判断和价值取向,由行为主体(国家或国家机关)所建立的调整人群之间社会关系的具有正式形式和强制性的规范体系。社会制度是社会行动所发生的重要结构框架。一般来说,社会制度的基本元素是规范体系,而价值系统、维护制度的权威、社会制度的实际承载体系等也与之密不可分。

(2)社会制度的层次

社会制度按照性质和范围总体可分为根本制度、基本制度与具体规章制度三个层次。根本制度是同生产力发展的一定阶段相适应的经济基础和上层建筑的统一体,如政治制度、经济制度、文化制度。基本制度是社会的具体组织机构及运行机制,如金融制度、税收制度、司法制度。具体规章制度是各种社会组织和具体工作部门规定的行为模式和办事程序规则,如公务员考试制度、专业技术职业资格考试制度、学位管理制度、劳动工资制度。

社会制度是文化的重要组成部分,社会制度通过保存与传递人类的发明、创造、思想、信仰、风俗、习惯等文化,使之世代沿袭,并在空间上得到普及。特别是作为生活经验的制度可以通过不同时代的共同生活而传递下去,成为后一代不需探索、试错而获得的间接经验。社会的世代交替表现出某种程度的稳定性,一般情况下,当社会发生一定程度的变化而非急剧变化时,就不会出现文化上的"断裂"。当然,这并不是说,新的时代不能进行制度创新,制度的变化总是发生在环境、时代变化之后的。同时,制度促进文化的累积与继承,推动人们创造新的文化,制度的普遍实施、被高度认可和稳定性使其文化传递功能得以实现。

(四)社会的主要功能

1. 交流功能

人类社会创造了语言、文字、符号等人类交往的工具,为人类交往提供了必要的场所,从而保持和发展了人们的相互关系。

2. 整合功能

社会将无数单个的个体组织起来,形成一股合力,调整矛盾、冲突与对立,并将其控制在一定范围内,维持统一的局面。所谓整合主要包括文化整合、规范整合、意见整合和功能整合。

3. 导向功能

社会有一整套行为规范,用以维持正常的社会秩序,调整个体之间的关系,规定和指导个体的思想、行为的方向。

4. 继承发展功能

个体的生命是短暂的,而社会则是长存的。人类创造的物质和精神文化,需要通过社会进行积累和发展。

5. 自组织调节功能

社会的结构要素往往随着社会可持续发展的要求不断地自我调整。

二、社会化

(一)社会化的概念

社会化是人的社会行为的模塑过程,是个体走向社会公共生活,融入现实社会的起点。个体的社会化过程就是在社会文化的熏陶下,使自然人转变为社会人的过程。一方面,个体接受社会的影响,接受社会群体的信仰与价值观,学习生活、生产技能和行为规范,适应社会环境;另一方面,个体作用于社会,用自己的信仰、价值观和人格特征去影响他人、社会,改造旧文化,创造出适应时代需要的新文化。因此,对个体来说,社会化是一个社会适应的过程;对社会而言,社会化是一个约束和控制的过程。

(二) 社会化的特点

1. 社会强制性

社会文化环境对人的影响,是通过各种直接和间接的方式进行的。个体出生后便置身于复杂的社会环境之中,社会总是以各种各样的方式和途径影响着个体的身心发展。个体的行为方式也时常有意识或无意识地被周围的人们和环境所塑造,它几乎是不以个体的主观意志为转移的,带有社会强制性。

2. 主观能动性

这种能动性体现在两个方面。一是个体自身的人格特质等因素影响、引导着个体的社会化,个体不仅有选择地将社会文化内化,并且将内化了的社会文化又创造性地外化。二是社会化与个体之间的相互作用,即个体既被社会化,同时也影响着其他个体的社会化。

3. 终身持续性

个体自身因素与社会环境因素的交互作用,不断地推动着个体的社会化。个体没有固定不变的模式,它必须随着社会的发展而发展。因此,社会化是一个不间断地终身进行的过程,个体的社会化是通过人的一生完成的。

(三) 社会化的形式与内容

1. 社会化的实现形式

(1) 社会教化。社会教化即广义的教育。它包括两大类:一是系统的、正规的教育,如各级各类学校对学生的教育;二是非系统的、非正规的教育,如社会风俗、大众传媒和群体亚文化等对人的影响和教育。社会教化是在无形之中发挥作用的,所以它对个体的成长、成熟和行为选择等,往往起着潜移默化的作用。

(2) 个体内化。个体内化是指社会化的主体经过一定方式的社会学习接受社会教化,将社会目标、价值观念道德规范和行为方式等,转化为自身稳定的人格特质和行为方式的过程。它是在个体的活动中实现的,是个体内部心理结构与外部社会文化环境相互作用,并对后者加以选择和适应的过程,体现了社会化的主动性。个体社会化的内容主要包括两个方面:一方面是指个体通过进入社会环境、社会关系体系,掌握社会经验;另一方面是指个体通过积极介入社会环境而对社会关系体系进行积极的反映。个体不仅要掌握社会经验,而且还要把它改变成自己的价值观念和立场体系。社会化就个体来说,首先必须是一个精神健康的人,不仅具有能够应对外界情境变化的独特人格和行为方式,而且还必须能够积极地支配环境。因此,从某种意义上说,个体的社会化过程也是其个性化的过程。

2.社会化的基本内容

（1）生活技能的社会化。这包括生活自理能力、日常生活知识、生活适应技能等。

（2）职业技能的社会化。其主要内容是传授生产技能和职业技能，为个体进入社会从事职业生涯打好基础。

（3）行为规范的社会化。这是社会化的核心，是个体适应社会生活和形成人格特征的关键，包括政治规范、法律规范、道德规范和角色规范的社会化等内容。

（4）生活目标的社会化。生活目标的社会化，一方面要把社会目标内化为个体的生活目标；另一方面要造就出成千上万胸怀大志、努力将自己的知识、技能、才智和创造力等能动地外化于社会、为社会造福的人，使其成为社会文化的承上启下者。

（四）社会化的载体

1.家庭

个体从出生起就在家庭中获得一定的地位。家庭在社会化中位置独特、作用突出。童年期是社会化的关键时期，家庭中的亲子关系，家长的言传身教，对儿童的语言、情感、角色、经验、知识、技能与行为规范方面的习得均起潜移默化的作用。

2.学校

学校是有组织、有计划、有目的地向个体系统传授社会规范、价值观念、知识与技能的机构，其特点是地位的正式性和管理的严格性。个体进入学龄期后，学校成为其社会化最重要的场所。学校教育促使学生掌握知识，激发其成就动机，并为学生提供广泛的社会互动的机会。学校还具有独特的亚文化、价值标准、礼仪与传统。在个体早期社会化中，学校是不可替代的社会化载体。

3.媒介

现代社会中，大众传媒是十分重要的社会化手段。影视、音像、广播、报纸、杂志，特别是互联网迅速向人们提供大量各种信息，使人广开视野，学到新的知识与规范。大众传媒对人的社会化的作用与日俱增。现代社会心理学十分重视传媒对个体社会化的影响。

4.其他群体

参照群体是能为个体的态度、行为与自我评价提供比较或参照标准的群体。其特点是个体可以不具备这个群体的成员资格，但这个群体却能为个体提供行为参照。参照群体的作用机制是规范和比较，前者向个体提供指导行为的参照框架，后者则向个体提供自我判断的标准。比如，儿童的社会化受同伴群体的影响很大，同伴群体实际上就是向他们提供态度和行为标准的参照群体。

（五）社会化的影响因素

1.主观因素

（1）遗传素质。个体的社会化是以其生物遗传素质为基础的。离开了人的遗传素质,个体的社会化就成为无本之木、无源之水。遗传素质的不断分化,表现出个体发展的特有趋势,从而为最终发展成一个社会人提供了可能性。

（2）思维能力。人虽然是生物的一类,但人是高度发展了的生物有机体,具有高度发达的大脑,复杂的神经系活动,产生了被恩格斯誉为"世界上最美丽的花朵"——人类的思维,思维作为人类智力活动的核心,使个体能有目的、有意识地认识世界和改造世界,成为自然的主人。

（3）语言能力。人借助语言参与社会生活,学习社会文化,了解他人的经验,积累生活知识,指导自己的行为,处理社会关系,创造社会财富。

（4）学习能力。人类具有学习和积累知识的能力,一个显著的特征是通过社会生活实践,使知识内化,转变成自己的观念、需要、动机,形成独特的见解,达到认识事物的本质。

（5）生活依赖期。人有一个较长的生理上无法自理、智力上尚未成熟、生活上不能独立的童年时期,这一时期必须依赖父母或其他养育者的关怀和照顾。正是这种生活依赖性,决定了一个人生下来就必须生活在社会中,而要在社会中生活,就不得不接受广泛的、多重的社会影响。

2. 客观因素

（1）家庭。家庭是社会的初级群体,也是个体社会化的主要场所。家庭环境对个体社会化具有特殊价值。因为在个体生活的微观环境中,家庭背景反映了个体的基本物质条件与社会生活条件,这些背景因素通过父母与子女的互动影响个体早期的社会化进程。

（2）学校。当儿童进入学龄期后,学校的影响和教师的作用逐渐上升,成为社会化最重要的社会环境因素。

学校社会化的特点和功能：① 它作为集体生活的机构,减少了儿童在家庭中对父母情感上的依赖性,进入了组织性严、约束力强、强制性大的社会环境。② 改变了家庭教育中的松散性、教育态度的不一致性,代之以系统化、正规化、专门化的教育。③ 在学校的学习生活中,儿童青少年自我意识的能动性得到显著发展,开始自觉地认识和评价自己和他人的个性品质。

（3）同辈群体。亦称同龄群体,指年龄与社会地位相似的人结合形成的群体,如同学、朋友、同伴。他们成长于相同的社会环境和生活条件下,有相似的价值观,趣味相投,感情融洽,情绪易互相感染,行为易互相模仿,他们强调参与者的平等和一致,同心协力、互相容忍、共有共享、一同参与。

（4）大众传播媒介。在现代信息化社会中,大众传播媒介在个体社会化过程中发挥了越来越重要的作用。社会文化作用于个体的社会化,大都借助于各种大众传播媒介——书籍、

 想一想

吉登斯在《社会学》中总结了一杯咖啡的命运,查找、阅读并思考：什么是社会学的想象力？你能用吉登斯思考咖啡命运的方式去解析其他社会现象吗？

报刊、广播电视、电影戏剧、录音录像、网络、远程通信等来实现。其功能有储存性、新闻性、知识性、舆论性、教育性、娱乐性、审美性等，并可以监督社会规范和准则的实行，使社会目标、信仰、价值、理想和意识形态等达到一致。

三、公民与社会公德

（一）公民与公民素养

公民是指具有某个国家国籍的自然人。我国宪法规定凡具有中华人民共和国国籍的人都是中华人民共和国公民。公民素养是面向全体公民的一种最基本的标准和要求。

公民素养是指公民的品质和道德，它包括公民的素质和修养。涵盖了公民的道德、情操、言谈举止、文化底蕴、奉献精神和法律法规意识、社会公德意识及自我约束意识。一般来说，公民素养的形成是渐进的过程，是社会性发展的过程，是人在认识社会、参与社会的进程中在态度、知识、能力方面与社会相适应并和谐发展的动态过程。社会性的发展是一个人形成良好公民素养的标志。因此，关注公民的社会性发展，对良好公民素养的形成以及整个社会的进步来说都具有重要的历史意义与现实意义。

公民素养的形成是随着社会发展而渐进的过程，在认识社会、参与社会的进程中，人们的生活态度、行为方式等形成了与社会相适应并和谐发展的规范与守则。遵守这些守则，最终是要表达一种"觉醒"，是对他人存在和需要的一种关切与尊重。自觉遵守规范守则，自然就懂得用文明方式去过公共生活了。

（二）公民基本道德规范

公民基本道德规范是指公民应当遵守的基本道德规范。2019年，中共中央、国务院印发了《新时代公民道德建设实施纲要》。文件指出，中华文明源远流长，孕育了中华民族的宝贵精神品格，培育了中国人民的崇高价值追求。中国共产党领导人民在革命、建设和改革历史进程中，坚持马克思主义对人类美好社会的理想，继承发扬中华传统美德，创造形成了引领中国社会发展进步的社会主义道德体系。坚持和发展中国特色社会主义，需要物质文明和精神文明全面发展、人民物质生活和精神生活水平全面提升。中国特色社会主义进入新时代，加强公民道德建设、提高全社会道德水平，是全面建成小康社会、全面建设社会主义现代化强国的战略任务，是适应社会主要矛盾变化、满足人民对美好生活向往的迫切需要，是促进社会全面进步、人的全面发展的必然要求。

（三）新时代公民道德建设的总体要求

新时代公民道德建设，要以习近平新时代中国特色社会主义思想为指导，紧紧围绕进行伟大斗争、建设伟大工程、推进伟大事业、实现伟大梦想，着眼构筑中国精神、中国价值、中国力量,促进全体人民在理想信念、价值理念、道德观念上紧密团结在一起,在全民族牢固树立中国特色社会主义共同理想,在全社会大力弘扬社会主义核心价值观,积极倡导富强民主文明和谐、自由平等公正法治、爱国敬业诚信友善,全面推进社会公德、职业道德、家庭美德、个人品德建设,持续强化教育引导、实践养成、制度保障,不断提升公民道德素质,促进人的全面发展,培养和造就担当民族复兴大任的时代新人。

（1）坚持马克思主义道德观、社会主义道德观,倡导共产主义道德,以为人民服务为核心,以集体主义为原则,以爱祖国、爱人民、爱劳动、爱科学、爱社会主义为基本要求,始终保持公民道德建设的社会主义方向。

（2）坚持以社会主义核心价值观为引领,将国家、社会、个人层面的价值要求贯穿到道德建设各方面,以主流价值建构道德规范、强化道德认同、指引道德实践,引导人们明大德、守公德、严私德。

（3）坚持在继承传统中创新发展,自觉传承中华传统美德,继承我们党领导人民在长期实践中形成的优良传统和革命道德,适应新时代改革开放和社会主义市场经济发展要求,积极推动创造性转化、创新性发展,不断增强道德建设的时代性实效性。

（4）坚持提升道德认知与推动道德实践相结合,尊重人民群众的主体地位,激发人们形成善良的道德意愿、道德情感,培育正确的道德判断和道德责任,提高道德实践能力尤其是自觉实践能力,引导人们向往和追求讲道德、尊道德、守道德的生活。

（5）坚持发挥社会主义法治的促进和保障作用,以法治承载道德理念、鲜明道德导向、弘扬美德义行,把社会主义道德要求体现到立法、执法、司法、守法之中,以法治的力量引导人们向上向善。

（6）坚持积极倡导与有效治理并举,遵循道德建设规律,把先进性要求与广泛性要求结合起来,坚持重在建设、立破并举,发挥榜样示范引领作用,加大突出问题整治力度,树立新风正气、祛除歪风邪气。

要把社会公德、职业道德、家庭美德、个人品德建设作为着力点。推动践行以文明礼貌、助人为乐、爱护公物、保护环境、遵纪守法为主要内容的社会公德,鼓励人们在社会上做一个好公民;推动践行以爱岗敬业、诚实守信、办事公道、热情服务、奉献社会为主要内容的职业道德,鼓励人们在工作中做一个好建设者;推动践行以尊老爱幼、男女平等、夫妻和睦、勤俭持家、邻里互助为主要内容的家庭美德,鼓励人们在家庭里做一个好成员;推动践行以爱国奉献、明礼遵规、勤劳善良、宽厚正直、自强自律为主要内容的个人品德,鼓励人们在日常生活中养成好品行。

（四）新时代公民道德建设的重点任务

（1）筑牢理想信念之基。人民有信仰,国家有力量,民族有希望。信仰信念指引人生方向,引领道德追求。要坚持不懈用习近平新时代中国特色社会主义思想武装全党、教育人民,引导人们把握丰富内涵、精神实质、实践要求,打牢信仰信念的思想理论根基。在全社会广泛开展理想信念教育,深化社会主义和共产主义宣传教育,深化中国特色社会主义和中国梦宣传教育,引导人们不断增强道路自信、理论自信、制度自信、文化自信,把共产主义远大理想与中国特色社会主义共同理想统一起来,把实现个人理想融入实现国家富强、民族振兴、人民幸福的伟大梦想之中。

（2）培育和践行社会主义核心价值观。社会主义核心价值观是当代中国精神的集中体现,是凝聚中国力量的思想道德基础。要持续深化社会主义核心价值观宣传教育,增进认知认同、树立鲜明导向、强化示范带动,引导人们把社会主义核心价值观作为明德修身、立德树人的根本遵循。坚持贯穿结合融入、落细落小落实,把社会主义核心价值观要求融入日常生活,使之成为人们日用而不觉的道德规范和行为准则。坚持德法兼治,以道德滋养法治精神,以法治体现道德理念,全面贯彻实施宪法,推动社会主义核心价值观融入法治建设,将社会主义核心价值观的要求全面体现到中国特色社会主义法律体系中,体现到法律法规立改废释、公共政策制定修订、社会治理改进完善中,为弘扬主流价值提供良好社会环境和制度保障。

（3）传承中华传统美德。中华传统美德是中华文化精髓,是道德建设的不竭源泉。要以礼敬自豪的态度对待中华优秀传统文化,充分发掘文化经典、历史遗存、文物古迹承载的丰厚道德资源,弘扬古圣先贤、民族英雄、志士仁人的嘉言懿行,让中华文化基因更好植根于人们的思想意识和道德观念。深入阐发中华优秀传统文化蕴含的讲仁爱、重民本、守诚信、崇正义、尚和合、求大同等思想理念,深入挖掘自强不息、敬业乐群、扶正扬善、扶危济困、见义勇为、孝老爱亲等传统美德,并结合新的时代条件和实践要求继承创新,充分彰显其时代价值和永恒魅力,使之与现代文化、现实生活相融相通,成为全体人民精神生活、道德实践的鲜明标识。

（4）弘扬民族精神和时代精神。以爱国主义为核心的民族精神和以改革创新为核心的时代精神,是中华民族生生不息、发展壮大的坚实精神支撑和强大道德力量。要深化改革开放史、新中国历史、中国共产党历史、中华民族近代史、中华文明史教育,弘扬中国人民伟大创造精神、伟大奋斗精神、伟大团结精神、伟大梦想精神,倡导一切有利于团结统一、爱好和平、勤劳勇敢、自强不息的思想和观念,构筑中华民族共有精神家园。要继承和发扬党领导人民创造的优良传统,传承红色基因,赓续精神谱系。要紧紧围绕全面深化改革开放、深入推进社会主义现代化建设,大力倡导解放思想、实事求是、与时俱进、求真务实的理念,倡导"幸福源自奋斗""成功在于奉献""平凡孕育伟大"的理念,弘扬改革开放精神、劳动精神、劳模精神、工匠精神、优秀企业家精神、科学家精神,使全体人民保持昂扬向上、奋发有为的精神状态。

（五）社会公德

社会公德是指人们在社会交往和公共生活中应该遵守的行为准则,是维护社会成员之间最基本的社会关系秩序、保证社会和谐稳定的最起码的道德要求。社会公德既包括一定社会、一定国家特别提倡和实行的道德要求,甚至还以法律规定的形式,使之得以重视和推行;也特指人类在长期社会生活实践中逐渐积累起来的、为社会公共生活所必需的、最起码的公共生活准则。它一般指影响着公共生活的公共秩序、文明礼貌、清洁卫生以及其他影响社会生活的行为规范。社会公德是人类社会生活最基本、最广泛、最一般关系的反映。处于同一时代的同一社会环境里的全体社会成员,为了彼此的和谐交往,为了维持社会的起码生活秩序,都必须遵守社会公德。

作为公民,我们要把社会公德、职业道德、家庭美德、个人品德建设作为着力点。推动践行以文明礼貌、助人为乐、爱护公物、保护环境、遵纪守法为主要内容的社会公德,在社会上做一个好公民;推动践行以爱岗敬业、诚实守信、办事公道、热情服务、奉献社会为主要内容的职业道德;推动践行以尊老爱幼、男女平等、夫妻和睦、勤俭持家、邻里互助为主要内容的家庭美德,在家庭里做一个好成员;推动践行以爱国奉献、明礼遵规、勤劳善良、宽厚正直、自强自律为主要内容的个人品德,在日常生活中养成好品行。

推荐阅读:

[美]威廉·考克汉姆著《医疗与社会:我们时代的病与痛》;宿文渊编著《社会学原来这么有趣有用:你不可不有的社会学思维》;古津贤、李大钦主编《多学科视角下的医患关系研究》;白剑峰著《中国式医患关系》;王辉著《社会学浅谈》。

第二节　医学社会学

一、关于医学社会学

(一)医学社会学的定义

医学社会学是运用社会学的理论和方法,研究医学领域中的社会角色、角色关系、角色行为、角色流动、医疗社会组织的交互作用以及医学领域与整个社会生活的互动及其变化规律的科学。它应用社会学基本理论知识,如社会化、社会组织、社会阶层、社会流动、社会控制、社区分析、社会问题、社会现代化等知识和社会学研究方法,研究医学领域的种种现象和问题。

(二)医学社会学的研究

医学社会学运用学科理论体系,通过社会学研究方法,对其所面对的研究对象进行定性或定量分析。其内容包括：医学社会学的一般原理和方法、医学社会学的理论研究、医学进展与社会的互动研究、具体医学领域的社会学研究等。

1. 医学社会学的一般原理和方法

医学社会学的研究是以社会学的理论和方法为基础的，在其学科的研究过程中，不仅始终贯穿社会学的一般理论原则，而且还需要具体运用社会学的基本概念。社会学的研究方法也是进行医学社会学研究的一个重要方面，常用的方法有普查法、典型调查法、个案法、抽样调查法、问卷法、文献法、访谈法、观察法、实验法、比较分析法、统计分析法等。这些方法是医学社会学开展定性与定量研究时，必需的研究技术、手段和重要的研究工具。

2. 医学社会学的理论研究

医学社会学理论研究的主要对象是医学领域内各种社会角色、社会行为、社会关系、社会组织以及对传统医疗领域中的有关概念的社会层面的分析。具体包括：健康、疾病等概念的社会含义研究；对医学领域中特有的社会人群的研究，如医生、护士、病人等角色的分析，角色的社会化和角色流动的问题，医生、护士相关职业的社会属性分析研究；社会行为的研究，如疾病行为、求医行为、遵医行为以及医疗行为的社会学意义；社会关系的研究，包括医患关系、医护关系、医际关系等；医院以及其他医疗保健组织的社会层面的研究。

3. 医学进展与社会的互动研究

医学与社会的互动表现为两个方面。一是医学理论的发展、技术手段的更新以及医疗卫生领域的变革给社会经济、政治、军事、法律、道德、文化、习俗等所带来的正面影响。同时，也研究其带来的负面影响，以帮助相关管理部门扩大医学给社会变革带来的正面影响，控制、减少负面影响。二是社会制度、社会改革、社会变迁、社会文化等因素对医学领域的影响，以及该影响对医学发展产生的作用，如医学发展的社会动力和社会控制，社会改革开放对求医行为、医患关系的影响。

4. 具体医学领域的社会学研究

在进行医学社会学研究过程中，不能将研究完全停留在一般概念、理论和方法的创新上。作为社会学的分支，医学社会学研究应该将研究视角更多地深入到具体医学领域中，发掘其中的社会层面及其与社会的互动关系。只有通过这种研究方式，才能使医学社会学得到长足发展。实际上，这种研究已经引起了我国社会学界和医学界的高度重视和极大兴趣，有些研究已取得显著成果。例如，老年医学社会学的研究、药物社会学的研究、保健社会学的研究。

随着社会经济的发展和社会文化的进步，人们不仅把疾病看成是一种生理现象，还看成是一种社会现象。例如，人们越来越重视"社会病"的防治，重视从社会现象阐释疾病的发生与预防。这对推动现代医疗卫生保健事业的发展，增强人们自我保健的意识有积极意义。

二、健康和疾病的社会学意义

（一）健康与疾病概念的演化

健康与疾病是医学中最为基本的两个概念。现代关于健康和疾病的研究，已经超越了单纯机体生物学的范畴，扩展到对人的精神和社会状态的思考。

1. 健康概念的演化

"健康"一词在古代英语中有强壮、结实和完整的意思。人们最早提出并延续至今，有着广泛影响的一种健康概念是：健康就是没有患病。由于该概念直观明白便于理解，故而易为人们所接受。即使是现在，很多人甚至包括一些医务工作者也认为没有疾病就是健康。但人们已经越来越感觉到健康不只是没有疾病症状，一个体格健全或躯体无病的人不一定就是健康的人。世界卫生组织在 1948 年就给健康下了一个定义："健康不仅仅是没有疾病或虚弱现象，而且是身体上、心理上、社会适应上的完好状态。"这一概念体现了整体论的思维方法，使人们对健康的思考向多维的方向发展，有助于增进人们在身体、心理和精神上的协调一致。健康的实质是要求每个人能主动地设计自己的生活方式，把握自己的健康，以便能愉快地生活和工作，使人的生理和心理、身体和情感成为一个完整的统一体。它要求人们能动地改造环境，有效地控制自己的精神和心理，按有益于健康的生活方式去做，以获得一种高度地保持人体完好状态的可能性。

2. 疾病概念的演化

人类在初具思维能力时，就开始了对疾病的思考，如同对待自然灾害一样，疾病也被认为是一种异己的力量，是一种独立于人体而存在的实体，可得也可除。这就形成了最早的"本体论"的疾病概念。这个概念一直延续至今，最常见的用语就是"得了什么病"。"得"表示从自身以外获得一种异己的东西，这种概念便是本体论疾病观的基本内容。

随着自然科学和生物科学的建立与发展，自然科学的疾病概念形成了。它认为疾病是以螺旋发展的形式再现的，是以一定的症状、体征、形态改变和病因为基础的实体。以该实体的特征为基础，构成了在现代医学中指导医生诊断、治疗的疾病分类学。

通过以上讨论，我们应从两方面理解健康和疾病的概念。一是健康与疾病是相对的概念，二者构成了一个连续的统一体。这个统一体有两个端点。一端是高水平的健康，一端是生命的终止。人从生命开始到结束，始终处在这一统一体的动态平衡过程中。所以，每个人的生命活动在统一体内都会处于某一种状态，呈现出健康或疾病的现象。由于人们的生活经历随着时间的不断向前推移而改变，这种状态也会不断地发生变化。二是健康或疾病状态是人们根据个人的生活经历、文化教育和社会背景所做出的判断和界定。这种判断和界定必然受当时社会文化认知水平的影响。

(二) 社会文化对健康、疾病认识的影响

健康和疾病一方面是生物学现象，另一方面也是一种社会文化现象。实际上，它们是一种随社会文化的发展而不断发展着的社会观念。这是因为医学科学的发展在各个不同的历史时期，受当时不同的思想观念、文化科学水平的影响和制约，自然会产生适合于当时历史条件下的医学观。随着文明向前发展和人们生产与生活经验的积累，哲学观念开始形成，也就形成了自然哲学的疾病观。17 世纪机械唯物主义兴起，机械论的观点在社会认知文化中占据了主导地位。机械论的观点也渗透进了医学研究中，它把人比喻为机器，而疾病是机器失灵或出现故障的表现，健康是机器的结构和运行正常的表现。这种机械论促进了近代实验医学的建立与发展，从而确定了认识健康和疾病的生物学基础。由于生物科学的长足进步，生物医学也成了现代医学的核心和标志，健康就是机体生物学正常，疾病就是机体生物学异常。在现代社会，整体论、系统论为多层次的模式分析提供了有力的工具，而且社会学、心理学近几十年深入医学领域取得了显著的研究成果，使健康和疾病概念不再仅由机体的生物学现象所决定，而扩展到人们的精神和社会方面。世界卫生组织对健康的定义是迄今为止对健康比较完整的概括，这种健康观念也正逐渐为人们所接受。可见，在人类社会发展的不同阶段，人们对健康和疾病的观念受着当时社会认知文化的影响。

三、医疗服务中的社会角色

医学服务中的主要社会角色有主客体两类。医学服务的主体是医务工作者，其中以医生和护士为代表。客体是指服务对象，即社会人，包括所有需要接受医学服务的身体处于健康状态或疾病状态的社会人，其中又以病人为代表。了解医护角色和病人角色的社会定位，有利于更好地处理医学与社会的关系。

(一) 医生的社会角色

医生角色是医疗卫生队伍的主体角色，也是一个重要的社会角色。医生是一个遵从着与诊断、治疗相关的职业规范，通过一定的行为模式对病人负责的群体。

1. 医生角色的性质归属

（1）医生角色属于自致角色。

作为一种职业角色，医生角色是个体经过自身努力而获得的。在我国，要经过五年及以上的刻苦学习和实践，通过严格的考试才能获得医师资格，成为名副其实的医生。

（2）医生角色属于规定性角色。

医生角色的扮演有着严格的规定性。一方面，医生诊断、治疗疾病必须严格按照医学科学发展规律的相关知识来进行；另一方面，医生职业的行为规范不仅体现在系统的职业道德体系中，也体现在国家的法律层面，医生角色有明确严格的行为模式。

（3）医生角色属于表现性角色。

医生角色的主要职能不是为了获得经济利益和效益,医生角色的功能在于通过履行治病救人的职能,体现医学人道主义及社会公平,让病人在获得健康与新生的同时感受到社会公平和社会制度的优越性。医生角色应该表现着社会的主流价值观和道德规范。

（4）医生角色是自觉角色。

所有的职业角色都应以自觉角色的状态出现为宜,医生角色也不例外。因为医生角色的职能和规范较明确具体,与人的健康和生命紧密相关,所以更需要角色扮演者有较强的自觉意识,通过自己的行为向患者展示医生的职业道德和人道主义精神。

2. 医生角色的特点

医生角色具有以下几个特点。

（1）角色行为关乎生命健康。

医生的角色是具有特殊性的,医生角色所掌握并运用的科学技术手段关系到人的生命安危,其行为关乎人的生命。尤其是现代社会,人们对健康保健的需求从广度和深度上都大幅度提高,使医生职业受到更多的关注。

（2）角色扮演准备期长。

医生职业的特殊性要求医生必须医术精湛、医德高尚,集医术和医德于一身。但医学技术的知识体系相当复杂,医生不仅需要掌握生物科学知识,而且需要掌握众多的医学的分科知识,这需要有长时间的技术训练和足够多的实习机会。因此,医学教育的时间比普通高等教育的时间长,要达到五至八年。

（3）角色情感理智公正。

医患关系中的主体都是人,人与人之间都会产生一定的情感,医患角色之间的情感是不对称的,这种不对称性是由医生情感的理智性决定的:不论病人对医生是何种情感,是好是坏,都不能影响医生对病人的一视同仁和同情关怀。医生角色情感的理智性还表现在医生对特殊病人的超乎寻常的感情和不正常的表现应理智对待上,不理智对待就会影响治疗,影响正常的医患关系。

（4）角色规范明确严格。

由于医生职业的特殊性,自古以来医生角色的规范和行为模式都很严格、全面、具体,无论是西方还是我国的医家名著,都详细规定了医生角色的行为规范。现代社会中,医生的行为规范更是越来越多地上升到法律层面,如我国刑法中便规定了"医疗事故罪",这些变化无疑使医生的角色规范更严格、明确。

3. 医生的执业原则

医生角色行为主要是通过诊疗行为体现出来的,所以应坚持医德规范、医者原则和医疗技术的统一。医生在建立良好的医患关系方面起着主要的作用。为了建立良好的医患关系,医生应掌握行为科学知识,并努力应用于对患者的检查、谈话和治疗之中。医生对待患者应符合以下原则。

（1）病人第一的原则。

在医疗活动中应兼顾疾病与病人两方面。必须按照"生物-心理-社会医学"模式对待病人。医疗行为要以病人为中心，尽心尽力为病人解除病痛，促进康复。给予病人以同理心和体贴关照，提供一流的医疗服务。

（2）尊重病人权利的原则。

任何时候都不得以任何借口拒绝病人合理的求医要求，在科学和技术条件允许的范围内尽力满足患者的诊疗要求。

（3）医疗服务公平原则。

医疗服务中要平等待人，不以病人的性别、年龄、文化程度、社会地位、权势大小、衣着外貌等区别对待，更不许因收礼受贿等因素出现诊疗服务方面的差异或不公平现象。

（4）诊疗服务最优化原则。

充分利用诊疗的物质条件，发挥优良的诊疗技术水平为病人解除病痛。要兼顾近期疗效和远期疗效，也要考虑病人的经济利益。要在医疗条件允许的范围内，选择疗效最好、痛苦最小、花费最少的诊疗手段。

（5）坚持医疗保密的原则。

医生应坚持必要的医疗保密制度。实践证明医疗保密制度对疾病的康复有着积极作用。

（6）具有良好的职业风格。

职业风格是医生的防护工具，它可以弥补医生的焦虑、犹豫不决所形成的弱点。但不同的医生有不同的人格，也可形成不同的风格。良好的职业风格是医生高度负责的态度和丰富医疗经验的体现。

（7）坚持医患互动的原则。

医生的言语行为对病人有强大的心理影响，医生的角色行为与病人的期待相吻合，就能提升医患关系。如果医生的言语行为稍有不慎，也可能导致患者出现"医源性疾患"或消极的心理状态，或者损害医患关系。诊疗过程中要充分调动病人的主观能动性，积极参与、配合治疗。良好的医患互动关系应该是齐心协力，合作共赢的，正如我国神经外科专家王忠诚院士在获得国家最高科技奖时曾说的："我要感谢我的病人。因为有了病人和病人家属齐心协力的合作，共同向疾病发起挑战，我们才能创造一个又一个生命奇迹。"

4. 医生的职业精神

人文精神是医生职业精神的精髓，科学精神是医生职业精神的特征，公正精神是医生职业精神的支柱，合作精神是医生职业精神的要素。

医生的职业是"治病救人"的职业。明白医生角色是在为病人的健康而工作，医生就会以丰富的情感、关怀的态度对待病人。医疗是一个医生与病人双向沟通交流的过程，医生要用大量的时间给病人解释和说明，对其进行健康教育。面对病人自主意识不断增长，病人要求日益多元化的今天，医生必须认识到即使技术好，但服务态度不好，也不能被病人认同。医生一定要认识到技术是为病人服务的，医生必须以好的心态来服务，要扮演好医生角色，满足病人一切合理要求和对医生的角色期望，真正成为病人可以信赖、能把性命相托的人。

读一读　　　　　　　　　　　　　**医患能否角色互换**

2009年7月，北京市卫生局推出了"院长当一天患者"活动。19家医院院长扮成普通患者，分别选择一家不熟悉的医院去就诊，亲身体验看病全过程。结果，每个院长都有一肚子"苦水"。有的院长感慨：当了一天"患者"，才真正体会到看病有多难。

其实，每一个医生都有可能成为患者。医生和患者的角色，常常在不经意间发生转换。美国有位名叫爱德华·罗森邦的医生，晚年患了喉癌，命运将他从医生变成了病人。他在《亲尝我自己的药方》一书中回忆，自己曾经作为医生高高在上，但成为病人后，遭遇和心情与其他病人如出一辙——不敢面对疾病真相、被护士嘲笑"脖子短"、被别的医生误诊……于是，他感慨道："我成为病人之前，已经行医50年，却等到生病时，才发现医生和病人根本不是一路的。站在病床边和躺在病床上所看的角度完全不相同。"看来，一个医生要想真切地体会到病人的痛苦，可能只有等他成为病人。

同样，作为一名患者，要想真正理解医生，也需要换位体验和思考。在医患关系日趋紧张的大背景下，如果再搞一次"患者当一天医生"的活动，肯定也会让患者受益匪浅。

医生到底有多忙？某网站曾做过一次调查，在2 000多名被调查的城市大医院医生中，80％的人每天工作8至12小时，67％的人曾连续工作超过36小时，60％的人"黄金周"休息不到3天，80％的人工作中没时间喝水，37％的人工作中经常憋尿，83％的人中午不能按点吃饭或者只能飞快吃饭。这些数字说明，医生超负荷工作已经成为常态。有人曾这样描述北京协和医院的医生：只见一片白影在你眼前飘过，还没看清楚他的面貌，就只看到10米开外的后脑勺了。这虽然有点夸张，却真实地反映了医生的忙碌状态。

在患者的想象中，医生应该是最健康的人。其实，恰恰相反，医生是最不健康的人群之一。在病毒和细菌密集的环境里，他们最容易成为感染者。同时，由于长期处于高度紧张状态，医生的生理和心理压力巨大，患病和猝死的概率很高。所以，钟南山院士曾说："当医生态度不够好时，不能只简单地从医德考虑问题，还要考虑他们受环境因素困扰、心理障碍、体质下降等因素。"假如患者了解了这些，也许就不会总是抱怨和指责医生了。

医患是一对永恒的矛盾，有对立也有统一，有冲突也有和谐。因此，医患之间经常互换一下角色，不失为一种良好的沟通方式。一旦医患双方都学会换位思考，还有多少误会消除不了。

（资料来源：《中国式医患关系》，白剑峰，红旗出版社2011年版，有改动。）

（二）护士的社会角色

护士的社会职能与服务对象确定了护士角色的重要性。护士应努力承担责任,正确使用手中的权力,把握该角色必要的态度与感情,认真履行护士角色,实现社会对护士角色的完美期望。

阅读文章,谈一谈医患角色互换体验的意义。

1. 社会对护士角色的期望

角色期望是社会对处于一定社会地位角色的权利和义务所作的规范,是角色行为赖以产生的依据。护士作为一种社会角色,具有其特殊的行为,人们也对其社会角色给予特殊的期望。

（1）病人对护士角色的期望。

当住院时,病人除了有去除身体病痛的需求外,还需要心理上感受到温暖,受到尊重。这就需要护理人员态度和善,肯花时间与他们交流,认真倾听他们的诉求,并能迅速进行正确的护理。护士只有具备良好的职业道德、真挚的职业情感、娴熟的业务技能、认真的工作态度和文雅的仪表举止,才能为病人提供优质服务,赢得病人及其家属的满意。

概括地说护士角色的社会期望是:有爱心、耐心和高度的责任心;尊重病人的人格尊严,不损伤病人的自尊心;从病人的利益出发,随时为病人着想;有熟练的护理操作技术;当病人需要时,能随时给予关心和支持;能密切地观察病情,并能将病人的问题有效地传达给医生;以真诚、开朗的态度对待病人及其家属;仪态端庄,举止文雅,经常面带笑容。

（2）医生对护士的期望。

医生和护士虽然分工不同,但两者的目标是一致的,从病人在门诊就诊到住院治疗直至康复出院,每一项工作都须护士和医生密切配合,平等协作。作为合作方的医生对护士的期望是:热爱护理专业,爱护病人;具有良好的医学、护理学、人文科学等方面的知识;具有娴熟的护理技术操作能力;能正确迅速地执行医嘱;有敏锐发现病人病情变化的能力;在某些方面能提出治疗建议;具有高度的责任心;了解医生的习惯与性格,与医生建立起良好的合作关系。

2. 护士角色的功能

（1）在临床工作中,照顾病人,为病人提供直接的护理服务,满足病人生理、心理和社会各方面的需要是护士的首要职责。

（2）每个护士都有管理的职责。护理领导者管理人力资源和物资资源,组织护理工作的实施,管理的目的是提高护理的质量和效率;普通护士管理病人和病区环境,促进病人早日康复。

（3）护士在许多场合行使教育者的职能。在医院,应对病人和家属进行卫生宣教,讲解有关疾病的治疗护理和预防知识;在社区,应向居民宣传预防疾病、保持健康的知识和方法;在护理学校,应向护理学生传授专业知识和技能。

(4)保护病人的权益不受侵犯和损害。护士有责任帮助病人甄别来自各种途径健康信息的真伪,补充必要信息,帮助病人做出正确的选择。

(5)护士与护理对象、家属和其他健康专业人员需要紧密合作,相互配合和支持,更好地满足护理对象的需要。

(6)护士应在预防保健、促进健康生活方式等方面起示范作用。如不吸烟,不酗酒,讲卫生,注重体育锻炼。

(7)开展护理研究,解决复杂的临床问题以及在护理教育、护理管理等领域中遇到的有关问题,完善护理理论,推动护理事业的发展。

护士角色的培养十分重要,要有"燃烧自己,照亮别人"的精神,要以"爱心、耐心、细心、责任心"对待每一位病人、做好治病救人工作。

(三) 病人的社会角色

病人角色是指社会人群中与医疗卫生系统发生关系的那些有疾病行为、求医行为和治疗行为的社会人群。

1. 病人角色的性质归属

(1)病人角色属于自致角色。

除了先天和遗传因素所致的一出生就带病的病人外,一般的病人角色都是后天获得的,都与角色扮演者自身的活动有关。尤其是在现代社会中,激烈的竞争和充裕的物质生活使部分人忽视了科学、合理生活方式的构建,不少人的健康都存在一定的隐患。虽然每个人都不希望生病,但是疾病的发生又确实与个体的行为有关,因此,病人角色属于自致角色。

(2)病人角色属于开放角色。

开放性角色是指没有严格、明确规定的社会角色。病人角色具有明显的开放性角色的特点,即使是同一个病种、处于同一病程的病人,其表现都会不同,具体表现会因其心理承受能力、所受教育程度、经济能力、性别、年龄等因素不同而不同。

(3)病人角色属于自觉角色。

自觉角色的出现是需要条件的,之所以把病人角色归为自觉角色,是因为病人角色的出现总是在特定的环境下,有特定的观众(医生或者是来探视的亲友),这种氛围会使病人以自觉角色的状态出现。心理学中所讲病人具有行为退化心理,就可以说是病人角色自觉化的表现。

2. 病人角色的特殊性

(1)普遍存在焦虑、急躁情绪。

病人角色虽然是个体自我活动的结果,但不是个体期望的角色,因为这种自致角色与其他的自致角色有所不同。其他自致角色的获得能够体现自我价值,比如获得荣誉称号、得到梦寐以求的职位或职业,而病人角色无法满足个体价值实现的需要,反而会影响个体价值的实现,因此,病人角色的扮演者常常希望自己能迅速从目前的角色中脱离出来,因此每个个体在心理上不同程度地存在着焦虑、急躁等特点,这一特点决定了良好医患关系的形成是有难度的。

(2) 具有复杂性。

角色的特点之一是权利、义务的高度统一,角色扮演者如果能够在演绎角色的过程中注意到自己不仅有权利,也应履行相应的义务,则有助于角色扮演者正确处理与相关角色的关系。但病人角色作为一种开放性角色,没有明确、严格的要求,加之目前病人的义务意识淡漠,病人角色的个性化特点很强,角色的扮演完全由个体自己来决定,这些因素导致了病人角色的复杂性。

(3) 过分关注医生角色的义务。

病人角色期望得到更多的重视和关怀。就医或住院的氛围使病人的自觉意识得到强化,使得病人角色常以自觉角色的状态出现,并把自己定位于弱者,需要他人尤其是专业人士——医生的关怀和帮助,这使得病人角色对医生角色充满了期待,也使得病人角色对医生角色义务的履行十分关注。

3. 影响病人角色适应的因素

(1) 疾病的性质和严重程度。

疾病的性质对病人影响极大,如病人察觉到自己的病情严重到影响到个人的生活质量时,会立即寻求医护人员的帮助,并容易适应病人的角色,使自己的角色与行为相吻合。

(2) 症状的可见性。

症状可见与否影响着病人的就医与角色适应。人们通常容易为一些明显的症状如外伤、大出血就医,并很快进入病人角色,对不显著的症状如食欲不振、消化不良等则表现为不关心和不重视,不易进入病人角色。

(3) 病人的社会特征。

年龄、性别、性格、文化程度、生活习惯、工作、家庭经济状况等因素都影响病人角色的适应。另外,病人与家属、同事、病友、医护人员之间的关系也影响着病人角色的适应。

(4) 医院规则。

为了不断提高医疗质量和护理水平,保证医疗护理工作的顺利进行,为病人能得到良好的医疗和护理提供条件,医院要根据各自的具体情况,制订出必要的规章制度,这对病人有一定的约束力,这会影响病人对其角色的适应。

4. 病人角色适应的行为改变

(1) 病人角色行为缺如。

病人角色行为缺如是指其没有进入病人角色,不愿意承认自己是病人,这是心理防御的表现。虽然医生有明确诊断,但本人否认自己有病,不愿意或未意识到自己是病人。从人的个性特点看,那些自信心较强、认为有能力把握自己的人不愿扮演病人角色；当疾病影响到就业、入学或婚姻等问题时，病人处在某种现实矛盾中不愿承担病人角色；有时病人自我感觉良好，则认为医生的诊断有误，否认有病，采取等待观望的态度，或认为症状不严重、无须治疗。初次诊断为癌症的病人都有这种防御性心理反应。

（2）病人角色行为冲突。

病人角色行为冲突主要发生于由常态下的社会角色转向病人角色时。因为病前角色所形成的心理过程、状态及个性特征和病人对某种需要的迫切要求等，强烈地干扰着病人对角色的适应，使病人产生心理冲突和行为矛盾。同一个体总是承担着多种社会角色，当患病需要其由社会角色转化为病人角色时，病人一时难以实现对角色的适应；当某种非病人角色需要的强度超过求医治病的动机时，病人就出现心理冲突，表现为焦虑不安，甚至痛苦，从而使病情加重，这是一种视疾病为挫折的心理表现。由于生活中复杂的原因，不同角色之间的矛盾和不平衡总是存在的，而病人这种生理或精神上的障碍，会使原先的矛盾和新的不适应更加突出。如一位患病的教师，因惦记自己的学生而不能安心治病，就会造成教师角色与病人角色的冲突。

（3）病人角色行为减退。

这是指已进入角色的病人，由于某种原因，又重新承担起本应免除的社会角色的责任而放弃病人角色，不顾病情而从事力所不能及的活动。如一位还需继续治疗的母亲因孩子生病需要照顾而坚持出院，担负起照顾孩子的责任，因为此时母亲的角色在她的心目中已上升为主导角色，所以她放弃了病人角色而重新承担起母亲的角色。

（4）病人角色行为强化。

这是指由于依赖性的加强和自信心的减弱，病人对自己的能力表示怀疑，对原来所承担的社会角色感到不安，安于已适应的病人角色的现状。或者自觉病情严重程度超过了实际情况，小病大养。另外，生病也使病人具有一些特权，免除了其原有的社会责任，表现为依赖性增强，对承担其他角色感到惶恐不安，希望继续扮演病人角色以便能逃避某些责任或继续享受某些特权。

总之，任何个人在社会的大舞台上都扮演着一定的社会角色。在医疗领域中，医务人员角色在与社会人群尤其是病人的交往中，必然要表现出自己的特殊身份，显示出自己所具有的特殊职能，并在一定范围内履行自己的义务，行使自己的权利。同时，社会和他人对医生、护士的技术标准和道德行为也必然有其严格的要求和规定，这样才能实现医生、护士对病人和社会负责的根本目标。为了认识医生、护士角色的内涵，我们有必要对医护职业的特点以及医护角色的社会化问题进行认真的考察和探讨，以促使医护工作者自觉地、能动地解决好个人与病人、个人与社会的关系，积极地促进社会主义医疗卫生事业的健康发展。

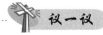
议一议

医患是一对永恒的矛盾，有对立也有统一，有冲突也有和谐，医患双方如何调整才能解决矛盾，相互理解？请举例说明。

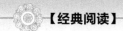

《教养真的不是你读过多少书》

毕淑敏

教养是个高频词。时下,如果说某人没教养,就是大批评、大贬义了。如果说一个女人没教养,简直就如同说她不检点了。

什么叫教养呢?辞典上说是"文化和品德的修养",但我更愿意理解为"因教育而养成的优良品质和习惯"。

一个人可以受过教育,但他依然是没有教养的。就像一个人可以不停地吃东西,但他的肠胃不吸收,竹篮打水一场空,还是骨瘦如柴,不过这话似乎不能反过来说——一个人没有受过系统的教育,他却能够很有教养。

教养不是天生的。一个小孩子如果没有人教给他良好的习惯和有关的知识,他必定是愚昧和粗浅的。当然,这个"教"是广义的,除了指入学经师,也包括家长的言传身教和环境的耳濡目染。

教养和财富一样,是需要证据的。你说你有钱不成,得拿出一个资产证明。教养的证据不是你读过多少书,家庭背景如何显赫,也不是你通晓多少礼节规范,能够熟练使用刀叉,会穿晚礼服……

这些仅仅是一些表面的气泡,最关键的证据可能有如下若干。

热爱大自然。把它列为有教养的证据之首,是因为一个不懂得敬畏大自然,不知道人类渺小的人,必是井底之蛙,与教养谬之千里。这也许怪不得他,因为如果不经教育,一个人是很难自发地懂得宇宙之大和人类的微薄的。没有相应的自然科学知识,人除了显得蒙昧和狭隘以外,注定也是盲目傲慢的。之所以从小就教育孩子要爱护花草,正是这种伟大感悟的最基本的训练。若是看到一个成人野蛮地攀折林木,通常人们就会毫不迟疑地评判道——这个人太没有教养了。可见教养和绿色是紧密地联系在一起的。懂得与自然协调地相处,懂得爱护无言的植物的人,推而广之,他多半也可能会爱惜更多的动物,爱护自己的同类。

一个有教养的人,应该能够自如地运用公共的语言,表达自己的内心和同他人交流,并能妥帖地付诸文字。我所说的公共语言,是指大家——从普通民众到知识分子都能理解的清洁和明亮的语言,而不是某种狭窄的土语俚语或者某特定情境下的专业语言。这个要求并非画蛇添足,在这个千帆竞发的时代,太多的人,只会说他那个行业的内部语言,只会说机器仪器能听懂的语言,却不懂得和人亲密地交流。这不是一个批评,而是一个事实。和人的交流的掌握,特别是和陌生人的沟通,通常不是自发产生的,是要通过学习和练习来获得的。

一个没有受过教育的人,他所掌握的词汇是有限和贫乏的,除了描绘自己的生理感受,比如饿了、渴了、睡觉以及生殖的欲望之外,他们对于自己的内心感知甚为模糊,因为那些描述内心感受的词汇,通常是抽象和长于比兴的。不通过学习,难以明确恰当地将它表达出来。那些虽然拥有一技之长,但无法精彩地运用公共语言这种神圣的媒介,来沟通和解读自我心灵的人,难以算是一个有教养的人。技术是用来谋生的,而仅仅具有谋生的本领是不够的。就像豺狼也会自发地猎取食物一样,那是近乎无须教育也可掌握的本能。而人,毫无疑问地应比豺狼更高一筹。

一个有教养的人,对历史有恰如其分的了解,知道生而为人,我们走过了怎样曲折的道路。当然,教养并不能使每个人都像历史学家那样博古通今,但是教养却能使一个有思考爱好的人,知晓我们是从哪里来,要到哪里去。教养通过历史,使我们不单活在此时此刻,也活在从前和以后,如同生活在一条奔腾的大河里,知道泉眼和海洋的方向。

一个有教养的人,除了眼前的事物和得失以外,他还会不由自主地想到他远大的目标。教养把人的注意力拓展了,变得宏大和光明。每一个个体都有沉没在黑暗峡谷的时刻,当你在跋涉和攀援中伤痕累累,但因为你具有教养,确知时间是流动的,明了暂时与永久。相信在遥远的地方,定有峡谷的出口,那里有瀑布在轰鸣。

一个有教养的人,特别是女人,对自己的身体,有着亲切的了解和珍惜之情。知道它们各自独有的清晰的名称,明了它们是精致和洁净的,身体的每一部分都有着不可替代的功能,并无高低贵贱的区别。他知道自己的快乐和满足,有很大的一部分是建筑在这些功能灵敏的感知上和健全的完整上的。他也毫无疑义地知道,他的大脑是他的身体的主宰。他不会任由他的器官牵制他的所作所为,他是清醒和有驾驭力的。他在尊重自己身体的同时,也尊重他人的身体。在尊重自我的权利的同时,也尊重他人的权利。在驰骋自我意志的骏马时,也精心维护着他人的茵茵草地。

一个有教养的人,对人类种种优秀的品质,比如忠诚、勇敢、信任、勤勉、互助、舍己救人、临危不惧、吃苦耐劳、坚贞不屈……充满敬重敬畏敬仰之心。不一定每一个人都能够身体力行,但他们懂得爱戴和歌颂。人不是不可以怯懦和懒惰,但他不能把这些陋习伪装成高风亮节,不能出于自己做不到高尚,就诋毁所有做到了这些的人是伪善。你可以跪在泥里,但你不可以把污泥抹上整个世界的胸膛,并因此煞有介事地说到处都是污垢。

有教养的人知道害怕。知道害怕是件有意义有价值的事情。它明了自己的限制,知道世上有一些不可逾越的界限。知道世界上有阳光,阳光下有正义的惩罚。由于害怕正义的惩罚,因而约束自我,是意志力坚强的一种体现。

有教养的人知道仰视高山和宇宙,知道仰视那些伟大的发现和人格,知道对自己无法企及的高度表达尊重,而不是糊涂地闭上眼睛或是居心叵测地嘲讽。

教养是不可一蹴而就的,教养是细水长流的,教养是可以遗失也可以捡拾起来的。教养也具有某种坚定的流传和既定的轨道性。教养是一些习惯的总和,在某种程度上,教养不是活在我们的皮肤上,是繁衍在我们的骨髓里。教养和遗传几乎是不相关的,是后天和社会的产物。教养必须要有酵母,在潜移默化和条件反射的共同烘烤下,假以足够的时日,才能自然而然地散发出香气。教养是衡量一个民族整体素质的一张X光片子。脸面上可以依靠化妆繁花似锦,但只有内在的健硕,才经得起冲刷和考验,才是力量的象征。

(资料来源:《看不清未来,就把握好现在》,吉林摄影出版社2015年版。)

作者简介: 毕淑敏,女,汉族,1952年10月出生于新疆伊宁,国家一级作家,内科主治医师,注册心理咨询师,历任解放军西藏阿里某部战士、医师;北京作家协会签约作家;中国作家协会第五、六、七、八、九届全国委员。

赏析: 人是群居的,人们的生活每时每刻都处在与他人的交往之中,生命不是孤立存在的,而是建立在诸种关系之上的,小到家庭,大到社会,人们只有以约定俗成的群居规则和谐相处,才能创造美好的社会环境。毕淑敏是一个有责任感与使命意识的作家,她利用文学这一独特的形式,发现社会中潜藏的不良因素,从对教养的理解与教养的意义来阐述:教养不是活在我们的皮肤上,是繁衍在我们的骨髓里。

【思考题】

1. 教养是一个人身上最重要的品质,谈谈你对教养是怎样理解的,个人教养与社会和谐间有怎样的关系。

2. 试分析病人角色适应上常见的行为改变有哪些,作为医者我们应当怎样帮助病人接受并适应病人角色?

3. 梳理本章节内容,画出思维导图。

【实践活动】

医患情景剧

以小组为单位自创剧本,角色扮演,编排一场情景剧,扮演医生、护士、病人及病人家属等不同的角色。

1. 活动目的

提高学生医学人文素养,促进学生综合素质提升,培养医学生对医患关系的认知,让学生在情景表演实践中学会重沟通、学沟通、善沟通,加强医学生医患沟通的能力,并建立起人文关怀的意识。

2. 活动要求

(1)情景剧选题要注重教育性、趣味性、知识性的统一,紧扣医患沟通主题,内容积极向上。以医护日常工作中遇到的医患沟通矛盾焦点案例为背景,阐述对医患沟通的深刻认识,构建温馨和谐的医患人文环境,给人以启迪。

（2）情景剧表演要求自然流畅,演员间配合默契,能充分展开剧情,达到寓教于乐的目的。可以采用小品、话剧等多种形式,剧目所需道具、服装及背景音乐等自备。每组表演时间不超过 15 分钟。

3. 评分标准

项　目	分值	评　分　细　则	得分
语言表达	30 分	语言流畅、准确;语调得体、恰当;台词熟练	
表演技巧	30 分	进入角色,感染力强;表演大方,神态自然;人物进出场安排合理有序	
剧本内容	20 分	紧扣医患沟通主题,内容积极向上;有教育价值,并给人以启迪	
时间及效果	20 分	不超时,演员配合默契,观众反映良好	

【**本章学习笔记**】

第四章

精进求索的大爱使命——科学修养

　　放眼古今中外，人类社会的每一次进步，都伴随着科学技术的进步。尤其是现代科技的突飞猛进，为社会生产力发展和人类文明开辟了更为广阔的发展空间，有力地推动了经济和社会的发展。而医学是以科学技术为人民健康服务的，医务工作者必须具备丰富的医学科技知识，也必须同时具备医学科学精神。医务工作者应具备科学严谨的学习及从业态度，弘扬医学科学精神。

嫦娥五号"挖土"归来，闪耀自立自强信心

北京时间 2020 年 12 月 17 日凌晨，在内蒙古四子王旗零下 20 摄氏度的寒冷中，人们用火热的心情迎接一位熟悉的"天外来客"。经历 23 天惊心动魄的太空之旅，嫦娥五号怀揣来自月球的岩石和土壤返回地球。这是一趟满载而归的科学探索，也是一次智慧与勇气兼备的无畏探险。

历史将使命赋予嫦娥五号，嫦娥五号也不负众望。接过中国人探月梦想的接力棒，嫦娥五号实现了地外天体采样、起飞和月球轨道交会对接等中国航天史上的多个"首次"，收获了研究月球乃至太阳系行星的宝贵科学样品，也奏响了中国探月工程"绕、落、回"探月三步走的终章强音。嫦娥五号代表人类时隔 40 多年后再次完成月球"挖土"的壮举，点亮了航天人无数个不眠之夜，折射出中国创新的熠熠星辉，也激荡起每一个中国人内心油然而生的自豪情愫。

嫦娥五号的每一步都标注着攻坚克难的勇气。嫦娥五号全身都充满亮点，但这些亮点在成功之前都是难点和挑战。如此复杂困难的太空探索计划，即便目标是带回两千克月球样品，但毫无疑问带回样品就已是成功。发射升空，抵达月球，采集月球物质，由月面点火起飞，再从月球轨道返回地球……20 余天里，嫦娥五号的每一步都牵动人心，每一个动作又让人击节喝彩。容器里不仅有月球样品，还盛放有渴求探秘的好奇心和敢于探索的雄心壮志，支撑着嫦娥五号突破一道道关卡。

嫦娥五号每一次爬坡过坎，都凝注着航天人的智慧结晶。发射场"90 后"指挥员喊出清脆口令，长征五号大火箭拔地而起，背后是无数次的演练。在 38 万千米之遥"目睹"月球轨道交会对接，地面支持团队"观棋不语"，实则早已为航天器研发出激光雷达、微波雷达等智能导航设备。而作为国内迄今为止最为复杂的航天器之一，嫦娥五号探测器更是倾尽了技术团队的创新心血。创新是对创新者的最大褒奖。嫦娥五号实现探月工程"绕、落、回"中"回"的一环，意味着我国掌握了无人月球探测的最主要基本技术，为未来建造月球科研站、载人登月乃至登上火星的设想打下坚实的基石。这些航天技术能力的满满收获，同时也是向航天强国迈进的铿锵足音。

科技自立自强的旋律最为动听。嫦娥五号代表着中国航天自主创新道路的新成就，是我国 1970 年发射第一颗人造地球卫星进入太空时代 50 年来又一段动人节拍。人们惊叹，来自月球的小小石头却能够代表一个国家科技进步的程度。同样，嫦娥五号在月球上展开重仅 12 克的五星红旗，这一抹闪耀月面的"中国红"，也映照出科技底气。走过 64 年的中国航天用实践证明，只有通过独立自主的探索攻关，才有可能书写下北斗、嫦娥、神舟、天宫、天问这一个个响亮而提气的名字。

探索浩瀚宇宙是我们的梦想,和平利用太空是我们的理念。从人类航天史的角度审视,中国的月球、火星乃至更远的行星探测计划,都是地球文明向外太空探索乐章中不可缺少的部分。如同中国探月科学家所说,探索月球和地外天体是人类共同的使命,由人类的探索天性和科技进步所驱动,也同时推动着科技发展,激励人类为共同的梦想向着星辰大海扬帆远行。秉持科技自立自强的信心,我们会谱写出更加壮美的乐章。

(资料来源：人民网,有改动。)

第一节　走进科学

　　科技是第一生产力,是推动社会发展的强大动力。科学技术的进步和发展,极大地拓展了人们的实践空间和认知范围,深刻地提升了人类辨识真理和理解自我的能力。尊重科学,发展科学,是一个国家和民族繁荣昌盛的希望所在。

一、科学与科学技术

(一) 科学的定义

　　科学是一种理论知识体系,是一个建立在可检验的解释和对客观事物的形式、组织等进行预测的有序的知识系统,是系统化和公式化的知识,它是人类对客观世界认识的正确反映,是人类认识世界和改造世界的实践经验的概括

> **看一看**
>
> 　　习近平总书记在党的二十大报告中指出,坚持科技是第一生产力、人才是第一资源、创新是第一动力,深入实施科教兴国战略、人才强国战略、创新驱动发展战略,开辟发展新领域新赛道,不断塑造发展新动能新优势。坚持教育优先发展、科技自立自强、人才引领驱动,加快建设教育强国、科技强国、人才强国。

与总结。其对象是客观现象,内容是形式化的科学理论,表达形式是语言,如自然语言及数学语言。

(二) 现代科学的分支

　　现代科学通常有三个主要分支：自然科学(生物学、化学、物理学)、社会科学(社会学、哲学、历史学)、形式科学(逻辑学、数学、计算机科学)。

（1）自然科学。它是研究宇宙、自然的科学。它基于对观测和实验的经验证据的分析，对自然现象进行描述、预测和理解。它可以分为两个主要分支：生命科学（或生物科学）和物理科学。

（2）社会科学。它是研究我们生活的人类社会的科学。它包括但不限于人类学、考古学、传播学、经济学、历史学、人文地理学、法理学、语言学、政治学、心理学、公共卫生学和社会学。

（3）形式科学。它是研究逻辑和先验方法的科学，包括数学、系统理论和理论计算机科学。依靠对知识领域的客观、认真和系统的研究，形式科学与其他两个分支具有相似之处。但是，它们与经验科学不同，因为它们完全依靠演绎推理，而无须经验证据来验证其抽象概念。

（三）科学的特征

（1）科学具有定量化特征，依赖于定量化的工作和精确的测量。科学工作定量化的特点将科学与数学结合在一起。我们对研究的对象进行测量之后，会得到一些数据。对数据的分析和处理需要运用数学的方法，将事物之间的联系以简明、准确、显而易见的形式表示出来。

（2）观察与实验是自然科学研究的基石。通过实验来研究事物，特别是通过精确的对照实验来探究问题，是自然科学的突出特征。

（3）在科学研究中常根据假设做出预期，当预期被实验验证之后，就增加了假设成立的可能性。许多学术观点或理论发表之后，随着时间的推移，会积累更多的证据，早期成果中的错误会很快被暴露、被修改或纠正，新的证据使得原有的理论被修改、被推翻或被接受，成为科学知识的一部分，这一过程实现了科学的积累和进步。

（4）科学研究的过程包括动态和静态两个部分。静态部分是相对稳定的研究结果及由此而构成的知识体系，动态部分是科学家们在探索自然奥秘方面做出的不懈的努力，以及科学家们在思考和解决问题中所运用的思维方式和工作方法，科学的动态部分使科学知识呈爆炸式地增长。通常经过五个工作步骤，即确认和表述问题、根据问题提出假设、为检验假设而寻找证据、根据证据来评价假设的真实性并做修改、得出结论并将结论应用于解决相似的问题之中。

（四）科学与技术的关系

（1）科学与技术既有区别又有联系。科学与技术连在一起统称为科学技术，简称科技。科学解决理论问题，技术解决实际问题。科学发现自然界中确凿的事实与现象之间的关系，并建立理论把事实与现象联系起来；技术则把科学的成果应用到实际问题中去。例如，19世纪初，电磁学领域的一系列科学发现，促进了发电机的发明，从而引发第二次科技革命的发展，使电力的广泛应用由可能变为现实，而在电力的应用中又产生了一系列对人类社会生活具有重大影响的技术发明。科学与技术的关系密不可分,二者是辩证统一的整体。

（2）科学与技术的功利性与非功利性。科技发展有不同历史时期:有单纯科学发展时期,有单纯技术发展时期,有基于科学而发展技术的时期,也有科学和技术交织发展的时期。技术大多是为了生存和进步而发展的,所以技术是功利性的,科学可以用来推动技术的发展,所以科学也有功利性的一面,我们对科学的崇拜,很大程度是出于功利性的一面。而另一方面,科学也有非功利性的一面,几乎所有革命性的科学发现,当初都不是出于功利性,而是为了满足人类对宇宙和自身的好奇心。有些发现后来有用,有些发现至今仍无用处,但是没有这些科学,就没有人类文明的今天。

（五）科技是第一生产力

科学技术作为第一生产力,已成为当代经济发展的决定因素。高科技产业促进了劳动生产率的大幅度提高,使当代产品中的科技含量高度密集,极大地提高了产品的商业价值。

（1）科学技术对经济发展起首要的变革作用。现代科学技术广泛渗透到经济活动中,渗透到社会生产的各个环节,决定了它成为推动经济发展的决定性因素。科学技术不只是使经济在量上(即规模和速度上)迅速增长,也使经济发生质的飞跃,在经济结构、劳动结构、产业结构、经营方式等方面发生了变革。

（2）科学技术在生产力诸要素中起着第一位的作用。第二次世界大战之后,科学技术以空前的规模和速度进入生产,使生产力成为一个复杂的体系。在这个体系中,它自身不但直接体现为生产力,而且作用于其他因素。提高劳动者的素质,促进生产工具和生产工艺的进步,扩大了劳动对象的来源和种类,已经成为推动社会生产力的重要力量。

现代科学使管理日趋科学化、现代化。管理是使潜在生产力变为现实生产力的关键,它使物的要素和人要素有机结合。科学技术与经济广泛结合,使得管理成为生产力的重要范畴。

原子弹模型

陈景润

（六）中国现代科技成就

新中国成立以来,我国科技事业实现了中华民族历史上最快的发展和最大的跨越,取得了一系列辉煌成就,为推动现代化建设、改善人民生活和维护国家安全做出了重要的贡献。如今我国已成为世界公认的科技大国,是世界上少数几个学科体系较为完备的国家之一,建立了比较完整的现代科技体系,形成了宏大的科技队伍,整体科技发展水平处于发展中国家前列,部分科研领域已经达到国际先进水平,科研成果正快速惠及百姓生活。

在尖端技术领域,从"两弹一星"到载人航天工程再到月球探测工程,一项项成就让中国成为继美、俄之后的世界第三航天大国。2021 年 5 月,天问一号探测器成功着陆于火星,中国首次火星探测任务着陆火星取得成功,迈出了中国星际探测征程的重要一步,实现从地月系到行星际的跨越,在火星上首次留下中国人的印迹,使中国成为第二个成功着陆火星的国家,是中国航天事业发展的又一具有里程碑意义的进展。重大科技成就的取得意味着,我国已建立了比较完整的科研开发体系,培养了大批优秀科技人才,为我国科技事业夯实了基础,也标志着当代中国科技发展的辉煌大幕由此拉开。

在基础研究领域,钱学森完成科学巨著《工程控制论》,将控制论的基本原理首创应用到工程中;陈景润完成了哥德巴赫猜想中的"1+2"。近年来,我国在量子科技领域再次展现了实力,2020 年,我国量子计算原型机"九章"发布。这一突破使我国成为全球第二个实现"量子优越性"的国家,标志着我国在量子科技领域里取得里程碑式的突破。

在支撑产业发展方面,2021 年,中国地球模拟装置启用,科学家们由此得以重现地球的过去、模拟地球的现在、预测地球的未来,中国地球模拟装置的规模及综合技术水平位于世界前列。"海斗一号"连续万米深潜与科考应用的成功,是我国海洋科技领域的一个重要里程碑,标志着我国在全海深无人潜水器领域正在迈向国际领先水平;"深海一号"能源站正式投产,能源站运用了 13 项国内首创科技,被誉为迄今为止我国相关领域技术集大成之作。

在惠及民生方面有:以杂交水稻为代表的一系列优良农作物品种;高速铁路、磁悬浮列车、新能源汽车等交通工具;抗疟的青蒿素、治疗 2 型糖尿病的太罗等新药;核磁共振仪等医疗仪器的国产化;首次实现不依赖植物光合作用,以二氧化碳、电解产生的氢气为原料全人工合成淀粉;高精度遥感技术、便携式太阳能光伏电源、卫星移动通信设备等一大批高新技术成果。

中国的计算机、通信、生物医药、新材料等高科技企业的迅速增长,极大地提高了中国的产业技术水平,促进了工业、农业劳动生产率大幅度提高,有力地带动了整个国民经济的发展。中国现代科技事业在新时代走上正轨并不断发展壮大,我们有理由相信,只要坚持走中国特色的自主创新道路,努力建设创新型国家,中华民族伟大复兴的目标就一定能够实现。

二、科学思维

人类社会发展进步的历史,从某种意义上讲,就是人类认识自然和社会的思维方式不断发生革命性变化的历史。科学思维的每一次突破、每一次剧变、每一次飞跃,都成就了人类伟大历史的辉煌与荣耀,成为人类不竭创造的源泉。科学思维推动人类进步和科学发展方向,始终扮演着先行者的角色,发挥着启明星的作用。

(一)严谨求实的批判性思维

1. 批判性思维的产生

人们常以赞美的态度使用"批判性思维"一语,因为这个命名要求我们坚持不懈地聚焦于重要问题,客观地遵循引导我们走向答案的理由和证据。古希腊著名思想家、哲学家和教育家苏格拉底倡导探究性质疑,即"助产术"。苏格拉底教学生也从不给他们现成的答案,而是用反问和反驳的方法使学生在不知不觉中接受他的思想影响。

读一读

苏格拉底(前469—前399),著名的古希腊的思想家、哲学家、教育家,他和他的学生柏拉图,以及柏拉图的学生亚里士多德并称为"古希腊三贤"。他被后人广泛认为是西方哲学的奠基者。

2. 批判性思维的认知

批判性思维就是个体在复杂的情境中,能灵活地运用已有的知识和经验,对问题及其解决方法进行选择、识别、假设,在反思基础上分析、推理,做出合理判断和正确取舍的高级思维方法及形式。

批判性思维能力是创新过程中不可缺少的要素。批判性思维获得的知识为科研能力培养提供平台。具有批判性思维是突破思维定式、进行科研创新的关键。批判性思维是科研过程中提出问题、分析问题和解决问题的前提。不敢质疑、在方法上不善于怀疑,缺乏批判性思维,

 看一看

善行与恶行

学生:"什么是善行?"

苏格拉底:"盗窃与欺骗,是恶还是善?"

学生:"是恶。"

苏格拉底:"欺骗敌人是恶行吗?"

学生:"是善行,但我说的是欺骗朋友是恶行。"

苏格拉底:"那按照你的意思,对朋友盗窃就是恶行。如果你的朋友要自杀,你盗窃了他将要自杀的工具,这是恶行吗?"

苏格拉底:"你说欺骗朋友是恶行,如果在行军作战中,统帅为了鼓舞士气,欺骗士兵说,援军就要到了,这是恶行吗?"

学生:"是善。"

这则小故事可以启发人的思想。苏格拉底使人主动地去分析、思考问题,他用辩证的方法证明真理是具体的、具有相对性,在一定条件下可以向自己的反面转化。这种貌似讽刺的消极形式的反问,却蕴含着揭露矛盾的辩证思维的积极成果。

是无法使科学进步的。

3. 批判性思维的思维特质

思维谦逊：认识到自己不知道的知识，对自己知道什么和不知道什么有敏锐的判断力。

思维勇气：敢于质疑自己信念的品质。

换位思考：能够包容与自己不同的观点，尤其是强烈反对的观点。

思维正直：对自己和他人使用同样的要求标准（拒绝双重标准）。

思维坚毅：克服困难和挫折，解决复杂问题的思维品质。

思维自主：坚持理性的标准，独立思考。

4. 批判性思维的养成

（1）培养良好的提问能力。

具备提问能力是非常重要的，一个不善于提问的人不会是优秀的批判性思考者。答案不能推动思维的发展，真正能推动思维发展的是问题，问题是思维发展的驱动力量。当一个研究领域不再出现新的问题时，它的发展便也停止了。答案则意味着思维的全面停滞。你所提出的问题质量决定着你思维的质量。

呆板的问题反映思考的惰性。如果你想要深入独立地思考，你就应该努力学习，用问题激发你的思维，并长久地带着问题去思考，促进思维的发展。

（2）优化学习策略、培养终身学习能力。

优秀的思考者都是会学习的人，他们能够掌控学习过程、制订学习计划，并严格执行这一计划，让自己的学习更有成效。终身学习能力是指整合多方资源提升知识、态度和技能，以符合社会需求的各种持续性能力。在飞速变化的社会中，学习者需要紧跟科技发展更新自身的知识和技能，因此学习是持续一生的。终身学习能力包含：自学能力，根据学习需求选择学习内容进行学习；适应能力，适应周围环境改变自身；分析和解决问题的能力，对出现的问题能够合理进行处理；使用现代化工具学习的能力，能够灵活运用计算机等技术开展学习活动；组织管理能力，对个体的学习活动能够进行良好的管理；实际操作能力，对各种社会实践活动能够实际运作；表达能力，能够用各种方式表达自我；创造能力，根据原有的基础制订新的策略。

（二）继承与发展的创新性思维

当今社会，知识创新、技术创新、制度创新等对经济、社会的发展所起到的引领作用，成为推动经济、社会持续发展的基石。

提出一个问题往往比解决一个问题更重要。因为解决问题也许仅是一个数学上或实验上的技能而已，而提出新的问题，却需要有创造性的想象力，而且标志着科学的真正进步。

——爱因斯坦

打开一切科学的钥匙都毫无疑问是问号，我们的大部分的伟大发现都应归功于"如何"，而生活的智慧就在于逢事问个为什么。

——巴尔扎克

请同学们重新审视和探索自身的能力，问问自己能做些什么。

1. 创新的内涵

从某种意义上而言,人类文明历史就是一部创新的历史,人类在不断的创新中受益。一般来说,创新是指超越旧事物、旧理论、旧方式,创造新事物、新理论、新方式。创新是主体的认可和接受,是一种被个人或单位当作新东西而采纳的观念、实践或目标。如果一种观念对于个人来说是新颖的,这种观念就是一种创新。

读一读 巴氏消毒法的诞生—创新思维概述

著名的生物学家巴斯德看到一块肉臭了,这件不经意的小事引起了他的反复思考。许多科学家认为,肉是产生细菌的原体,而巴斯德却认为,是空气中的细菌进入了肉体,才使肉变质的。他把肉消毒后封存起来,不让空气进入,观察肉的变化;又把新鲜的肉带上阿尔卑斯山的最高峰,观察肉在清洁空气中的变化。当各项实验都证明变质是由空气中的细菌所为之后,巴斯德发明了食品保鲜法及"巴氏消毒法"。是创新思维造就了巴斯德的成功。

2. 创新思维内涵

创新思维是指主体运用新的认识方式、新的思维视角、新的实践手段,去开拓新的认知领域取得新的认识成果的思维活动。其内涵主要包含以下要点。

(1)以完成创造性活动为结果。这里的创造性活动包括:给出新的概念,做出新的判断,提出新的假设、新的方法、新的理论,产生新的技术、新的产品等。

(2)应把整个创造过程作为背景,而不应只重视产生的结果。创造过程应从总体上进行系统把控。创新思维应以整个过程为背景,才不至于以偏概全。

(3)创新思维是高级的综合性的思维活动。作为高质量的思维活动,一方面表现在它解决问题的难度,是新问题的解决,或是用新方法解决老问题;另一方面表现为创新思维是全身心的投入,具有独创性、批判性、跨越性和开放性等方面的特征。

(4)创新思维的本质在于突破。创新思维是在实践基础上对前人有价值的思想观点的系统化,对新情况、新问题的思考和总结,对认识对象、实践对象的本质和规律做出新的揭示。

 看一看

五易画风的白石老人

齐白石,本是个木匠,靠着自学,成为画家,荣获国际和平奖。然而,面对已经取得的成功,他并不满足,仍不断汲取历代著名画家的长处,改变自己作品的风格。他60岁以后的画,明显地不同于60岁以前的。70岁以后,他的画风又一次改变。80岁以后,他的绘画风格再度变化。据说,齐白石的一生,曾五易画风。正因为白石老人在成功后仍然不断提高自己的艺术水平,所以他晚年的作品比早期的作品更为成熟,形成独特的流派与风格。

思维定式是创新思维的天敌。白石老人不安于现状,不断突破自己,在学习别人长处时,不照搬照抄,而是创造性地运用,不断发展,这样才能赋予艺术鲜活的生命。

3. 创新思维的特征

创新思维的主要特征是独创性、批判性、灵活性等。

（1）独创性。创新思维最大的特点在于它的独创性，有了独创才会有创新，它要求我们在看问题时，能够有自己独立的见解和思考，要与众不同、别具一格。

（2）批判性。批判性一般指对新旧理论间矛盾的取舍。在发现新现象、新事实与传统的知识、经验和定律相矛盾且采用常规思维无法解决时，创新思维的批判性就显得尤为重要。

（3）灵活性。灵活性指思维活动不受常规思维定式的约束，根据具体的科研对象自由、灵活地采用多种思维方式探索问题的答案。

4. 创新思维的方法

掌握了创新思维方法，就等于掌握了创新活动的钥匙。

（1）逆向思维。逆向思维又称反向思维，是指运用反常规性的、反方向性的或者反程序性的思考方式去解决问题的思维过程。思维方向的改变，往往产生意想不到的效果。

读一读

300 多年前，人们发现人在生病时体温一般要升高，但那时并没有办法准确地测出体温的上升幅度。于是，医生就请当时享有盛名的科学家伽利略来解决这个问题。伽利略设计了多种方案，可都失败了。

有一次，他在给学生上实验课，边操作边讲解，他问学生："当水温升高的时候，水为什么会在容器内上升呢？"学生答："因为水温升高的时候体积增大，水面就上升；水温下降的时候体积减小，水面就下降。"学生们的回答启发了伽利略，他想，既然温度升高了水会膨胀，那么反过来，从水的体积变化，不也能反映出温度的变化吗？

于是，伽利略就在学生回答的启发下，利用热胀冷缩原理，经多次研制，于 1593年发明了泡状玻璃管温度计。这个温度计的顶端是一个玻璃泡，和它相连的玻璃管中装着有色液体，倒置在装有水的杯子中来测量温度。它的工作原理是，当被测温度的物质（这里是空气）与玻璃泡接触的时候，玻璃管内上方的空气就会因为热胀冷缩而发生体积的变化，使有色液柱对应下降或上升。玻璃管上标明一些可作标准的"热度"，就是现在所说的温度。

世界上第一支标有刻度的温度计就这样诞生了，而伽利略采用的思维方法就是逆向思维。

（2）联想思维。联想思维是指在一个物体的启发下想到另一物体的过程，是一种基本的思维方法。现代科学证明，人的大脑中约有 140 亿至 150 亿个神经细胞，1 000 亿个神经元，几乎

想一想

有四个相同的瓶子，怎样摆放才能使其中任意两个瓶口的距离相等呢？

是一个宇宙元素的全息缩影。每个神经元和 3 万个其他的神经元相联系,从而形成无数个触点和无数巨大的神经回路。可见,人脑联系事物相关性的潜力是很大的。当人脑打开记忆大门时,会挖掘出深藏于人脑深处的各种信息,这些信息看似风马牛不相及,但一旦将它们联系起来,就将产生无穷无尽的创意。

想一想

运用联想思维方法,从"灯泡"的特性联想"病床的设计"。

(3)发散思维。发散思维是指大脑在思维时呈现的一种扩散状态的思维模式,就是从一个思考对象出发,沿着不同的方向去思考,重组眼前和记忆系统中的信息,扩散出多个解决问题的方案。这种思维方法的特点是思维视野广阔,不墨守成规,不拘泥于传统做法,思维呈现出多维发散状。发散思维强调从不同方面思考同一问题,如"一题多解""一物多用""一事多写"等方式。在科研活动中能否有效地利用发散思维,是衡量一个人创造力高低的主要标志。

议一议

树上原来有 10 只鸟,猎人用枪打下一只后,还剩几只鸟?

(4)灵感思维。我国学者夏衍认为灵感是"一瞬间迸发出来的火花";钱学森认为灵感是"突然沟通,显现于意识"。灵感思维是在文学、艺术、科学、技术等活动中,由于艰苦学习,长期实践,不断积累经验和知识,而突然出现的富有创造性的思路。这种思维方法有突发性、跳跃性、闪现性和彻悟性的特点。灵感包括启发性灵感、触发性灵感两种。

启发性灵感大多数是从与所思考的问题有某种共同特征的事物中找到解决问题的途径。如德国医学家贝林 1891 年首次用白喉抗毒素治疗一名儿童患者取得成功,就是从与另一位医学家聊天时谈到中国古代医书上"以毒攻毒"的医理中获得的启发。经过数百次试验,他提出了"抗毒素免疫"的新概念,成为免疫学尤其是血清治疗法的创始人。

触发性灵感是对问题进行较长时间思考和探索后,在随时留意和不断警觉中,接触到一些相关事物时引发的灵感。1985 年,当中国科学院外籍院士朱棣文在贝尔实验室工作时,有一次,他突然想到喝醉酒的人走路时左右摇晃,而且身子越来越低,这是惯性使然。那么在不同激光束作用下的原子,依照惯性,应当也是往能阶低的地方走,关键就在如何利用激光束的作用,设计出一个接近绝对零度的陷阱,来降低经过此陷阱的原子的能阶,进而达到捕捉原子的目的。这一灵感启发了他,朱棣文和同事们经过多次实验,终于成功地达到理想的实验状态,

看一看

阿基米德在洗澡时发现浮力定律

2 000 多年前,古希腊的一个国王请人制造了一顶纯金的皇冠,他怀疑工匠在皇冠中掺了银子,就命令阿基米德查明皇冠是否为纯金制成,但不允许破坏皇冠。阿基米德冥思苦想了很多办法,都失败了。一天,他去洗澡,一边跨入浴盆,一边看到水往外溢出,一个念头闪现在脑中:如果将皇冠放入水中,排出的水量不等于同等质量的金子排出的水量,那就说明皇冠里掺了别的金属。

朱棣文也因此获得 1997 年度诺贝尔奖。

三、科学素养

（一）科学精神

科技的发展更离不开对科学精神的弘扬。科学精神作为一种勇于正确认识客观事物、探求客观真理的主观精神状态，具有巨大的社会价值和功能。科学精神的内涵极为丰富，可归纳为五个方面：求真务实，崇尚理性，探索创新，团结协作，敬业奉献。

1. 求真务实精神

以求真为目标的科学研究，必须以客观事实作为基础和依据，具有实事求是的科学精神和严谨精细、一丝不苟的科学态度，对所观察的对象进行多角度的、反复的、客观的、精准的研究论证，通过实践检验真实性，尊重实践，服从实践。

2. 崇尚理性精神

科学探索活动以理性思维追求真理，是一种非常严谨的理性活动。科学理性是人类认识和改造客观世界的伟大工具，又是判别科学与伪科学的锐利武器。科学探索无权威、无止境，科学研究必须以科学认定的事实为依据，并追求逻辑一致。

3. 探索创新精神

科学活动是一个不断追求新发现、新发明，把认识水平推向新境界的探索过程。科学家们在科学探索中表现出来的敢为人先、知难而进、不怕艰险、勇攀高峰、不断创新的精神，就是可贵的探索创新精神。

4. 团结协作精神

在科学探索中，需要充分发挥个人的潜力，更需要团队的密切配合、精诚合作，团队成员互尊互信、协调一致，最大化地发挥工作效率，实现工作愿景目标。团队协作能力主要有尊重、沟通、负责、信任、宽容和诚信等六个方面。

5. 敬业奉献精神

科学研究在造福人类的同时，也充满着风险。它需要科学家付出辛勤的劳动和毕生的精力，经历无数的磨难，甚至献出宝贵的生命。古今中外的优秀科学家和发明家，在探索自然界奥秘、寻求纷繁复杂自然现象背后的本质和规律的过程中，表现出的对科学探索的大无畏的勇气和无私奉献的精神，构成了科学巨匠勤奋攀登的顽强毅力、献身科学的崇高品格特征。

（二）公民科学素养

1. 内涵及现状

对公民科学素养含义的理解和表述，随着社会和经济的发展不断变化而更新，而且有着深厚的时代背景。国际经济合作组织（OECD）认为，科学素养是运用科学知识,确定问题和做出具有证据的结论,以便对自然世界和通过人类活动对自然世界的改变进行理解和做出决定的能力;国际学生科学素养测试大纲(PISA)中提出,科学素养的测试应该由三个方面组成:科学基本观念、科学实践过程、科学场景,在测试范围上由科学知识、科学研究的过程和科学对社会的作用三个方面组成。

2. 影响我国公民科学素养的因素

(1) 教育是影响我国公民科学素养的主要因素。建立和完善适应我国经济、社会发展的全民终身教育体系,特别是大力发展社会教育,使学校教育、家庭教育和社会教育互相衔接,是持续提高我国公民科学素养的主要途径。

(2) 经济是提高公民自身科学素养的驱动因素。一方面,经济投入增加会为公民科学素养建设提供物质保障;另一方面,我国国民经济建设需要大批具备科学素养的劳动力,个人需要不断提高科学素养以适应经济发展的需求。

(3) 相关政策法规的制订、政府对公民科学素养建设的重视程度、各级领导干部的科学素养水平对我国公民整体科学素养影响很大,是提高我国公民科学素养的指导性因素。

(4) 文化对我国公民科学素养的提高有深刻的影响,既有一定的促进作用,也有一定的制约作用。正确地认识中华优秀传统文化,扬长避短,吸收人类文化的精华,建设新时代中国社会的主体文化,可以为我国公民科学素养建设提供良好的社会氛围。

从具体措施而言,提高公民总体受教育程度,加强科技科普宣传,增加各级各类的科技场馆,都会影响公民科学素养的提升。

(三) 培育与提高科学素养的方法与途径

科学技术的一次次进步,深刻而又广泛地影响着社会的方方面面,因此,要把科学普及放在与科技创新同等重要的位置。发展科学技术,需要大力加强科学能力的建设,不断提高我国公民科学素质,提升国家科技创新的竞争力,实现建成科技强国的宏伟目标。

(1) 秉承科学态度,治学严谨、心怀大志。通过阅读科学家传记,学习他们求真务实的科学态度、追求卓越的挑战精神和不怕失败的顽强作风。树立科技意识,提高公民对"科技是第一生产力"的全面认识,树立相信科学、和谐理性的思想观念。培养公民在学习和工作中具备锲而不舍、坚韧不拔、不畏困难、勇于攀登的精神和韧劲。

(2) 学习科学知识,扩宽学习领域。夯实公民科技知识尤其是前沿知识的基础,让人们了解科技的最新成就,充分认识到提高科学素养是提升自己综合素质的重要内容。在学习和工作中,善于发现问题、分析问题和解决问题,探索未知问题。利用网络、各类媒体全面汲取科学领域的前沿知识,运用科学理论解决实际问题。不断拓展学习内容,了解最前沿的科技成果、科技应用、科技动态等,拓宽科学视野。

(3) 掌握科学方法,提升科研能力。科学的方法是经过实践检验过的经验总结,是将科学应用于实践的有效路径。通过开展研究性和探索性实验,可以让公民系统地了解各种科学方法和实验技巧,提高实验素质和动手能力,提高学习热情,提升科研能力。

(4)参加科学实践,激发科研兴趣。积极参加形式多样的科技活动、丰富多彩的科普讲座、参观科技馆、科技博物馆、进行制作比赛等,以科普宣传员、科技讲解员等身份举办以人文、科普为主题的科普知识竞赛等。参加科技活动可以培养自己的科学态度、科研兴趣以及基础科研能力。

第二节　医学科学与科研

一、什么是医学科学

(一) 医学科学的定义

中国大百科词典对医学的定义是"医学是认识、保持和增强人体健康,预防和治疗疾病,促进机体康复的科学知识体系和实践活动"。医学不是一门单纯的技术与科学,而是一个不断变化着的知识、技术和意识系统,也是人类情感的延伸、人性善良的表达。医学是科学,是关系人类幸福的事业、对人的全面关怀的人学。

医学的积累、发展、需求催生了科学,医学不是纯粹的科学,也不是单纯的哲学,还涵盖了社会学、人类学、艺术学、心理学等学科。正如古人所言:"夫医者,非仁爱之士,不可托也;非聪明理达,不可任也;非廉洁淳良,不可信也。"医学是科学的分支学科,但又不同于科学,医学促进了科学技术的发展。医学保持和增强了人类的健康,为人类预防疾病治愈疾病,为人类社会的发展进步提供不竭的动力,医学科学是人类健康繁衍生息之基石。

(二) 以人为本的医学科学准则

治病救人、救死扶伤,对生命奥秘的探究、对疑难杂症的攻克、对生命的敬畏、对病人的关爱、对社会的责任等,都决定了从医是一个高标准、严要求的职业。以人为本,就是以病人为本,即病人的利益至上。以病人为中心的人本主义是指:敬畏生命,关心病人胜于关注疾病,对病人的文化、信念和观点要理解,尊重病人自己做决定的权利。以病人为中心的人本观,规约着医学生的学习和实践。医学科学仅研究专业知识是不够的,同时必须要有对美和道德上的善的明确的辨别力。纵观医学发展的历史,医学从诞生之日起就同"善"和"爱"联系在一起,它原本就是以人为本的。传统医学始终把医学视为"仁术",医学科学研究及科技应用就是基于对人类健康的关爱和帮助病人去重获健康的研究和应用,这也体现了古人对医学的人本属性的深刻理解。

1. 医学科学是体现公正原则的科学

社会公平原则,指医学界必须在医疗卫生体系中促进公平,包括医疗卫生资源的公平分配。从哲学上说,人的生命是平等的,没有高低贵贱之分。所以,医者应该努力消除医疗卫生中的歧视。无论患者是什么民族、种族、性别、社会经济条件,医务人员都要公平公正地对待。

2. 医学科学是患者利益至上的学科

医者的职业,是服务人民群众的职业,是需要奉献的职业,一切从病人的角度出发,在践行服务、奉献的理念中变得崇高和伟大。信任是医患关系的核心,而利他主义是这种信任的基础。医者要以病人的利益为重,时刻把患者的安危放在心上,尊重病人的隐私,遵从生命至上的理念。

3. 医学科学是尚德守法的科学

遵纪守法和恪守医德,是医学人文最基本的要求。医德高尚、医术精湛、充满仁爱之心是医学精神的重要准则。

二、科技进步对医学的影响

(一) 现代医学科技的进步

不论是科学家还是经济学家、政治家乃至普通的公众,当其回首 20 世纪人类发展历程的时候,无不惊叹科学技术在这 100 年里所取得的惊人进展,无不惊叹科学技术推动着社会生产力以前所未有的速度向前发展。随着人们生活水平的提高,对健康生活质量的追求也越来越高。科学技术的进步让医学的各个方面发展迅速。20世纪医学取得的成就无论从数量上、质量上还是其覆盖的领域都是空前的。这些成就很大程度上得益于现代科学技术的发展。医学的发展催生了科学技术在医学领域的应用,反过来科学技术的发展提高了人类的生存能力,推动了医学科学技术的迅猛发展,现代医学正是因为有了这种外部的滋养,才拥有今天这样的成就。

(二) 医学科技成果列举

1. 显微镜的发展与应用

(1)复式显微镜。16 世纪末期,荷兰眼镜商亚斯·詹森制造和荷兰科学家汉斯·

利珀希,用两片透镜制作了简易的显微镜。第一个使用显微镜进行科学研究的人是意大利科学家伽利略,他通过显微镜观察到一种昆虫后,第一次对它的复眼进行了描述。1665 年,荷兰亚麻织品商人列文·虎克创造的复式显微镜是早期最出色的显微镜,他用一个半球形单透镜作为物镜,一个平凸透镜作为目镜。他学会了磨制透镜后,第一次描述了许多肉眼所看不见的微小植物和动物。

复式显微镜

(2)光学及电子显微镜。英国物理学家罗伯特·胡克研制出光学显微镜。19 世纪 30 年代,光学显微镜的制造技术有了明显进步,使人们对细胞内部结构的认识大大向前迈进了。光学显微镜技术到 19 世纪末几乎达到了尽善尽美的程度,无论是放大倍数还是分辨率,几乎都达到了顶峰。但是,人类想要看到更加细致的微观世界的尝试却一刻也没有停止过。20 世纪后,由于电子光学理论的发展,使电子显微镜的诞生成为可能。1931 年,第一台电子显微镜的诞生,使生物学发生了一场革命,但这台电子显微镜的性能还远远赶不上光学显微镜。但电子光学理论实际应用的成功,让科学家们相信电子显微技术有着巨大的潜力。1937 年,经科学家们的努力,电子显微镜的性能全面超过了光学显微镜。科学家首次利用分辨率超过光学显微镜 10 倍的电子显微镜观察到病毒,这使得科学家能观察到百万分之一毫米的物体。

电子显微镜真正在医学研究上成为有力的工具,还是在发明超薄切片技术后。人们开始研究适合于在电子显微镜下观察的超薄切片材料。电子显微镜和超薄切片技术的不断完善,使其在医学应用领域中的作用不断扩大。

2.影像学的发展与应用

(1)X 射线。1895 年,德国物理学家威廉·康拉德·伦琴在他从事阴极射线的研究时,发现了 X 射线,伦琴为此荣获 1901 年诺贝尔物理学奖。他发现 X 射线几个月后,拉塞尔·雷诺兹制成了 X 射线机,这是世界上最古老的 X 射线机之一,它使人类得以在没切口的情况下,可以观看人体内部。X 射线机可用于胸部透视、胃肠道钡餐透视、气钡双重造影、检查胃肠道疾病、检查大肠疾病、检查泌尿系疾病、胆道"T"型管造影、检查肝胆系情况等。

(2)计算机 X 线断层摄影机。这种机器英文的简称是 CT,是近代飞速发展的电子计算机控制技术和 X 线检查摄影技术相结合的产物,由英国物理学家亨斯菲尔德在 1971 年研制成功,先用于颅脑疾病诊断,后于 1976 年又扩大到全身检查,是 X 线在放射学中的一大革命。

伦琴和 X 射线拍照图

（3）核磁共振。1946 年美国哈佛大学的珀塞尔和斯坦福大学的布洛赫宣布，他们发现了核磁共振。核磁共振有极好的分辨力，其各种参数都可以用来成像，可以提供丰富的诊断信息。核磁共振可以通过调节磁场自由选择所需剖面，对人体没有电离辐射损伤。

（4）B 超。英国苏格兰格拉斯哥大学的伊恩·唐纳德教授于 1950 年发明了 B 超，并首次将其应用于妇科检查。利用超声波的物理特性进行诊断和治疗的影像学科称为超声医学。彩超诞生于 20 世纪 80 年代，彩超可以观测到器官内部血液流动情况，面向探头的一面呈现红色，反之为蓝色。

3. 生物技术的发展与应用

（1）基因工程。以基因工程为核心的生物技术，是 20 世纪 70 年代生命科学的最新研究成就。1944 年，美国细菌学家艾弗里等人在世界上第一次用实验结果确切地证明基因就在脱氧核糖核酸上。但当时遗传学界的主流观点是蛋白质承担着遗传信息载体的作用，大多数人并不接受艾弗里的发现。脱氧核糖核酸的英文简称是DNA。脱氧核糖核酸是一种分子，双链结构，可组成遗传指令，引导生物发育与生命机能运作。基因是脱氧核糖核酸分子中的有遗传效应的片段，是遗传和变异的物质基础，决定遗传与变异。

（2）疫苗。20 世纪 70 年代以后，人们开始利用基因工程技术来生产疫苗。基因工程疫苗是将病原体的某种蛋白基因重组到细菌或真核细胞内，利用细菌或真核细胞来大量生产病原体的蛋白，把这种蛋白作为疫苗。例如用基因工程制造乙肝疫苗用于乙型肝炎的预防。

（3）基因检测。生物技术的开发应用，提供了新的诊断技术，特别是单克隆抗体诊断试剂和 DNA 诊断技术的应用，使许多疾病，特别是人类遗传性疾病、肿瘤、传染病在早期就能得到准确诊断。

三、医学科研能力

（一）做学术型医生

1. 行医是临床与研究的统一

中国工程院院士、呼吸病学与危重症医学专家、中国医学科学院王辰博士把医生分成三个类别：医匠、医师、医帅。"只有从事研究工作，医生才能成其圆满，才能创造先进技术，才能把握、主宰医学的发展，成长为医帅。无研究，无以造就好医生。研究是医生从医匠向医帅转化的必由之路，临床医生都应是研究者。"他认为，行医的过程就是一个研究的过程，是临床与研究的高度统一。

2. 临床医学科学家是推动医学实践的排头兵

临床医学科学家同时具备推动临床医学向前发展所必需的临床领悟力和学术远见，在提供医疗服务和在临床教学及作为学术型医学的实施者等方面做出的贡献，对于学术型医疗机构来说是巨大的。临床研究生和各级医师，需要定期接受活跃在一线的临床医学科学家的教学指导，以更新和完善其知识与技术。临床医学科学家的创造性理念可能会完善现行的临床实践，从而改进临床诊治，通过致力于以科学推动医学实践而发挥其模范作用。

3. 临床科研是医学科学发展的基础

临床医疗工作是医生的工作，病人是临床科研得天独厚的资源，只有从临床观察中发现问题、解决问题，才能提高医生的医疗技术水平，使病人受益。我国医药学家屠呦呦面对肆虐的疟疾，经历190次的失败，在第191次的实验中提取了100%纯度的青蒿素，使危及人类生命的疟疾得到了完全的有效治疗，为全球数千万疟疾患者挽救了生命。因为这一伟大成就，2015年10月，八十五岁高龄的屠呦呦荣获了诺贝尔生理学或医学奖。可见，一切医学科学的发展与进步都是以临床为基础，他们获得诺贝尔奖无疑是临床科研的典范。

（二）医学科研特点

医学科研同其他科学研究一样，具有创新性、科学性和可行性等特点。除此以外，医学科研还具有自身鲜明的特点。

1. 研究对象的特殊性

医学科研的对象主要是人，既具有生物性，又具有社会性；既具有一般性生理活动，又具有特殊性的精神活动。因此，在医学科研中，除了要研究人类的生物因素，还要考虑自然环境和社会环境等对人体产生和可能产生的各种影响。难以控制与预料的干扰因素，会导致试验对象个体间的差异变大，从而导致试验结果变异程度加大。在对不同环境同一研究对象或同一环境对不同研究对象进行试验时，可能会得到截然不同的试验结果。所以,医学科研的研究对象具有特殊性。从事相关研究时一定要与被研究对象签订知情同意书,在开展研究之前需提交伦理审查报告,相关证明材料需报请相关机构批准。

2. 研究内容的复杂性

医学科研大都以人体为中心。人体生命现象既不能简单地用一般的物理化学运动规律来解释,也不能简单地用一般的生物学规律来解释。其研究内容的庞大和复杂远远大于其他学科,既涉及人体生老病死的每个阶段,揭示人类生命运动的本质和规律,又要阐明疾病和健康状态的发生发展规律以及周围自然环境和社会环境中可能影响人体健康的各种因素,探讨疾病防治策略。近几十年来,随着医学的飞速发展,许多新兴学科和边缘学科层出不穷,使得医学科研呈现出多学科交叉、宏观与微观相结合、向各学科深度和广度发展的格局,使医学科研的研究内容变得更为广泛。

3. 统计分析的艺术性

作为医学科研的重要内容之一,统计学方法贯穿于医学科研的始末。在医学科研方案的设计阶段,统计学方法可被应用于实验方案的设计、样本量的估计和检验效能的估计等。而在医学科研的具体实施阶段,统计学方法可应用于质量控制和数据分析等。同时,依据不同的医学科研设计,在结果分析阶段,应有针对性地选择正确的统计学方法。此外,随着各类交叉学科的长足发展,在医学科研中交叉应用其他学科常用的数据挖掘与分析技术,如计算机随机模拟技术,也有助于对医学科研活动中可能产生的海量数据进行深入挖掘和开发,获得更多的研究结果。

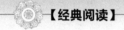【经典阅读】

《手》
峻青、海渭

人说是世间生离死别苦,依我看失去双手生活更凄凉。假如可能,我愿以自己的双手换取我孩子的双手,孩子的生活才开头呵……

我恨不能长上双翅,五洲四海寻神医,上天入地唤华佗……

以上两段话,摘自一封人民来信。这位写信的人怀着一种近乎虔敬的心情在等待着奇迹的出现。他的唯一的,年方十岁的孩子,他的掌上明珠,由于不慎触及高压电线,被无情地打去了双手,尽管辗转几家医院,先后采取各种医疗措施,控制住了伤势,但那双可爱的、刚刚学会写字画画、戴红领巾的小手却一去不复返了。是的,十岁的孩子,也许自己还没有意识到这是一个多么严重的不幸,但他的那位饱经沧桑、用劳动的双手开拓了自己漫长生活道路的父亲,却十分清楚这孩子艰难的未来………

他怎能不忧心如焚!

他怎能不张目竖耳,怀着焦急而虔敬的心情打听着、期待着奇迹的出现!

可是这奇迹究竟能否出现呢?在人类历史上,在现代发达的医学领域里,还没有谁听说过失去了手的人会重新再获得新的手呢。

一

南下的列车在隆隆地向前飞驰。车窗外,时而是辽阔的田野,时而是错落的厂房;车窗内,有一个身材魁梧、眉宇开阔、目光炯炯、年纪在五十岁上下的中年人。他,就是上海市第六人民医院的骨科副主任于仲嘉,一位深通骨科医学,在骨科和手外科方面有着丰富经验的专家。

他曾在举世闻名的断肢再植手术中做出过自己的贡献。1973 年他曾去墨西哥参加了在那里召开的骨科会议,在那些深谙此道的国际第一流的骨科专家面前宣读了断肢再植的论文。他曾于 1974 年底参加医疗队到非洲的多哥,为当地的病人成功地做了前臂肿瘤切除再接手术,国内外的报纸都曾予以热情的报道……

此刻,在这南下列车的窗前,他在静静地想什么呢?

医学界一代俊杰风云际会的全国医药卫生科学大会刚刚闭幕。于仲嘉的胸中,还在翻滚着大会的热浪。他想到了党和人民所给予的荣誉,所寄予的期望,他感到一种使自己总想干些什么的巨大感召力,他更多地想到了那些不幸的人们——他们在生活中失去了双手,他们不能再用双手来为社会创造财富,甚至连自己的生活都不能自理。

于仲嘉下意识地摆弄着自己的手指,显得心事重重。真正的医生不仅应该有一手精妙超绝的回春之术,而且总是在感情上与病人保持着水乳交融的关系,急病人所急,忧病人所忧。

列车在行进。于仲嘉举目眺望窗外,心情十分不平静。蓝天绿野,长桥碧波,劳动人民凭借自己的一双手创造着理想的生活。手对于人类的生活是太重要了,远到宇宙航行、月球登陆,近至人们的日常生活,每天的穿衣、梳洗、进餐……

是的,太重要了。可是为什么不能给病人再造一只手呢?于仲嘉弯曲着自己的手臂,凝视着那青蓝色的、隐约蜿蜒的血管,这样的问题在他的心头萦绕。为什么?这个问题是非同小可的,它是一切人类知识和人类自由的开端。列车在飞驰,他完全沉浸在这不寻常的"为什么"之中了。

于是,在 1978 年 6 月这列南下的列车上,如同一部优秀的长篇小说的主题电光石火般地掠过作家的脑际,一个再造手的大胆想法在于仲嘉的脑中形成了。

这是一支人类福音的前奏曲,是理想走向现实的第一声号角。它的幸福悦耳之声,将播下爱和希望的种子。

二

7 月的上海是火热的。于仲嘉的心却比这盛夏的气候更热。

刚从北京归来的那几个晚上,他为了把自己在归途中的想法搞成一个切实的方案,不顾蚊叮虫咬,一头扎进了浩瀚的卷帙之中……

这是第几个晚上了呢？不知道。只见于仲嘉翻出了许多资料,在那盏只有八瓦亮的小台灯底下查阅着,思考着……我们且不要打扰了他的思考。为了更清楚地了解于仲嘉这一想法的不同凡响的意义,我们先要对医学上在全手缺损再造方面的探索做一个大略的概观。

医学上所说的全手,是由手腕、手掌和手指三部分组成的。其中手指的作用最大。再造手的目的,主要是要恢复手指的基本功能,即捏、勾、握的功能。过去,假如是拇指或其他手指缺损,医学上曾想了种种较好的方法来解决,甚至可以将脚趾移植到手掌上。别看脚趾长在脚上很不灵活,一旦在手掌上接活,它能像手指一样穿针引线、弹琴作乐哩。但这种移植是有手掌作为移植基础的。而摆在于仲嘉面前的难题是：人的全手缺损,即指、掌、腕都缺失了,只剩下一条小棒槌似的前臂,怎么办？

人们在装配假手方面下了不少功夫,但用的都是类似绑一个什么东西的死办法。这种假手虽然其形态已达到了几乎乱真的地步,但假手毕竟是假手,它并不能很好地恢复手的功能。而且戴上它冬天寒冷如冰,夏天则闷热难熬。

最理想的方法是让病人自己长出手来,这在目前还只是个幻想。那么,能不能用手术的方法造出一个既成活又有感觉,且伸屈自如、又有较好外形的手呢？

让我们再回到于仲嘉的家里,回到那盏八瓦亮的小台灯前,看看他的思考结果吧。

这时,已经是万籁俱寂的深夜,周围的世界都好像陷入沉睡之中,只有屋外那昏蒙蒙的路灯和仿佛一颗孤星似的小台灯在交相辉映。于仲嘉的桌上,摊满了书籍和稿纸,他查阅了许多有关的资料,凭借着自己敏锐而富有磁力的思索,汲取着其中合理的因素。

渐渐地,一个合理的方案在他的思索中形成了,第一步先造成一个掌骨,因为掌骨是手掌的支架,掌骨可考虑用对人体组织没有不良反应的金属材料制作;第二步用臂残端周围的肌肉等软组织将其包埋固定,外面再用原来残端的皮肤覆盖,造成新的手掌;第三步将足趾完整地切下,移植固定在已造成的手掌上,接好它们的血管、肌腱和神经,使之存活,恢复感觉和活动功能。

这个方案叙述起来似乎非常简单,但做起来却非常难。因为如果这个方案实现了,那么它所实现的就是一个在医学史上前所未有的再造手！

东方微明。于仲嘉审查着自己的稿纸和自己设计的那张掌骨构造图纸,他那凝聚的眉峰舒展开了。他熄灭了台灯,蹑手蹑脚地走到窗前,深吸了一口清晨那凉爽宜人的空气。

三

到于仲嘉这里来挂号的,大都是一些因开山或修水库、修电站不慎被雷管炸去双手的病人。这些病人年纪都很轻,多是身强力壮的小伙子。

其中有一个来自陕西的青年小高。四年前,他在一次修建水库的爆破中失去了双手。于仲嘉喜欢他，也非常同情他。这次的新手术，于仲嘉想选择他作为第一个实施对象。

于仲嘉亲切地问道："小高，想不想摘掉假手？"

"唉，做梦都想哇！"小高答道。那愁惨的声音，好像是一个家业繁重的中年人，实际上他只有二十五岁。

于仲嘉了解他的过去，完全理解这"唉"后面的巨大痛苦和隐忧。过去，小高曾是那样生龙活虎的一个青年，上百斤重的东西扛在肩头，能够健步如飞，大气不喘，还写得一手好字，龙飞凤舞。当雷管无情地炸去他的双手时，他并没有陷入悲观绝望的境地。当今科学这样发达，不会眼睁睁看着自己失去这双手的。他甚至觉得，凭自己的一身活力，还能重新长出一双手来。他怀着希望，跑了许多医院。但尽管医生们做了许多努力，他的手还是不能"失而复得"。

于仲嘉跟他谈再造手的设想，在他心里又燃起了希望的火苗，他的性格、脾气和这四年的痛苦生活，注定了他将作为这次勇敢的新手术的实验人。

于仲嘉端起他的残臂，仔细观察了一会儿。轻轻放下后，从衣袋里掏出一个有些像圆规似的金属小架子，放在手里轻轻摆弄着。

"这是啥玩意儿？"小高好奇地问。

"这就是你的手掌骨？"于仲嘉胸有成竹，平缓地答道。

"真的吗，快给我看看。"小高兴奋了起来。于仲嘉把这玩意儿放到小高的眼前，好让他看个清楚。他告诉小高，这是他自己设计的手掌骨架，是在上海手术器械六厂的帮助下采用了对人体组织没有不良反应的高强度钛合金材料研制而成的。"假如再造手成功了，将来你连骨折都不会发生！"仲嘉笑道。

这精巧的手掌骨架是"丫"字形，下端可插入病人前臂的桡骨，上端两叉可分别接两个移植的脚趾，构成两个相对的手指，中间的接点活络，真是个出色的杰作。

小高定睛注视着，又激动地用嘴唇吻着这架子。

"过两天就准备做手术。这两天要好好休息，情绪不要焦躁，我们一定尽最大努力把这次手术做好，请放心吧。"于仲嘉很有信心地安慰了小高，然后信步走出屋子。小高的眼里涌起了泪水。

其实，于仲嘉的心情并不轻松。这几天，他几乎是通宵未眠。他的心像一根绷紧的弓弦。凭自己多年来的医学经验，他深知这手术的复杂：人脚的血管细，畸形多，分布不规则，而且又要移植到一个新造成的手掌上。还不能用动物做试验，因为人的手、脚的构造，有着漫长的进化过程带来的独特性，远非那些靠四肢一起行走觅食的动物所能类比的，只能在动物身上做一些基本功的训练。

几个月来，他领导着他的医疗小组对这个似乎难以超越的难点进行了辛勤的探索。如今是到了练兵千日、用兵一时的时候了！

战前是寂静的，但比战时更紧张。

两天后，进入了决战阶段。当小高被缓缓推进手术室后，整个医院仿佛显得特别安静。所有关心这个手术的人都在默默地祝愿他成功。

这天的日历似乎也显得格外醒目：1978 年 10 月 21 日。

四

手术整整进行了 12 个小时。

这是紧张的，似乎连空气都要凝固起来的 12 个小时。

12 个小时后，小高发现自己原来光秃秃的前臂残端上奇迹般地长出了两个指头。由于麻醉的缘故，他暂时还感觉不到什么，但他却真切地感到了自己一颗急跳的心，感到了自己过速的脉搏。他满眼泪水，望着正睁着一双疲惫的眼睛、俯身探视他的于仲嘉，用一种他自己都感到陌生的愉快声音喊道："啊！我又有手了！"

这一声，喊得周围的医生们，那些可尊敬的人们也都热泪盈眶了。手术很顺利，他们却没有如释重负的感觉。他们知道，这紧张而有秩序的 12 小时是否能奏出幸福之音，还须时间来检验。

术后一个月，小高开始训练他的新手了。三个月后，他新造的手指就有了勾抓的能力；半年以后他已经能够用他的新手吃饭、下棋和写信了。随着不断地锻炼，小高新手的力气也增大了，用两只手指能提起十几斤重的东西！

当于仲嘉看到小高用这只再造手写出"我要用再造手努力为党工作"几个大字时，他感到一阵海潮汹涌般的激动。呵！那些他日思夜想要减轻和解除他们痛苦的失去双手的病人，终于有了新的希望，生活对于他们重新变得富有魅力了！

1980 年 8 月 5 日

（资料来源：《光明日报》，1980 年 9 月 26 日，有删改。）

作者简介：峻青，（1922—1991），原名孙俊卿，当代作家，画家。山东海阳人。1955 年加入中国作家协会。曾任上海作家协会副主席、代理党组书记，《文学报》主编。著有《黎明的河边》《海啸》《血衣》等小说。海渭，作者信息不详。

赏析：本文是峻青与海渭合作完成的报告文学。本文叙事与记人并重。在叙事方面写了患者成功获得"再造手"的完整过程；在记人方面写了骨科专家于仲嘉的高尚医德、创造精神和求实态度。本文歌颂了于仲嘉全心全意为人民服务、敢为天下先的精神，肯定了他高超的医术，同时，抒发了他的强烈的爱国主义情怀。

推荐阅读：

沈致远著《科学是美丽的》；吴军著《全球科技通史》；吴燕著《阅读科学往事》。

【思考题】

1.《手》这篇文章体现出于仲嘉怎样的科学精神和人文关怀？

2. 你认为作为一名医学生应该具备哪些医学科学素养？

3. 梳理本章节的内容，画出思维导图。

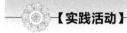 【实践活动】

"医学发明创造"故事会

请在班级内举办一场"医学发明创造"故事会，讲述医学发明创造小故事。

1. 活动目的

本活动旨在通过讲述医学发明创造的故事使学生全面了解医学发展过程中的发明创造，引导学生树立"爱科学、学科学、用科学"的观念，弘扬科学精神，普及科学知识，激发学生的责任感、奉献精神，以及投身中国卫生医疗事业的热情，同时在活动中培养学生的语言表达能力。

2. 活动要求

(1) 各班按班级人数分成若干小组，以小组为单位利用网络资源查找本教材未列举的医学发明，如血压计、听诊器。各组准备的故事主题要不重复。

(2) 故事内容真实、充实具体、条理清晰，逻辑较严密，结构较精巧，富有启发性。

(3) 故事讲述须脱稿且独立完成，普通话标准，具有较强的感染力和号召力。

(4) 讲述者需仪态仪表得体、朴素、大方、端庄。

(5) 故事讲述时间控制在 4 分钟内。

3. 活动过程

(1) 每位同学先在组内讲述一个医学发明创造小故事，各小组评选出本组的"故事大王"。

(2) 各小组的"故事大王"在全班进行展示，由教师为小组代表打分。

4. 活动评价

项 目	分值	评 价 内 容	得分
故事内容	30	故事内容真实、充实具体、条理清晰	
语言表达	40	语言清晰、标准，生动、形象，声音洪亮，表达流畅	
仪态仪表	20	着装整洁，举止大方，表情丰富，富有感染力	
时间控制	10	时间控制在 4 分钟内	

【本章学习笔记】

第五章

人类文化的心灵盛宴——文学修养

【学习目标】

知识目标：了解文学欣赏的过程及四大文学体裁的特征，提升审美意识。

能力目标：掌握鉴赏文学作品的方法，提高文学鉴赏能力；通过赏析文学作品，提升社会感知力，提高语言表达能力。

素养目标：聚焦医学与文学的关系，提高人文修养，激发对生命的悲悯情怀。借助文学透视社会、启示人生。

　　文学是人学，通过阅读文学作品，能更深入地了解社会、了解他人、了解自己。作为生命科学的医学，医生面对的病人不是单纯的物质身体，而是有着复杂思想感情的生命个体。文学作品中蕴涵着丰富的人性理解与生命观照，从中可以倾听到疾病映射下的人生意义，可以说医学与文学是共融的。医学生通过阅读文学作品提高文学修养，是走进医学深处的另一条门径。现代医学在技术进步的喝彩声中，在人与机器的故事里，有温度的人性关怀更应是贯穿始终的主旋律。通过文学的阅读与写作，有助于培养医学生的睿智和自省，激发医学生对生命的悲悯情怀，引发其对生命价值的深刻感悟。

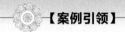

文学也是一味"药"：医学大咖聚常州
开启医学与文学融合之旅

　　医生，用药物手术刀等治疗人的躯体；作家，用文字疗愈人们内心的伤痛。医学与文学的相通，表现在都需要对人之生命给予仔细观察和深刻感知上。为进一步聚焦医学与文学的深层关联，中国医师协会第一届医学与文学高峰论坛在常州召开，本次论坛以"文学也是一味'药'"为主题，百名医学大咖在此开启了一场医学与文学的融合之旅。

　　"小桥流水、春风杨柳，在文化名城常州参加这一医学与文学的盛宴让我有一种朝拜的感觉。"正如中国工程院院士郎景和所言，常州是一座有着3 200多年文字记载史的人文之城，医学与文学在这里齐头并进，孟河医派更是享有吴中名医甲天下的美誉。常州医师协会会长、常州市第二人民医院院长秦锡虎指出："我们期待通过此次论坛，扩大医学和文学的交集，并进行更深层次的渗透和交流，让医学与文学更有效的治疗伤痛，诠释人间大爱。"

　　医学的梦想与方向、医学与文学的断想、文学的治疗作用……论坛上，中国工程院院士郎景和与当代著名作家梁晓声等大咖就"文学也是一味'药'"的主题进行了思想的碰撞。郎景和表示，一个医生要学点文学，学点艺术，学点哲学。他表示："文学的情感、音乐的梦幻、诗歌的意境、书画的神韵常常会给医生疲惫的头脑和枯燥的生活带来清醒和灵性。"在他看来，科学求真、艺术求美、医疗求善。真善美是做人的追求，更是一个医生的义务。对此，梁晓声表示了赞同，他坦言，医生应该有诗的情怀。对此，他表示："我个人认为人性化应该是医疗服务中的常态化，它应该体现于门诊，体现于病房，体现在护士和医生身上，而人道主义是救死扶伤关键时刻的最高原则，如果医学不能与人文紧密结合，生病看病将是非常可怕的事情。"他指出，文学应该成为医学的助手，如同华生医生是福尔摩斯的助手一般。

　　　　　　　　　　　　　　　　　　（资料来源：中国新闻网，有删改。）

第一节 走 进 文 学

一、文学的概念及特点

（一）什么是文学

文学是人类的精神文化产品，是人类的社会现象之一。文学作为一种语言审美艺术，是人类精神活动的产物，凭着人类的思想、感情与想象等精神活动而产生，它以独特的方式体现出来的彼岸关怀与现实关怀，是其他任何学科都无法替代的。

（二）文学的特点

1. 综合性

文学的综合性是指文学具有情感性、哲理性、历史性、审美性和语言艺术性等综合特质。因此，文学输送给人们的不仅仅是文学方面的知识，还包含道德、伦理、哲学、历史、艺术等人文方面的广泛内容。通过文学教育能够提升人的道德，增进人的智慧，培养人感受美、欣赏美和创造美的能力，使语言更文雅，知识更全面，情感更丰富，品格更完善，理想更宏大，意志更坚定，行动更有力。一言以蔽之，文学对医学生的人文素质教育具有重要意义。

2. 启迪性

文学作品的语言是一种艺术语言，或充满文采具有音乐美，或饱含激情具有情感美，或富有哲理具有智慧美。文学语言对读者具有强烈的感染力，往往能巧妙地发挥着"育人"的启迪作用。世界著名教育家苏霍姆林斯基曾在一封致语文教师的信中说道："我对语言诗歌般的爱恋之情，如同瞩目一位绝色女子时的感觉一样：她像太阳，照得你的每一根线条都清晰明亮，使你看清了自己，你也会希望变得美的，你一想到自己身上尚有不当之处时，也会在内疚中感到羞耻。"这段话形象地说明了文学语言的巨大教育力量。

3. 潜移默化性

文学是语言的艺术，文学作品不像科学著作那样，给人以概念的知识、逻辑的说服和理论的灌输，而是用艺术形象去再现现实生活，抒发思想情感，揭示人生真谛，让人们通过对艺术形象的感受、体验、想象和思考,在欣赏中得到精神的满足和享受,从而潜移默化地受到思想的感悟和情感的陶冶。在文学作品中,一些自然物不仅有着自然的美,还被赋予某种精神和品格,如松的高大与挺拔,兰的清幽与纯洁,梅的傲骨与清香,竹的清净与谦逊。一些名人雅士甚至以松、梅、兰、竹自居,可见其对人们精神、情操的影响。

二、文学的种类及赏析

(一)诗意地栖息——诗歌

1. 诗歌的概念及分类

诗歌是文学体裁的一种。它要求以高度凝练的语言,形象表达作者丰富的思想和感情,集中反映社会生活,有节奏韵律,一般分行排列。在中国古代,不合乐的诗称为诗,合乐的诗称为歌,现在一般统称为诗歌。诗歌是伴随劳动而产生的,是最古老的文学体裁。中国第一部诗歌总集《诗经》中的 305 首诗歌,大致是西周初年到春秋中叶的作品,是我国文学的光辉起点,对后世文学产生了深远的影响。诗歌教会了人的一种生活观念和一种悲天悯人的意识。

诗歌的分类,按内容和表达方式分,有抒情诗和叙事诗;按表现形式分,有格律诗、自由诗、民歌、散文诗。格律诗如古代的律诗、绝句、词、曲;自由诗如胡适的《乌鸦》;散文诗如泰戈尔的《新月诗》、鲁迅的《野草》、郭风的《叶笛》。诗歌按艺术表现手法还可分为朦胧诗、讽刺诗、朗诵诗、街头诗。按时代先后分,可分为古典诗歌(又分为古体诗和近体诗,也包括词和曲;近体诗又分为绝句和律诗)和现代诗歌。

2. 诗歌的特点

诗歌内容是社会生活最集中的反映,有丰富的感情和想象。诗歌的语言具有精练、形象、音调和谐、节奏鲜明等特点。诗歌的形式不以句为单位,而以行为单位,分行又主要是根据节奏,而不是根据句意。其中,讲究音韵的和谐,饱含丰富的想象和热烈的感情,是诗歌的最基本特征。情感是诗的直接表现对象,也是诗的灵魂,想象是诗的翅膀,没有想象,诗的感情也不可能得到很好的表现。

3. 作品赏析

春 江 花 月 夜

(唐)张若虚

春江潮水连海平,海上明月共潮生。
滟滟随波千万里,何处春江无月明。
江流宛转绕芳甸,月照花林皆似霰。
空里流霜不觉飞,汀上白沙看不见。

第五章　人类文化的心灵盛宴——文学修养

江天一色无纤尘，皎皎空中孤月轮。

江畔何人初见月？江月何年初照人？

人生代代无穷已，江月年年望相似。

不知江月待何人，但见长江送流水。

白云一片去悠悠，青枫浦上不胜愁。

谁家今夜扁舟子？何处相思明月楼？

可怜楼上月徘徊，应照离人妆镜台。

玉户帘中卷不去，捣衣砧上拂还来。

此时相望不相闻，愿逐月华流照君。

鸿雁长飞光不度，鱼龙潜跃水成文。

昨夜闲潭梦落花，可怜春半不还家。

江水流春去欲尽，江潭落月复西斜。

斜月沉沉藏海雾，碣石潇湘无限路。

不知乘月几人归，落月摇情满江树。

（选自《全唐诗》，中华书局 1960 年版。全诗以月为中心，春、江、花、夜作为月的陪衬，主客巧妙地配合，敷以斑斓的色泽，构成一幅如梦如幻般的空明纯美的诗境。全诗由皎洁的月光，铺写到海潮、芳甸、花林、白云、青枫、玉户、闲潭、落花、海雾、江树、良辰美景又与人生的短暂与愁苦构成对应，抒发了诗人淡淡的感伤和幽幽探索的心境。一首《春江花月夜》奠定了张若虚在唐代诗歌史上的地位，闻一多称"这是诗中的诗，顶峰上的顶峰""孤篇压全唐"。）

地球，我的母亲

郭沫若

地球，我的母亲！
天已黎明了，
你把你怀中的儿来摇醒，
我现在正在你背上匍行。

地球，我的母亲！
你背负着我在这乐园中逍遥。
你还在那海洋里面，
奏出些音乐来，安慰我的灵魂。

地球，我的母亲！
我过去，现在，未来，
食的是你，衣的是你，住的是你，

124

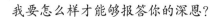

我要怎么样才能够报答你的深恩?

地球,我的母亲!
从今后我不愿意常在家中居住,
我要常在这开旷的空气里面,
对于你,表示我的孝心。

地球,我的母亲!
我羡慕你的孝子,田地里的农人,
他们是全人类的保姆,
你是时常地爱抚他们。

地球,我的母亲!
我羡慕你的宠子,炭坑里的工人,
他们是全人类的 Prometheus(普罗米修斯),
你是时常地怀抱着他们。

地球,我的母亲!
我想除了这农工而外,
一切的人都是不肖的儿孙。
我也是你不肖的儿孙。

地球,我的母亲!
我羡慕那一切的草木,我的同胞,你的儿孙,
他们自由地,自主地,随分地,健康地,
享受着他们的赋生。

地球,我的母亲!
我羡慕那一切的动物,尤其是蚯蚓——
我只不羡慕那空中的飞鸟:
他们离了你要在空中飞行。

地球,我的母亲!
我不愿在空中飞行,
我也不愿坐车,乘马,着袜,穿鞋,
我只愿意赤裸着我的双脚,永远和你相亲。

地球，我的母亲！
你是我实有性的证人，
我不相信你只是个梦幻泡影，
我不相信我只是个妄执无明。

地球，我的母亲！
我们都是空桑中生出的伊尹，
我不相信那缥缈的天上，
还有位什么父亲。

地球，我的母亲！
我想这宇宙中一切都是你的化身：
雷霆是你呼吸的声威，
雪雨是你血液的飞腾。

地球，我的母亲！
我想那缥缈的天球，是你化妆的明镜，
那昼间的太阳，夜间的太阴，
只不过是那明镜中的你自己的虚影。

地球，我的母亲！
我想那天空中一切的星球，
只不过是我们生物的眼球的虚影；
我只相信你是实有性的证明。

地球，我的母亲！
已往的我，只是个知识未开的婴孩，
我只知道贪受着你的深恩，
我不知道你的深恩，不知道报答你的深恩。

地球，我的母亲！
从今后我知道你的深恩，
我饮一杯水，纵是天降的甘霖
我知道那是你的乳，我的生命羹。

地球，我的母亲！

我听着一切的声音言笑，
我知道那是你的歌，
特为安慰我的灵魂。

地球，我的母亲！
我眼前的一切浮游生动，
我知道那是你的舞，
特为安慰我的灵魂。

地球，我的母亲！
我感觉着一切的芬芳彩色，
我知道那是你给我的玩品，
特为安慰我的灵魂。

地球，我的母亲！
我的灵魂，便是你的灵魂，
我要强健我的灵魂，
用来报答你的深恩。

地球，我的母亲！
从今后我要报答你的深恩，
我知道你爱我还要劳我，
我要学着你劳动，永久不停！

地球，我的母亲！
从今后我要报答你的深恩，
我要把自己的血液来，
养我自己，养我兄弟姐妹们。

地球，我的母亲！
那天上的太阳——你镜中的影，
正在天空中大放光明，
从今后我也要把我内在的光明来照照四表纵横。

（选自《女神》，人民文学出版社2020年版。这首诗写于1919年12月末的一天。当时留学日本的郭沫若趁着放假去图书馆看书。突然一阵诗意袭来，他急忙跑到图书馆后面僻静的石子路上，脱下鞋子，赤着双脚踱来踱去，一会儿又倒在路上与"地球母亲"亲昵。在这种迷狂状态中,《地球,我的母亲》诞生了。诗中,诗人一遍又一遍地呼唤着"地球,我的母亲",他礼赞工农,礼赞劳动和创造,并且愿意自己也投身其中。诗歌感情奔放,气势磅礴,在本文主题上,人与地球超越了现实的自然关系,人是地球的儿女。人类应报答地球母亲,不应做她的不肖子孙,作者将地球描绘成一个辛劳母亲的形象,听到的是一个未尽孝道的孩子的心声,而在文章末尾更阐明了报答深恩的实际行动就是学习劳动精神。)

(二)心灵絮语——散文

1. 散文的概念及分类

散文是一种自由灵活、文情并茂的文学体裁。与其他文学体裁相比,散文能更广泛迅速地反映现实生活。在写法上,它可以如行云流水,舒卷自如;也可以任意挥洒,轻快活泼。在篇幅上,它可长可短,长的数千字以上,读来不觉得长,短的百来个字,读后也不觉其短。用它写景状物、表情达意,都很相宜。中国古代把文学作品中除韵文以外的全部文章都称为散文。五四运动以后,比较明确地把文学作品中除小说、诗歌、戏剧以外的全部文体,都称作散文,如杂文、小品文、随笔、报告文学、传记文学、游记。

按照表达方式和表现对象的不同,散文大致可分为记叙性散文、抒情性散文和议论性散文三类。记叙性散文以记人、叙事、写景、状物为主,如唐弢的《琐忆》、刘征的《过万重山漫想》。抒情性散文以抒情为主,借助对事物的记叙或对景物的描写,抒发对现实生活的体验和感受,如朱自清的《荷塘月色》、郁达夫的《故都的秋》、巴金的《灯》。议论性散文以说理为主,通过事例的阐述、景物的描写和感情的抒发等表达自己的看法和认识,具有比较浓厚的文学色彩,如朱光潜的《朝抵抗力最大的路径走》、罗素的《我为何而生》。

2. 散文的特点

题材广泛,取材自由。它可以写真人真事,也可以虚构加工;可以选取工作和斗争生活的全过程,也可以选取其中的一个场面、一个片段、一个镜头来加以生发和开掘;可以从一粒沙中见世界,也可以在半瓣花上说人情;可以写宇宙之大,也可以写昆虫之微。不论是新鲜的人、事、物、景,也不论是思想中的火花,或感情上的一次波澜,都可作为散文的题材,散文的领域海阔天空,自由广泛:古今中外,无所不包。

行文自由,不受任何格式的限制。它不必像诗歌那样凝练、押韵和遵守格律,也不必像小说那样细致地刻画完整的人物形象,更不必像戏剧那样写出矛盾冲突发展的全过程,它可以无拘无束地运用各种形式和表现方法,而在结构布局上,它还可以不拘一格,散得开,收得拢,分合自如。只要有一条明晰的线索将所写的各部分内容贯穿,就能自成篇章。在表现方法上,叙述描写、抒情、议论,可有所侧重,也可综合运用。

语言上,散文注重文采。散文不像小说那样以引人入胜的故事吸引读者,也不像戏剧那样以扣人心弦的戏剧冲突来赢得观众;它的艺术吸引力很大程度上源于语言的凝练优美、质朴清新,或者绚丽斑斓、热情华丽。即使是议论性的文字,也都十分讲究形象化,决不进行简单的说教,给人以艺术的美感。

3.作品赏析

谈　生　命

冰　心

我不敢说生命是什么,我只能说生命像什么。

生命像向东流的一江春水,他从生命最高处发源,冰雪是它的前身。他聚集起许多细流,合成一股有力的洪涛,向下奔注,他曲折地穿过了悬崖峭壁,冲倒了层沙积土,挟卷着滚滚的沙石,快乐勇敢地流走,一路上他享受着他所遭遇的一切:有时候他遇到巉岩前阻,他愤激地奔腾了起来,怒吼着,回旋着,前波后浪地起伏催逼,直到冲倒了这危崖,他才心平气和地一泻千里。有时候他经过了细细的平沙,斜阳芳草里,看见了夹岸红艳的桃花,他快乐而又羞怯,静静地流着,低低地吟唱着,轻轻地度过这一段浪漫的行程。有时候他遇到暴风雨,这激电,这迅雷,使他的心魂惊骇,疾风吹卷起他,大雨击打着他,他暂时浑浊了,扰乱了,而雨过天晴,只加给他许多新生的力量。有时候他遇到了晚霞和新月,向他照耀,向他投影,清冷中带些幽幽的温暖:这时他只想休憩,只想睡眠,而那股前进的力量,仍催逼着他向前走……终于有一天,他远远地望见了大海,啊!他已经到了行程的终结,这大海,使他屏息,使他低头,她多么辽阔,多么伟大!多么光明,又多么黑暗!大海庄严地伸出臂儿来接引他,他一声不响地流入她的怀里。他消融了,归化了,说不上快乐,也没有悲哀!也许有一天,他再从海上蓬蓬的雨点中升起,飞向西来,再形成一道江流,再冲倒两旁的石壁,再来寻夹岸的桃花。然而我不敢说来生,也不敢信来生!

生命像一棵小树,他从地底聚集起许多生力,在冰雪下欠伸,在早春润湿的泥土中,勇敢快乐地破壳出来。他也许长在平原上、岩石上、城墙上,只要他抬头看见了天,呵!看见了天!他便伸出嫩叶来吸收空气,承受日光,在雨中吟唱,在风中跳舞。他也许受着大树的荫遮,也许受着大树的覆压,而他青春生长的力量,终使他穿枝拂叶地挣脱了出来,在烈日下挺立抬头!他遇着骄奢的春天,他也许开出满树的繁花,蜂蝶围绕着他飘翔喧闹,小鸟在他枝头欣赏唱歌,他会听见黄莺轻吟,杜鹃啼血,也许还听见枭鸟的怪鸣。他长到最茂盛的中年,他伸展出他如盖的浓荫,来荫庇树下的幽花芳草,他结出累累的果实,来呈现大地无尽的甜美与芳馨。秋风起了,将他叶子,由浓绿吹到绯红,秋阳下他再有一番的庄严灿烂,不是开花的骄傲,也不是结果的快乐,而是成功后的宁静和怡悦!终于有一天,冬天的朔风,把他的黄叶干枝,卷落吹抖,他无力地在空中旋舞,在根下呻吟,大地庄严地伸出臂儿来接引他,他一声不响地落在她的怀里。他消融了,归化了,他说不上快乐,也没有悲哀!也许有一天,他再从地下的果仁中,破裂了出来,又长成一棵小树,再穿过丛莽的严遮,再来听黄莺的歌唱。然而我不敢说来生,也不敢信来生!

宇宙是一个大生命,我们是宇宙大气风吹草动之一息。江流入海,叶落归根,我们是大生命中之一叶,大生命中之一滴。在宇宙的大生命中,我们是多么卑微,多么渺小,而一滴一叶的活动生长合成了整个宇宙的进化运行。要记住:不是每一道江流都能入海,不流动的便成了死湖;不是每一粒种子都能成树,不生长的便成了空壳!生命中不是永远快乐,也不是永远痛苦,快乐和痛苦是相生相成的。等于水道要经过不同的两岸,树木要经过常变的四时。在快乐中我们要感谢生命,在痛苦中我们也要感谢生命。快乐固然兴奋,苦痛又何尝不美丽?我曾读到一个警句,是"愿你生命中有够多的云翳,来造成一个美丽的黄昏。"世界、国家和个人的生命中的云翳没有比今天再多的了。

(选自《寄小读者》,人民文学出版社 2000 年版。这篇文章最初发表于 1944 年 12 月 25 日的《大公报》,原题名《寄小读者(通讯四)》,后经修改以《谈生命》为题发表于其他刊物。该文哲理深刻,作者把抽象的生命理念化为具体的物象,描绘出一幅幅生命的图画,让我们从这些可视可感的画面中去领悟、去认识生命的真谛。借"春水"和"小树"的比喻,生动形象地展示了生命由生长到壮大、再到衰弱的曲折过程和一般规律,最后在文末点题:生命中的苦痛与幸福永远相生相伴,生命的意义在于不断进取,让生命之水不断,让生命之树长青,表达了作者生命不息、奋斗不止的意志和豁达乐观的精神。情感真挚深邃、文笔清新柔美,好似一篇优美的散文诗。)

我们对于一棵古松的三种态度
——实用的、科学的、美感的
朱光潜

一切事物都有几种看法。你说一件事物是美的或是丑的,这也只是一种看法。换一个看法,你说它是真的或是假的;再换一种看法,你说它是善的或是恶的。同是一件事物,看法有多种,所看出来的现象也就有多种。

比如园里那一棵古松,无论是你是我或是任何人一看到它,都说它是古松。但是你从正面看,我从侧面看,你以幼年人的心境去看,我以中年人的心境去看,这些情境和性格的差异都能影响到所看到的古松的面目。古松虽只是一件事物,你所看到的和我所看到的古松却是两件事。假如你和我各把所得的古松的印象画成一幅画或是写成一首诗,我们俩艺术手腕尽管不分上下,你的诗和画与我的诗和画相比较,却有许多重要的异点。这是什么缘故呢?这就由于知觉不完全是客观的,各人所见到的物的形象都带有几分主观的色彩。

假如你是一位木商,我是一位植物学家,另外一位朋友是画家,三人同时来看这棵古松。我们三人可以说同时都"知觉"到这一棵树,可是三人所"知觉"到的却是三种不同的东西。你脱离不了你的木商的心习,你所知觉到的只是一棵做某事用值几多钱的木料。我也脱离不了我的植物学家的心习,我所知觉到的只是一棵叶为针状、果为球状、四季常青的显花植物。我们的朋友画家什么事都不管,只管审美,他所知觉到的只是一棵苍翠劲拔的古树。我们三人的反应态度也不一致。你心里盘算它是宜于架屋或是制器,思量怎样去买它,砍它,运它。我把它归到某类某科里去,注意它和其他松树的异点,思量它何以活得这样老。我们的朋友却不这样东想西想,他只在聚精会神地观赏它的苍翠的颜色,它的盘屈如龙蛇的线纹以及它的昂然高举、不受屈挠的气概。

从此可知这棵古松并不是一件固定的东西,它的形象随观者的性格和情趣而变化。各人所见到的古松的形象都是各人自己性格和情趣的返照。古松的形象一半是天生的,一半也是人为的。极平常的知觉都带有几分创造性;极客观的东西之中都有几分主观的成分。

美也是如此。有审美的眼睛才能见到美。这棵古松对于我们的画画的朋友是美的,因为他去看它时就抱了美感的态度。你和我如果也想见到它的美,你须得把你那种木商的实用的态度丢开,我须得把植物学家的科学的态度丢开,专持美感的态度去看它。

这三种态度有什么分别呢?

先说实用的态度。做人的第一件大事就是维持生活。既要生活,就要讲究如何利用环境。"环境"包含我自己以外的一切人和物在内,这些人和物有些对于我的生活有益,有些对于我的生活有害,有些对于我不关痛痒。我对于他们于是有爱恶的情感,有趋就或逃避的意志和活动。这就是实用的态度。实用的态度起于实用的知觉,实用的知觉起于经验。小孩子初出世,第一次遇见火就伸手去抓,被它烧痛了,以后他再遇见火,便认识它是什么东西,便明了它是烧痛手指的,火对于他于是有意义。事物本来都是很混乱的,人为便利实用起见,才像被火烧过的小孩子根据经验把四围事物分类立名,说天天吃的东西叫作"饭",天天穿的东西叫作"衣",某种人是朋友,某种人是仇敌,于是事物才有所谓"意义"。

意义大半都起于实用。在许多人看,衣除了是穿的,饭除了是吃的之外,便寻不出其他意义。所谓"知觉",就是感官接触某种人或物时心里明了他的意义。明了他的意义起初都只是明了他的实用。明了实用之后,才可以对他起反应动作,或是爱他,或是恶他,或是求他,或是拒他。木商看古松的态度便是如此。

科学的态度则不然。它纯粹是客观的,理论的。所谓客观的态度就是把自己的成见和情感完全丢开,专以"无所为而为"的精神去探求真理。理论是和实用相对的。理论本来可以见诸实用,但是科学家的直接目的却不在于实用。科学家见到一个美人,不说我要去向她求婚,她可以替我生儿子,只说我看她这人很有趣味,我要来研究她的生理构造,分析她的心理组织。科学家见到一堆粪,不说它的气味太坏,我要掩鼻走开,只说这堆粪是一个病人排泄的,我要分析它的化学成分,看看有没有病菌在里面。科学家自然也有见到美人就求婚、见到粪就掩鼻走开的时候,但是那时候他已经由科学家还到实际人的地位了。科学的态度之中很少有情感和意志,它的最重要的心理活动是抽象的思考。科学家要在这个混乱的世界中寻出事物的关系和条理，纳个物于概念，从原理演个例，分出某者为因，某者为果，某者为特征，某者为偶然性。植物学家看古松的态度便是如此。

木商由古松而想到架屋、制器、赚钱等等，植物学家由古松而想到根茎花叶、日光水分等等，他们的意识都不能停止在古松本身上面。不过把古松当作一块踏脚石，由它跳到和它有关系的种种事物上面去。所以在实用的态度中和科学的态度中，所得到的事物的意象都不是独立的、绝缘的，观者的注意力都不是专注在所观事物本身上面的。注意力的集中，意象的孤立绝缘，便是美感的态度的最大特点。比如我们的画画的朋友看古松，他把全副精神都注在松的本身上面，古松对于他便成了一个独立自足的世界。他忘记他的妻子在家里等柴烧饭，他忘记松树在植物教科书里叫作显花植物，总而言之，古松完全占领住他的意识，古松以外的世界他都视而不见、听而不闻了。他只把古松摆在心眼面前当作一幅画去玩味。他不计较实用，所以心中没有意志和欲念；他不推求关系、条理、因果，等等，所以不用抽象的思考。这种脱净了意志和抽象思考的心理活动叫作"直觉"，直觉所见到的孤立绝缘的意象叫作"形象"。美感经验就是形象的直觉，美就是事物呈现形象于直觉时的特质。

实用的态度以善为最高目的，科学的态度以真为最高目的，美感的态度以美为最高目的。在实用态度中，我们的注意力偏在事物对于人的利害，心理活动偏重意志；在科学的态度中，我们的注意力偏在事物间的互相关系，心理活动偏重抽象的思考；在美感的态度中，我们的注意力专在事物本身的形象，心理活动偏重直觉。真善美都是人所定的价值，不是事物所本有的特质。离开人的观点而言，事物都浑然无别，善恶、真伪、美丑就漫无意义。真善美都含有若干主观的成分。

就"用"字的狭义说，美是最没有用处的。科学家的目的虽只在辨别真伪，他所得的结果却可效用于人类社会。美的事物如诗文、图画、雕刻、音乐等都是寒不可以为衣、饥不可以为食的。从实用的观点看，许多艺术家都是太不切实用的人物。然则我们又何必来讲美呢？人性本来是多方的，需要也是多方的。真善美三者俱备才可以算是完全的人。人性中本有饮食欲，渴而无所饮，饥而无所食，固然是一种缺乏；人性中本有求知欲而没有科学的活动，本有美的嗜好而没有美感的活动，也未始不是一种缺乏。真和美的需要也是人生中的一种饥渴精神上的饥渴。疾病衰老的身体才没有口腹的饥渴。同理，你遇到一个没有精神上的饥渴的人或民族，你可以断定他的心灵已到了疾病衰老的状态。

人所以异于其他动物的就是于饮食男女之外还有更高尚的企求，美就是其中之一。是壶就可以贮茶，何必又求它形式、花样、颜色都要好看呢？吃饱了饭就可以睡觉，何必又呕心血去做诗、画画、奏乐呢？"生命"是与"活动"同义的，活动愈自由生命也就愈有意义。人的实用的活动全是有所为而为，是受环境需要限制的；人的美感的活动全是无所为而为，是环境不需要他活动而他自己愿意去活动的。在有所为而为的活动中，人是环境需要的奴隶；在无所为而为的活动中，人是自己心灵的主宰。这是单就人说,就物说呢,在实用的和科学的世界中,事物都借着和其他事物发生关系而得到意义,到了孤立绝缘时就都没有意义;但是在美感世界中它却能孤立绝缘,却能在本身现出价值。照这样看,我们可以说,美是事物的最有价值的一面,美感的经验是人生中最有价值的一面。

(选自《给青年的十二封信》,人民文学出版社 2018 年版,有改动。本文谈及人对事物的不同态度。一棵古松,木材商是从商业的角度去看,科学家是从研究的角度去看,而画家是从欣赏的角度去看,三种角度只有画家不是从"用"的角度去看,而是从如朱先生讲的"无为而为"的欣赏眼光去看的,欣赏的同时也赋予了画家内心世界对古松的完美概念。美的东西需要人们用审美的眼光和欣赏的心态去看去想,如讲实用,美是最不实用的。但如果说人类历史生生不息、真正能触动你我心灵深处的,唯有那些给予美好情感的艺术作品,如同深邃的夜空中指路的星星闪着光,指引人们的灵魂、净化人们的思想。)

(三) 百态人生——小说

看一看

课外阅读朱光潜先生的文章《朝抵抗力最大的路径走》。

微课:小说

1. 小说的概念及分类

小说是表现人的艺术,有曲折、动人的故事情节,是时代的画卷,能从各个方面反映社会面貌,成为生活的"百科全书"。小说是一种叙事性文学体裁,它以塑造人物形象为中心,综合运用语言艺术的各种表现方法,通过完整的故事情节和具体的环境描写,广泛地、形象生动地反映社会生活。小说具备人物、故事情节和环境描写三个要素。

小说的分类由于所持标准不同而有许多种划分方法。小说依据篇幅的长短,分为长篇、中篇、短篇和微型小说四类;按题材内容分,可分为历史小说社会小说、侦探小说、爱情小说、问题小说、推理小说、科幻小说、战争小说、讽刺小说等;按文体样式分,可分为诗体小说、日记体小说、书信体小说、章回体小说、童话体小说、传记体小说、笔记小说、话本小说、传奇小说等;按语言形式分为文言小说和白话小说。最常见的是以篇幅长短来分类。

2. 小说的特点

小说的特点是通过人物形象、故事情节、典型环境三要素来反映社会生活。小说塑造典型人物,不像诗歌那样要讲究音节格律,也不像散文那样偏于抒写内心的感受,更不像戏剧那样受到舞台演出的时空限制,它可以通过人物对话、行动、外貌和心理活动,来细致地刻画人物性格;可以通过人物的意识流动,揭示心灵的奥秘;也可以通过环境气氛的渲染、烘托来显示人物的个性特征;有时还可以发挥想象、运用虚构,来揭示人物性格的发展或表现人物之间错综复杂的关系,多角度、多方面地来描写人物创造典型环境中的典型性格和典型形象。小说人物描写方法的多样性,是任何文学体裁都无法比拟的。

小说这一文学体裁之所以能赢得最多的读者,很重要的原因在于它能够表现复杂、完整的故事情节。人们常说小说的使命就是叙述人的故事。没有恰当的故事情节,人物的性格就难以得到充分而生动的显现。惊心动魄的故事,曲折离奇的情节,往往会产生扣人心弦的力量和广泛、深刻的社会影响。小说人物为追求美好的理想而进行艰苦的斗争,在人生道路上的兴衰际遇、悲欢离合,不仅令读者深感兴趣,而且能激起他们的同情和共鸣,有的还产生了巨大的教育作用。

小说是表现人的艺术。人离不开环境,小说在环境描写上与其他文学体裁相比,更为自由、更为灵活。上下几千年,纵横数万里,都在描写的范围之内;社会的历史风貌,自然的奇丽景色等都可以得到最充分、最具体的反映,都可以被用来烘托人物性格,使环境描写真正为刻画人物形象服务。

3. 作品赏析

子夜(节选)

茅　盾

太阳刚刚下了地平线。软风一阵一阵地吹上人面,怪痒痒的。苏州河的浊水幻成了金绿色,轻轻地,悄悄地,向西流去。黄浦的夕潮不知怎的已经涨上了,现在沿这苏州河两岸的各色船只都浮得高高的,舱面比码头还高了约莫半尺。风吹来外滩公园里的音乐,却只有那炒豆似的铜鼓声最分明,也最叫人兴奋。暮霭挟着薄雾笼罩了外白渡桥的高耸的钢架,电车驶过时,这钢架下横空架挂的电车线时时爆发出几朵碧绿的火花。从桥上向东望,可以看见浦东的洋栈像巨大的怪兽,蹲在暝色中,闪着千百只小眼睛似的灯火。向西望,叫人猛一惊的,是高高地装在一所洋房顶上而且异常庞大的霓虹电管广告,射出火一样的赤光和青磷似的绿焰:Light, Heat, Power!

这时候——这天堂般五月的傍晚,有三辆一九三○年式的雪铁笼汽车像闪电一般驶过了外白渡桥,向西转弯,一直沿北苏州路去了。

过了北河南路口的上海总商会以西的一段,俗名唤作"铁马路",是行驶内河的小火轮的汇集处。那三辆汽车到这里就减低了速率。第一辆车的汽车夫轻声地对坐在他旁边的穿一身黑拷绸衣裤的彪形大汉说:

"老关! 是戴生昌罢?"

"可不是! 怎么你倒忘了? 您准是给那只烂污货迷昏了啦!"

老关也是轻声说,露出一口好像连铁梗都咬得断似的大牙齿。他是保镖的。此时汽车戛然而止,老关忙即跳下车去,摸摸腰间的勃朗宁,又向四下里瞥了一眼,就过去开了车门,威风凛凛地站在旁边。车厢里先探出一个头来,紫酱色的一张方脸,浓眉毛,圆眼睛,脸上有许多小疱。看见迎面那所小洋房的大门上正有"戴生昌轮船局"六个大字,这人也就跳下车来,一直走进去。老关紧跟在后面。

"云飞轮船快到了么?"

紫酱脸的人傲然问,声音洪亮而清晰。他大概有四十岁了,身材魁梧,举止威严,一望而知是颐指气使惯了的"大亨"。他的话还没完,坐在那里的轮船局办事员霍地

一齐站了起来,内中有一个瘦长子堆起满脸的笑容抢上一步,恭恭敬敬回答:

"快了,快了! 三老爷,请坐一会儿罢。——倒茶来。"

瘦长子一面说,一面就拉过一把椅子来放在三老爷的背后。三老爷脸上的肌肉一动,似乎是微笑,对那个瘦长子瞥了一眼,就望着门外。这时三老爷的车子已经开过去了,第二辆汽车补了缺,从车厢里下来一男一女,也进来了。男的是五短身材,微胖,满面和气的一张白脸。女的却高得多,也是方脸,和三老爷有几分相像,但颇白嫩光泽。两个都是四十开外的年纪了,但女的因为装饰入时,看来至多不过三十左右。

男的先开口:

"荪甫,就在这里等候么?"

紫酱色脸的荪甫还没回答,轮船局的那个瘦长子早又赔笑说:

"不错,不错,姑老爷。已经听得拉过回声。我派了人在那里看着,专等船靠了码头,就进来报告。顶多再等五分钟,五分钟!"

"呀,福生,你还在这里么? 好! 做生意要有长性。老太爷向来就说你肯学好。你有几年不见老太爷罢?"

"上月回乡去,还到老太爷那里请安。——姑太太请坐罢。"

叫作福生的那个瘦长男子听得姑太太称赞他,快活得什么似的,一面急口回答,一面转身又拖了两把椅子来放在姑老爷和姑太太的背后,又是献茶,又是敬烟。他是荪甫三老爷家里一个老仆的儿子,从小就伶俐,所以荪甫的父亲——吴老太爷特嘱荪甫安插他到这戴生昌轮船局。但是荪甫他们三位且不先坐下,眼睛都看着门外。门口马路上也有一个彪形大汉站着,背向着门,不住地左顾右盼;这是姑老爷杜竹斋随身带的保镖。

杜姑太太轻声松一口气,先坐了,拿一块印花小丝巾,在嘴唇上抹了几下,回头对荪甫说:

"三弟,去年我和竹斋回乡去扫墓,也坐这云飞船。是一条快船。单趟直放,不过半天多,就到了;就是颠得厉害。骨头痛。这次爸爸一定很辛苦的。他那半肢疯,半个身子简直不能动。竹斋,去年我们看见爸爸坐久了就说头晕——"

姑太太说到这里一顿,轻轻吁了一口气,眼圈儿也像有点红了。她正想接下去说,猛地一声汽笛从外面飞来。接着一个人跑进来喊道:

"云飞靠了码头了!"

姑太太也立刻站了起来,手扶着杜竹斋的肩膀。那时福生已经飞步抢出去,一面走,一面扭转脖子,朝后面说:

"三老爷,姑老爷,姑太太;不忙,等我先去招呼好了,再出来!"

轮船局里其他的办事人也开始忙乱;一片声唤脚夫。就有一架预先准备好的大藤椅由两个精壮的脚夫抬了出去。荪甫眼睛望着外边,嘴里说:

"二姊,回头你和老太爷同坐一八八九号,让四妹和我同车,竹斋带阿萱。"

姑太太点头,眼睛也望着外边,嘴唇翕翕地动:在那里念佛! 竹斋含着雪茄,微

微地笑着,看了荪甫一眼,似乎说"我们走罢"。恰好福生也进来了,十分为难似的皱着眉头:

"真不巧。有一只苏州班的拖船停在里挡——"

"不要紧。我们到码头上去看罢!"

荪甫截断了福生的话,就走出去了。保镖的老关赶快也跟上去。后面是杜竹斋和他的夫人,还有福生。本来站在门口的杜竹斋的保镖就作了最后的"殿军"。

云飞轮船果然泊在一条大拖船——所谓"公司船"的外边。那只大藤椅已经放在云飞船头,两个精壮的脚夫站在旁边。码头上冷静静地,没有什么闲杂人;轮船局里的两三个职员正在那里高声吆喝,轰走那些围近来的黄包车夫和小贩。荪甫他们三位走上了那"公司船"的甲板时,吴老太爷已经由云飞的茶房扶出来坐上藤椅子了。福生赶快跳过去,做手势,命令那两个脚夫抬起吴老太爷,慢慢地走到"公司船"上。于是儿子,女儿,女婿,都上前相见。虽然路上辛苦,老太爷的脸色并不难看,两圈红晕停在他的额角。可是他不作声,看看儿子,女儿,女婿,只点了一下头,便把眼睛闭上了。

这时候,和老太爷同来的四小姐蕙芳和七少爷阿萱也挤上那"公司船"。

"爸爸在路上好么?"

杜姑太太——吴二小姐,拉住了四小姐,轻声问。

"没有什么。只是老说头眩。"

"赶快上汽车罢!福生,你去招呼一八八九号的新车子先开来。"

荪甫不耐烦似的说。让两位小姐围在老太爷旁边,荪甫和竹斋,阿萱就先走到码头上。一八八九号的车子开到了,藤椅子也上了岸,吴老太爷也被扶进汽车里坐定了,二小姐——杜姑太太跟着便坐在老太爷旁边。本来还是闭着眼睛的吴老太爷被二小姐身上的香气一刺激,便睁开眼来看一下,颤着声音慢慢地说:

"芙芳,是你么?要蕙芳来!蕙芳!还有阿萱!"

荪甫在后面的车子里听得了,略皱一下眉头,但也不说什么。老太爷的脾气古怪而且执拗,荪甫和竹斋都知道。于是四小姐蕙芳和七少爷阿萱都进了老太爷的车子。二小姐芙芳舍不得离开父亲,便也挤在那里。两位小姐把老太爷夹在中间。马达声音响了,一八八九号汽车开路,已经动了,忽然吴老太爷又锐声叫了起来:

"《太上感应篇》!"

这是裂帛似的一声怪叫。在这一声叫喊中,吴老太爷的残余生命力似乎又复旺炽了;他的老眼闪闪地放光,额角上的淡红色转为深朱,虽然他的嘴唇籁籁地抖着。

一八八九号的汽车夫立刻把车煞住,惊惶地回过脸来。荪甫和竹斋的车子也跟着停止。大家都怔住了。四小姐却明白老太爷要的是什么。她看见福生站在近旁,就唤他道:"福生,赶快到云飞的大餐间里拿那部《太上感应篇》来!是黄绫子的书套!"

吴老太爷自从骑马跌伤了腿,终至成为半肢疯以来,就虔奉《太上感应篇》,二十余年如一日;除了每年印赠而外,又曾恭楷手抄一部,是他坐卧不离的。

一会儿,福生捧着黄绫子书套的《感应篇》来了。吴老太爷接过来恭恭敬敬摆在膝头,就闭了眼睛,干瘪的嘴唇上浮出一丝放心了的微笑。

"开车!"

二小姐轻声喝,松了一口气,一仰脸把后颈靠在弹簧背垫上,也忍不住微笑。这时候,汽车愈走愈快,沿着北苏州路向东走,到了外白渡桥转弯朝南,那三辆车便像一阵狂风,每分钟半英里,一九三〇年式的新纪录。

……

汽车发疯似的向前飞跑。吴老太爷向前看。天哪!几百个亮着灯光的窗洞像几百只怪眼睛,高耸碧霄的摩天建筑,排山倒海般地扑到吴老太爷眼前,忽地又没有了;光秃秃的平地拔立的路灯杆,无穷无尽地,一杆接一杆地,向吴老太爷脸前打来,忽地又没有了;长蛇阵似的一串黑怪物,头上都有一对大眼睛放射出叫人目眩的强光,啵——啵——地吼着,闪电似的冲将过来,准对着吴老太爷坐的小箱子冲将过来!近了!近了!吴老太爷闭了眼睛,全身都抖了。他觉得他的头颅仿佛是在颈脖子上旋转;他眼前是红的,黄的,绿的,黑的,发光的,立方体的,圆锥形的,——混杂的一团,在那里跳,在那里转;他耳朵里灌满了轰,轰,轰!轧,轧,轧!啵,啵,啵!猛烈嘈杂的声浪会叫人心跳出腔子似的。吴老太爷猛睁开了眼睛,只见左右前后都是像他自己所坐的那种小箱子——汽车。都是静静地一动也不动。横在前面不远,却像开了一道河似的,从南到北,又从北到南,匆忙地杂乱地交流着各色各样的车子;而夹在车子中间,又有各色各样的男人女人,都像有鬼赶在屁股后似的跌跌撞撞地快跑。不知从什么高处射来的一道红光,又正落在吴老太爷身上。

这里正是南京路同河南路的交叉点,所谓"抛球场"。东西行的车辆此时正在那里静候指挥交通的红绿灯的命令。

"二姊,我还没见过三嫂子呢。我这一身乡气,会惹她笑痛了肚子罢。"

蕙芳轻声说,偷眼看一下父亲,又看看左右前后安坐在汽车里的时髦女人。芙芳笑了一声,拿出手帕来抹一下嘴唇。

一股浓香直扑进吴老太爷的鼻子,痒痒得似乎怪难受。

"真怪呢!四妹。我去年到乡下去过,也没看见像你这一身老式的衣裙。"

"可不是。乡下女人的装束也是时髦得很呢,但是父亲不许我——"

像一支尖针刺入吴老太爷迷惘的神经,他心跳了。他的眼光本能地瞥到二小姐芙芳的身上。他第一次意识地看清楚了二小姐的装束;虽则尚在五月,却因今天骤然闷热,二小姐已经完全是夏装;淡蓝色的薄纱紧裹着她的壮健的身体,一对丰满的乳房很显明地突出来,袖口缩在臂弯以上,露出雪白的半只臂膊。一种说不出的厌恶,突然塞满了吴老太爷的心胸,他赶快转过脸去,不提防扑进他视野的,又是一位半裸体似的只穿着亮纱坎肩,连肌肤都看得分明的时装少妇,高坐在一辆黄包车上,翘起了赤裸裸的一只白腿,简直好像没有穿裤子。吴老太爷眼珠一转,又瞥见了他的宝贝阿萱却正张大了嘴巴,出神地贪看那位半裸体的妖艳少妇呢!老太爷的心卜地一下狂跳,就像爆裂了似的再也不动,喉间是火辣辣的,好像塞进了一大把的辣椒。

此时指挥交通的灯光换了绿色,吴老太爷的车子便又向前进。冲开了各色各样车辆的海,冲开了红红绿绿的耀着肉光的男人女人的海,向前进!机械的骚音,汽车的臭屁,和女人身上的香气,霓虹电管的赤光——一切梦魇似的都市的精怪,毫无怜悯地压到吴老太爷朽弱的心灵上,直到他只有目眩,只有耳鸣,只有头晕!直到他的刺激过度的神经像要爆裂似的发痛,直到他的狂跳不歇的心脏不能再跳动!

呼噜呼噜的声音从吴老太爷的喉间发出来,但是都市的噪音太大了,二小姐,四小姐和阿萱都没有听到。老太爷的脸色也变了,但是在不断的红绿灯光的映射中,谁也不能辨别谁的脸色有什么异样。

汽车是旋风般向前进。已经穿过了西藏路,在平坦的静安寺路上开足了速率。路旁隐在绿荫中射出一点灯光的小洋房连排似的扑过来,一眨眼就过去了。五月夜的凉风吹在车窗上,猎猎地响。四小姐蕙芳像是摆脱了什么重压似的松一口气,对阿萱说:

"七弟,这可长住在上海了。究竟上海有什么好玩,我只觉得乱哄哄地叫人头痛。"

"住惯了就好了。近来是乡下土匪太多,大家都搬到上海来。四妹,你看这一路的新房子,都是这两年内新盖起来的。随你盖多少新房子,总有那么多的人来住。"

二小姐接着说,打开她的红色皮包,取出一个粉扑,对着皮包上装就的小镜子便开始化起妆来。

此时车上的喇叭突然呜呜地叫了两声,车子向左转,驶入一条静荡荡的浓荫夹道的横马路,灯光从树叶的密层中洒下来,斑斑驳驳地落在二小姐她们身上。车子也走得慢了。二小姐赶快把化妆皮包收拾好,转脸看着老太爷轻声说:

"爸爸,快到了。"

"爸爸睡着了!"

"七弟,你喊得那么响!二姊,爸爸闭了眼睛养神的时候,谁也不敢惊动他!"

但是汽车上的喇叭又是呜呜地连叫三声,最后一声拖了个长尾巴。这是暗号。前面一所大洋房的两扇乌油大铁门霍地荡开,汽车就轻轻地驶进门去。阿萱猛地从座位上站起来,看见荪甫和竹斋的汽车也衔接着进来,又看见铁门两旁站着四五个当差,其中有武装的巡捕。接着,砰——的一声,铁门就关上了。此时汽车在花园里的柏油路上走,发出细微的丝丝的声音。黑森森的树木夹在柏油路两旁,三三两两的电灯在树荫间闪烁。蓦地车又转弯,眼前一片雪亮,耀得人眼花,五开间三层楼的一座大洋房在前面了,从屋子里散射出来的无线电音乐在空中回翔,咕——的一声,汽车停下。

有一个清脆的声音在汽车旁边叫:

"太太!老太爷和老爷他们都来了!"

从晕眩的突击中方始清醒过来的吴老太爷吃惊似的睁开了眼睛。但是紧抓住了这位老太爷的觉醒意识的第一刹那却不是别的,而是刚才停车在"抛球场"时七少爷阿萱贪婪地看着那位半裸体似的妖艳少妇的那种邪魔的眼光,以及四小姐蕙芳说的那一句"乡下女人装束也时髦得很呢,但是父亲不许我——"的声浪。

刚一到上海这"魔窟",吴老太爷的"金童玉女"就变了!

无线电音乐停止了,一阵女人的笑声从那五开间洋房里送出来,接着是高跟皮鞋错落地阁阁地响,两三个人形跳着过来,内中有一位粉红色衣服,长身玉立的少妇,袅着细腰抢到吴老太爷的汽车边,一手拉开了车门,娇声笑着说:

"爸爸,辛苦了!二姊,这是四妹和七弟么?"

同时就有一股异常浓郁使人窒息的甜香,扑头压住了吴老太爷。而在这香雾中,吴老太爷看见一团蓬蓬松松的头发乱纷纷地披在白中带青的圆脸上,一对发光的滴溜溜转动的黑眼睛,下面是红得可怕的两片嘻开的嘴唇。蓦地这披发头扭了一扭,又响出银铃似的声音:

"苏甫!你们先进去。我和二姊扶老太爷!四妹,你先下来!"

吴老太爷集中全身最后的生命力摇一下头。可是谁也没有理他。四小姐擦着那披发头下去了,二小姐挽住老太爷的左臂,阿萱也从旁帮一手,老太爷身不由主地便到了披发头的旁边了,就有一条滑腻的臂膊箍住了老太爷的腰部,又是一串艳笑,又是兜头扑面的香气。吴老太爷的心只是发抖,《太上感应篇》紧紧地抱在怀里。有这样的意思在他的快要炸裂的脑神经里通过:"这简直是夜叉,是鬼!"

超乎一切以上的憎恨和愤怒忽然给与吴老太爷以长久未有的力气。仗着二小姐和吴少奶奶的半扶半抱,他很轻松地上了五级的石阶,走进那间灯火辉煌的大客厅了。满客厅的人!迎面上前的是苏甫和竹斋。忽然又飞跑来两个青年女郎,都是披着满头长发,围住了吴老太爷叫唤问好。她们嘈杂地说着笑着,簇拥着老太爷到一张高背沙发椅里坐下。

吴老太爷只是瞪出了眼睛看。憎恨,愤怒,以及过度刺激,烧得他的脸色变为青中带紫。他看见满客厅是五颜六色的电灯在那里旋转,旋转,而且愈转愈快。近他身旁有一个怪东西,是浑圆的一片金光,荷荷地响着,徐徐向左右移动,吹出了叫人气噎的猛风,像是什么金脸的妖怪在那里摇头作法。而这金光也愈摇愈大,塞满了全客厅,弥漫了全空间了!一切红的绿的电灯,一切长方形,椭圆形,多角形的家具,一切男的女的人们,都在这金光中跳着转着。

"邪魔呀!"吴老太爷似乎这么喊,眼里迸出金花。他觉得有千万斤压在他胸口,觉得脑袋里有什么东西爆裂了,碎断了;猛地拔地长出两个人来,粉红色的吴少奶奶和苹果绿色的女郎,都嘻开了血色的嘴唇像要来咬。吴老太爷脑壳里梆得一响,两眼一翻,就什么都不知道了。

"表叔!认得我么?素素,我是张素素呀!"

站在吴老太爷面前的穿苹果绿色 Grafton(一种名贵的外国纱。——作者原注)轻绡的女郎兀自笑嘻嘻地说,可是在她旁边捧着一杯茶的吴少奶奶蓦地惊叫了一声,茶杯掉在地下。满客厅的人都一跳！死样沉寂的一刹那！接着是暴雷般的脚步声，都拥到吴老太爷的身边来了。十几张嘴同时在问在叫。吴老太爷脸色像纸一般白，嘴唇上满布着白沫，头颅歪垂着。黄绫套子的《太上感应篇》啪的一声落在地下——

"爸爸，爸爸！怎么了？醒醒罢，醒醒罢！"

二小姐捧住了吴老太爷的头，颤抖着声音叫，竹斋伸长了脖子，挨在二小姐肩下，满脸的惊惶。抓住了老太爷左手的苏甫却是一脸怒容，厉声斥骂那些围近来的当差和女仆：

"滚开！还不快去拿冰袋来么？快，快！"

冰袋！冰袋！老太爷发痧了！——一迭声传出去。当差们满屋子乱跑。略站得远些的淡黄色衣服的女郎拉住了张素素低声问：

"素！你看见老太爷是怎么一来就发晕了呢？"

张素素瞪大了眼睛，说不出话来，她的丰满的胸脯像波浪似的一起一伏。那边吴少奶奶却气喘喘地断断续续地在说：

"我捧了茶来，——看见，看见，爸爸——头一歪，眼睛闭了，嘴里出白沫——白沫！脸色也就完全变了。发痧，发痧……是痰火么？爸爸向来有这毛病么？"

二小姐一手掐住老太爷的人中，一面急口地追问那呆呆地站着满眼泪的四小姐：

"四妹，四妹！爸爸发过这种病么？发过罢！你说，你说哟！"

"要是痰火上，转过一口气来，就不要紧了。只要转一口气，一口气！"

竹斋看着苏甫说，慌慌张张地把他那个随身携带的鼻烟壶递过去。苏甫一手接了鼻烟壶，也不回答竹斋，只是横起了怒目前前后后看，一面喝道："挤得那么紧！单是这股子人气也要把老太爷熏坏了！——怎么冰袋还不来？佩瑶，这里暂时不用你帮忙；你去亲自打电话请丁医生！——王妈！催冰袋去！"于是他又对二小姐摆手："二姊，不要慌张！爸爸胸口还是热的呢！在这沙发椅上不是办法，我们先抬爸爸到那架长沙发榻上去罢。"这么说着，也不等二小姐的回答，苏甫就把老太爷抱起来，众人都来帮一手。

刚刚把老太爷放在一张蓝绒垫子的长而且阔的沙发榻上，打电话去请医生的吴少奶奶也回来了。据她说：十分钟内，丁医生就可以到；而在他未到以前，切莫惊扰病人，应该让病人躺在安静的房间里。此时王妈捧了冰袋来。苏甫一手接住，就按在老太爷的前额，一面看着那个站在客厅门口的当差高升说：

"去叫几个人来抬老太爷到小客厅！还有，丁医生就要来，吩咐号房留心！"

忽然老太爷的手动了一下，喉间一声响，就有像是痰块的白沫从嘴里冒出来。"好了！"——几张嘴同声喊，似乎心头松一下。吴少奶奶在张素素襟头抢一方白丝手帕揩去了老太爷嘴也是苦着脸。老太爷额角上爆出的青筋就有蚯蚓那么粗，喉间的响声更大更急促了，白沫也不住地冒。俄而手又一动，眼皮有点跳，终于半睁开了。

"怎么丁医生还不来？先抬进小客厅罢！"

苏甫搓着手自言自语地说，回头对站在那里等候命令的四个当差一摆手。四个当差就上前抬起了那张长沙发榻，走进大客厅左首的小客厅；竹斋，荪甫，吴少奶奶，二小姐，四小姐，都跟了进去。阿萱自始就站在那里呆呆地出神，此时像觉醒似的，慌慌张张向四面一看，也跑进小客厅去了。砰——的一声，小客厅的门就此关上。

（选自《子夜》，人民文学出版社1960年版，有改动。《子夜》在中国现代文学史上占有重要地位，1933年1月发表后引起轰动，在出版的三个月内再版了四次，是革命现实主义的里程碑式作品。瞿秋白先生曾评价说："这是中国第一部写实主义的成功的长篇小说。"小说描写了以吴荪甫为代表的民族资本家和以赵伯韬为代表的金融买办资本家的争斗，刻画了一系列像吴荪甫一样的民族资本家在当时的社会环境中挣扎奋斗，但最终都没有摆脱悲剧结局的历史悲剧。《子夜》试图铸造构建20世纪30年代中国社会的全景图，展现了宏大历史背景和壮阔的社会场景。通过描写20世纪30年代一系列的金融活动与资本家之间的斗争，反映了中国当时社会实业家所面临的困境，让我们对20世纪30年代中国社会的面貌有了一个比较全面而深刻的认识。）

（四）人生舞台——戏剧文学

1. 戏剧文学的概念及分类

戏剧是一门集文学、音乐、舞蹈、美术等各种艺术的综合体，具有舞台的直观性，演员的表演是整个舞台艺术的中心，且戏剧具有强烈冲突的特性，而剧本，即戏剧文学，则是戏剧艺术得以实现的前提和基础。戏剧文学具有内容和结构凝练、矛盾冲突尖锐、人物语言富有动作性等特点。戏剧文学分类有历史剧、现代剧，独幕剧、多幕剧，悲剧、喜剧、正剧等。

2. 戏剧文学的特点

（1）有集中、尖锐的矛盾冲突。戏剧冲突是剧本展开情节、展现人物的基本手段，没有冲突就没有戏剧，一系列的冲突能让情节发展高潮迭起，吸引观众。优秀的剧本破题快、结尾快、情节发展迅速。戏剧冲突分为外在冲突和内在冲突，外在冲突推动情节竞争，内在冲突挖掘人物内心世界，两者相互配合，使剧本更具艺术感染力。

（2）遵循空间和时间高度集中的原则。遵循这个原则来设计戏剧冲突与戏剧巧合，可以使戏剧情节快速展开，是重要人物和情节直接进入戏剧发展高潮的重要手段。可以说，巧合使戏剧成为一个精致巧妙的艺术品。

（3）靠人物语言和动作来表现自己的性格。戏剧的冲突由人物的语言来实现。语言分为两种，一是人物的台词，在塑造人物性格、交代时代背景、转换演出场景、激化矛盾冲突等方面，起着至关重要的作用；二是戏剧中人物的独白。独白常常用于揭示人物的内心世界，交代剧本的背景或人物，推动情节的发展。欣赏戏剧语言时，要细心揣摩言外之意，领悟对话表层语义之下的"潜台词"，深入理解人物的精神内涵。

3. 作品赏析

龙须沟(节选)

老 舍

第一幕

时间 北京解放前,一个初夏的上午,昨夜下过雨。

地点 龙须沟。这是北京天桥东边的一条有名的臭沟,沟里全是红红绿绿的稠泥浆,夹杂着垃圾、破布、死老鼠、死猫、死狗和偶尔发现的死孩子。附近硝皮作坊、染坊所排出的臭水,和久不清除的粪便,都聚在这里一齐发霉,不但沟水的颜色变成红红绿绿,而且气味也叫人从老远闻见就要作呕,所以这一带才俗称为"臭沟沿"。沟的两岸,密密层层地住满了卖力气的、耍手艺的,各色穷苦劳动人民。他们终日终年乃至终生,都挣扎在那肮脏腥臭的空气里。他们的房屋随时有倒塌的危险,院中大多数没有厕所,更谈不到厨房;没有自来水,只能喝又苦又咸又发土腥味的井水;到处是成群的跳蚤,打成团的蚊子,和数不过来臭虫,黑压压成片的苍蝇,传染着疾病。

布景 龙须沟的一个典型小杂院。院子不大,只有四间东倒西歪的破土房。门窗都是东拼西凑的,一块是老破花格窗,一块是"洋式"窗子改的,另一块也许是日本式的旧拉门儿,上边有的糊着破碎不堪发了霉的旧报纸,有的干脆钉上破木板或碎席子,即或有一半块小小的破玻璃,也已被尘土、煤烟子和风沙等等给弄得不很透亮了。

(幕启:门外陆续有卖青菜的、卖猪血的、卖驴肉的、卖豆腐的、剃头的、买破烂的和"打鼓儿"的声音,还有买菜还价的争吵声,附近有铁匠作坊的打铁声,织布声,做洋铁盆洋铁壶的敲打声。)

四嫂: (递给妞子一盆水)你要是眼睛不瞧着地,摔了盆,看我不好好揍你一顿!

小妞: 你怎么不管哥哥呢?他一清早就溜出去,什么事也不管!

四嫂: 他?你等着,等他回来,我不揍扁了他才怪!

小妞: 爸爸呢,干脆就不回来!

四嫂: 甭提他!他回来,我要不跟他拼命,我改姓!

疯子: (在屋里,数来宝)叫四嫂,别去拼,一日夫妻百日恩!

娘子: (把隔夜的窝头蒸上)你给我起来,屋里精湿的,躺什么劲儿!

疯子: 叫我起,我就起,尊声娘子别生气!

小妞: 疯大爷,快起呀,跟我玩!

四嫂: 你敢去玩!快快倒水去,弄完了我好做活!晌午的饭还没辙哪!

疯子: (穿破夏布大衫,手持芭蕉扇,一劲地扇,似欲赶走臭味;出来,向大家点头)王大妈!娘子!列位大嫂!姑娘们!

小妞：（仍不肯去倒水）大爷！唱！唱！我给你打家伙！

四嫂：（过来）先干活儿！倒在沟里去！（妞子出去。）

娘子：你这么大的人，还不如小妞子呢！她都帮着大人做点事，看你！

疯子：娘子差矣！（数来宝）想当初，在戏园，唱玩艺，挣洋钱，欢欢喜喜天天像过年！受
　　　欺负，丢了钱，臭鞋、臭袜、臭沟、臭水、臭人、臭地熏得我七窍冒黑烟！（弄水洗脸）

娘子：你呀！我这辈子算倒了霉啦！

四嫂：别那么说，他总比我的那口子强点，他不是这儿（指头部）有点毛病吗？我那口子
　　　没毛病，就是不好好地干！拉不着钱，他泡蘑菇；拉着钱，他能一下子都喝了酒！

疯子：（一边擦脸，一边说）我这里，没毛病，臭沟熏得我不爱动。
　　　（外面有吆喝豆腐声。）

疯子：有一天，沟不臭，水又清，国泰民安享太平。（坐下吃窝头）

娘子：（提起香烟篮子）王大妈，四嫂，多照应着点，我上市去啦。

大妈：街上全是泥，你怎么摆摊子呢？

娘子：我看看去！我不弄点钱来，吃什么呢？这个鬼地方，一阴天，我心里就堵上个
　　　大疙瘩！赶明儿六月连阴天，就得瞪着眼挨饿！（往外走，又立住）看，天又阴
　　　得很沉！

小妞：妈，我跟娘子大妈去！

娘子：（在门口）妞子，你等着，我弄来钱，一定给你带点吃的来。乖！外边呀，精湿烂
　　　滑的，滑到沟里去可怎么办！

疯子：叫娘子，劳您驾，也给我带个烧饼这么大。（用手比，有碗那么大）

娘子：你呀，呸！烧饼，我连个芝麻也不会给你买来！（下）

小妞：疯大爷，娘子一骂你，就必定给你买好吃的来！

赵老：（出来）哎哟！给我点水喝呀！

二春：（提氽子出来，将壶中水倒入氽子，置炉上，去看看缸）妈，水就剩了一点啦！

疯子：我弄水去！不要说，我无能，沏茶灌水我还行！帮助人，真体面，甚么活儿我都干！

大妈：四嫂，教妞子帮帮吧！疯子笨手笨脚的，再滑到臭沟里去！

四嫂：（迟钝了一下）妞子，去吧！可留点神，慢慢地走！

小妞：疯大爷，咱们俩先抬一桶；来回二里多地哪！多了抬不动！（找到木棍）你拿
　　　桶。（同疯子下）

大妈：大哥，找个大夫看看吧？

赵老：有钱，我也不能给大夫啊！唉！年年总有这么一场，还老在这个时候！正是下
　　　过雨，房倒屋塌，有活做的时候，偏发疟子！打过几班儿呀，人就软得像棉花！
　　　多么要命！给我点水喝呀，我渴！

赵老：善心的姑娘，行行好吧！

四嫂：赵大爷，到药王庙去烧股香，省得疟子鬼儿老跟着您！

二春：四嫂，蚊子叮了才发疟子呢。看咱们这儿，蚊子打成团。（倒了一黄砂碗开水，

送到病人跟前)您喝吧,赵大爷!

赵老: 好姑娘! 好姑娘! 这碗热水救了老命喽! (喝)

二春: (看赵老用手赶苍蝇,借来四嫂的芭蕉扇给他扇)赵大爷,我这可真明白了姐姐为什么一去不回头!

大妈: 别提她,那个没良心的东西! 把她养大成人,聘出去,她会不来看我一眼! 二春,你别再跟她学,扔下妈妈没人管!

二春: 妈,您也难怪姐姐。这儿是这么脏,把人熏也熏疯了!

大妈: 哼,没事儿就往你姐姐那儿跑。她还不唧唧咕咕,说什么龙须沟脏,龙须沟臭! 她也不想想,这是她生身之地;刚离开这儿几个月,就不肯再回来,说一到这儿就要吐;真遭罪呀! 甭你小眼睛眨巴眨巴地看着我! 我不再上当,不再把女儿嫁给外边人!

二春: 那么我一辈子就老在这儿? 连解手儿都得上外边去?

大妈: 这儿不分男女,只要肯动手,就有饭吃;这是真的,别的都是瞎扯! 这儿是宝地! 要不是宝地,怎么越来人越多?

二春: 没看见过这样的宝地! 房子没有一间整的,一下雨就砸死人,宝地!

赵老: 姑娘,有水再给我点!

二春: (接碗)有,那点水都是您的!

赵老: 那敢情好!

二春: (在门口)刘巡长!

四嫂: (跑到门口)刘巡长,进来坐坐吧!

大妈: 啊,刘巡长,怎么这么闲在呀?

巡长: 我正上班儿去四嫂子把我叫住了。(转身)赵大爷,您好吧?

大妈: 哪儿呀,又发上疟子啦!

巡长: 这是怎么说的! 吃药了吗?

赵老: 我才不吃药!

巡长: 总得抓剂药吃! 你要是老不好,大妈,四嫂都得给您端茶送水的……

二春: 不要紧,有我侍候他呢!

赵老: 别的甭说,就拿咱们这儿这条臭沟说吧,日本人在这儿的时候,咱们捐过钱,为挖沟,沟挖了没有?

二春: 没有! 捐的钱也没影儿啦!

大妈: 二春,你过来! (二春走回去)说话小心点!

赵老: 程疯子常说什么"沟不臭,水又清,国泰民安享太平"。他说得对,他不疯! 有了清官,才能有清水。

巡长: 一点不错!

赵老: 刘巡长,上两次的钱,可都是您经的手! 我问你,那些钱可都上哪儿去了?

巡长: 您问我,我可问谁去呢? 反正我一心无愧! (站起来,走到赵老面前)要是我从中赚过一个钱,天上现在有云彩,教我五雷轰顶!人家搂钱,我挨骂,您说我冤枉不冤枉!

巡长:我可真该走啦!今儿个还不定有什么蜡坐呢!(往外走)

(丁四无精打采地进来。)

四嫂:嗨!你还回来呀!

丁四:你当我爱回来呢!

四嫂:不爱回来,就再出去!这儿不短你这块料!

(丁四不语,打着呵欠直向屋子走去。)

四嫂:(把他拦住)拿钱来吧!

丁四:一回来就要钱哪?

四嫂:那怎么着?家里还揭不开锅呢!

丁四:揭不开锅?我在外边死活你管了吗?

四嫂:我们娘几个死活谁管呢?甭废话,拿钱来。

丁四:没钱!

四嫂:钱哪儿去啦?

丁四:交车份了。

四嫂:甭来这一套!你当我不知道呢!不定又跑到哪儿喝酒去了。

丁四:我不对,我不该回来,太爷我走!

(四嫂扯住丁四,丁四抄起门闩来要打四嫂,二春跑过去把门闩抢过来。)

赵老:(大吼)丁四!

(丁四被赵老的怒吼声震住,低头不语,往屋门口走。四嫂坐下哭,二春蹲下去劝。)

赵老:这是你们丁家的事,按理说我可不该插嘴,不过咱们爷儿们住街坊,也不是一年半年啦,总算是从小儿看你长大了的,我今儿个可得说几句讨人嫌的话……

丁四:(颓唐地坐下)赵大爷,您说吧!

赵老:四嫂,你先别这么哭,听我说。(四嫂止住哭声)你昨儿晚上干什么去啦?你不知道家里还有三口子张着嘴等着你哪?孩子们是你的,你就不惦记着吗?

丁四:(眼泪汪汪地)不是,赵大爷!我不是不惦记孩子,昨儿个整天地下雨,没什么座儿,挣不着钱!晚上在小摊儿坐着,您猜怎么着,晌午六万一斤的大饼,晚上就十二万啦!好家伙,交完车份儿,就没了钱了。东西一天翻十八个跟头,您不是不知道!

丁四:我刚交了车,一看掉点儿了,我就往家里跑。没几步,就滑了我俩大跟头,您不信瞅瞅这儿,还有伤呢!我一想,这溜儿更过不来啦,怕掉到沟里去,就在刘家小茶馆蹲了半夜。我没睡好,提心吊胆的,怕把我拉走当壮丁去!跟您说明,有这条臭沟,谁也甭打算好好地活着!

(四邻的工作声——打铁、风箱、织布声更大了一点。)

(选自《茶馆·龙须沟》,人民文学出版社1997年版,有改动。三幕话剧《龙须沟》是老舍的代表作之一,是一曲社会主义新中国的颂歌。剧作完成于1950年,1951年

2月由北京人民艺术剧院首演。

　　龙须沟在天坛北边,解放前是外城的一条排水明沟,城市污水和雨水都经龙须沟汇集,因为缺乏整治,这里成了北京最大的一条臭水沟,其周边区域也是北京最大的贫民窟。1950年春,北京市人民政府决定修沟,这也是龙须沟史上第一次大规模改造。除了环境改善外,龙须沟周边陆续建起了大大小小的轻工业小厂,这些厂子吸纳了附近居民中的大多数劳动力,更让那些很少走出家门的底层妇女,有了全新的社会角色。

　　《龙须沟》描写了北京一个小杂院四户人家在社会变革中的不同命运,表现了新旧时代两重天的巨大变化。该剧通过叙述日常生活的小事反映大时代,剧中塑造了程疯子、王大妈、娘子、丁四嫂等各具特色的人物形象,尤其是主人公程疯子在旧社会由艺人变成"疯子",解放后又从"疯子"变为艺人,以对比手法反映了中国人民解放前后的不同命运,体现了人民政府为人民的中心思想以及人民对党和政府的拥护和热爱。)

昔日龙须沟　今日金鱼池

找一找

　　小妞子是《龙须沟》里塑造的一个艺术典型,龙须沟给她无尽的苦难,只有那缸小金鱼给了她童年的欢乐和美好的憧憬。阅读《龙须沟》全文,找一找对小妞子的描写。

威尼斯商人

（英）莎士比亚

第一幕

第一场

威尼斯。街道

（安东尼奥、萨拉里诺及萨莱尼奥上。）

安东尼奥：真的,我不知道我为什么这样闷闷不乐。你们说你们见我这样子,心里觉得很厌烦,其实我自己也觉得很厌烦呢;可是我怎样会让忧愁沾上身,这种忧愁究竟是怎么一种东西,它是从什么地方产生的,我却全不知道;忧愁已经使我变成了一个傻子,我简直有点自己都不了解自己了。

萨拉里诺：您的心是跟着您那些扯着满帆的大船在海洋上簸荡着呢；它们就像水上的达官富绅，炫示着它们的豪华，那些小商船向它们点头敬礼，它们却睬也不睬，扬帆直驶。

萨莱尼奥：相信我，老兄，要是我也有这么一笔买卖在外洋，我一定要用大部分的心思牵挂它；我一定常常拔草观测风吹的方向，在地图上查看港口码头的名字；凡是足以使我担心那些货物的命运的一切事情，不用说都会叫我忧愁。

萨拉里诺：我一想到海面上的一阵暴风将会造成怎样一场灾祸，吹凉我的粥的一口气，也会吹痛我的心，我一看见沙漏的时计，就会想起海边的沙滩，仿佛看见我那艘满载货物的商船倒插在沙里，船底朝天，它的高高的桅樯吻着它的葬身之地。要是我到教堂里去，看见那用石块筑成的神圣的殿堂，我怎么会不立刻想起那些危险的礁石，它们只要略微碰一碰我那艘好船的船舷，就会把满船的香料倾泻在水里，让汹涌的波涛披戴着我的绸缎绫罗——方才还是价值连城的，一转瞬间尽归乌有？要是我想到了这种情形，我怎么会不担心这种情形也许会果然发生，从而发起愁来呢？不用对我说，我知道安东尼奥是因为担心他的货物而忧愁。

安东尼奥：不，相信我；感谢我的命运，我的买卖的成败并不完全寄托在一艘船上，更不是倚赖着一处地方；我的全部财产，也不会因为这一年的盈亏而受到影响，所以我的货物并不能使我忧愁。

萨拉里诺：啊，那么您是陷入恋爱了。

安东尼奥：呸！哪儿的话！

萨拉里诺：也不是在恋爱吗？那么让我们说，您忧愁，因为您不快乐；正如您笑笑跳跳，说您很快乐，因为您不忧愁一样，实在再简单没有了。凭二脸神雅努斯起誓，老天造下人来，真是无奇不有：有的人老是眯着眼睛笑，好像鹦鹉见了吹风笛的人一样；有的人终日皱着眉头，即使涅斯托发誓说那笑话很可笑，他听了也不肯露一露他的牙齿，装出一个笑容来。

（雅努斯巴萨尼奥、罗兰佐及葛莱西安诺上。）

安东尼奥：好，您今天答应告诉我您立誓要去秘密拜访的那位姑娘的名字，现在请您告诉我吧。

巴萨尼奥：安东尼奥，您知道得很清楚，我怎样为了维持我外强中干的体面，把一份微薄的资产都挥霍光了；现在我已不再哀叹家道中落；我最大的烦恼是怎样可以解脱我过去由于挥霍而积欠下来的债务。无论在钱财方面或是友谊方面，安东尼奥，我欠您的债都是顶多的；因为你我交情深厚，我才敢大胆把我心里所打算的怎样了清这一切债务的计划全部告诉您。

安东尼奥：好巴萨尼奥，请您告诉我吧。只要您的计划跟您向来的立身行事一样光明正大，那么我的钱囊可以让您任意取用，我自己也可以供您驱使；我愿意用我所有的力量，帮助您达到目的。

巴萨尼奥： 在贝尔蒙特有一位富家的嗣女，长得非常美貌，尤其值得称道的，她有非常卓越的德性；从她的眼睛里，我曾经接到她脉脉含情的流盼。她的名字叫作鲍西娅，比起古代凯图的女儿，勃鲁托斯的贤妻鲍西娅来，她也毫无逊色。这广大的世界也没有漠视她的好处，四方的风从每一处海岸上带来了声名赫赫的求婚者；她的光亮的长发就像是传说中的金羊毛，把她所住的贝尔蒙特变做了神话王国，引诱着无数的伊阿宋。

安东尼奥： 你知道我的全部财产都在海上；我现在既没有钱，也没有可以变换现款的货物。所以我们还是去试一试我的信用，看它在威尼斯城里有些什么效力吧；我一定凭着我这一点面子，尽我最大的能力供给你到贝尔蒙特去见那位美貌的鲍西娅。去，我们两人就去分头打听什么地方可以借到钱，我就用我的信用做担保，或者用我自己的名义给你借下来。（同下）

　　（选自《威尼斯商人》，人民文学出版社 2017 年版，有改动。莎士比亚的戏剧作品中，具有讽刺意义的作品并不多，但《威尼斯商人》算是一部讽刺意义比较深刻的作品。莎士比亚创作《威尼斯商人》时，英国正处于阶级矛盾锐化的时期。由于连年的水灾造成农作物歉收，而且物价飞涨，农民和普通工人生活艰难。而有资产者又在农村圈地，造成农民连基本温饱问题都不能解决。莎士比亚崇尚人文主义，对两极分化严重的经济现象产生了担忧。这部剧中通过鲍西亚选亲的故事，和安东尼奥为了巴萨尼奥而两肋插刀的故事，宣扬爱情和友情重于金钱，讽刺了资产阶级的贪婪和麻木，弘扬安东尼奥这个正直善良又珍视感情的"威尼斯商人"。）

第二节　医学与文学的共融

一、医学与文学的交织与契合

　　医学与文学的渊源很深。我国古代相当长一段时间实行的是以文取士的科举制度，那时的读书人一般有两条出路，即"不为良相，则为良医"。士大夫有很好的文学素养是情理之中的事，那些落第后不得已行医的人著书立说也多了几分文气，同时古代祖国医学的普及程度使士大夫中不乏精通医术者，这就使得医学与文学结下了不解之缘，并共同维护着人类的身心健康。医学与文学的交织与契合主要表现在以下五个方面。

（一）共同的研究对象——人

医学从生理的角度研究人体的组织结构,各种疾病的发病机制以及预防、诊断、治疗的方法,从而达到保护和增进人类健康的目的。文学以语言为表现手段,讴歌光明、正义,同情弱小,鞭挞邪恶,揭露阴谋,斥责强暴。从社会的角度看,文学能激浊扬清,催人奋发;从人生的角度看,文学能陶冶性情,提高修养。医学与文学虽有着共同的研究对象,但医学侧重于研究人的自然属性,为人类的健康服务,而文学则侧重于探讨的社会属性,即人们的思想、性格、行为及其对社会的影响。人不光要有健康的体魄,还必须有良好的修养高尚的品德和顽强的意志。

（二）共同的研究主题——患病与苦难

与医学一样,文学关注患病与苦难这些与人类同样古老的主题,文学作品中往往会涉及下述基本问题:人为什么会患病受苦? 人如何感受疾病? 疾病如何被治愈? 疾病与苦难的确是人类的境况,只要人们活着就会生病和受苦,就会试图去关注这些事件并赋予这些事件意义。他们的努力常常采用文学作品的形式。

（三）共同的研究目的——美

医学的研究目的侧重于人的自然美。当人为病所困,形容枯槁;或为疼痛缠绕,面目扭曲;或因外物所伤,鲜血淋漓;或因瘟疫流行,惶惶不安——这些给人的视觉印象绝对不会是美好的。医学首先必须解除人们躯体的病、痛、伤,使人们有健康的身体和卫生的生存环境。健康无病是人自然美的基础,因此医生和护士被人们誉为白衣天使。医学还能塑造人体的美。随着现代科学技术的发展,医学的诊疗技术越来越先进,它们为塑造人体的美提供了技术支持,如医学美容可修补人五官面部的缺陷,义齿义肢不仅可弥补人体的残缺,还具有一定的使用功能,方便人们的生活和工作。

文学的研究目的侧重于塑造与表现人的社会美。人既是单个的生物体,又是社会群体中的一员。作为生物体,人需要健康的躯体,作为社会的一员,他应该对社会（包括民族国家、历史）有所贡献。20世纪初,日本仙台医专微生物课中插播的电影时事片深深地震撼留学日本的青年鲁迅,使他认识到人精神的麻木比躯体的病痛更可怕,从此他弃医从文以唤醒国人,为了民族的振兴他呕心沥血,实现了"我以我血荐轩辕"的人生誓言。古往今来,无数表现真善美的作品都直接影响着人们的精神与情操,给读者以鼓励,催人奋发向上。

（四）互换的角色——"医生与作家"

我国古代有"文人学医,笼里抓鸡"之说,很多医药学家都有深厚的写作功底。李时珍的《本草纲目》这一医学鸿篇巨制,集药学之大成,同时又具有鲜明的文学特色。在叙述药物形态功效时,《本草纲目》引用了不少古代诗词文赋的典故,如介绍荔枝时,就用了白居易的《荔枝图序》:"荔枝生巴峡间。树形团团如帷盖,叶如桂,冬青;华如橘,春荣;实如丹,夏熟。朵如葡萄,核如枇杷,壳如红缯,膜如紫绡,瓤肉莹白如冰雪,浆液甘酸如醴酪。"

(五) 文学是一种治疗方法

文学以主动和被动两种方式提供治疗作业。文学以主动方式提供治疗是指人可以通过写作表达自我,净化情感,将注意力置于自身的经历和情感中,并经常将其记录在日志里,这有助于释放消极的情感,使人更好地理解和处理种种问题和冲突。这一类型写作的治疗价值早就被认识到了。文学以被动方式提供治疗是指阅读治疗。读诗称为"诗歌治疗",读书称为"书籍治疗"。也有助于平静心灵,净化情感,达到治愈的目的。

二、文学是医者的心灵港湾

医学与文学有着不解之缘,文学对培养和提高医学生人文素质具有直接的、重要的和潜移默化的作用。人文素质的关键是情感,是社会责任感,是人生价值观取向。文学熏陶可使医学工作者加强对人生意义、生命价值的认识,其培养医护人员的人文精神及人文修养方面的优越性和重要性值得我们关注。

(一) 文学的知识作用

文学是人文知识的宝库之一,包含着语言、艺术、历史、哲学等方面的丰富的人文知识。医学生除了学习专业知识外,掌握一定的文学知识,有利于将来在工作中与患者沟通,协调的各方面工作,还有利于将专业知识融会贯通。文学还可培养医学生的阅读和分析能力,通过对优秀作品的挖掘剖析,认识和体会作品的审美特色和艺术风格,提高自己的分析与领悟能力。

(二) 文学的认识作用

文学对人性的深刻分析,有助于丰富和加深医学生对社会和人性的认识。文学是作家对社会生活能动反映的产物,优秀的文学作品都能够真实地反映出时代的生活和人们的精神面貌。因而,文学可以给医学生以历史和现实生活的知识,引导其认识历史和人生,增强对自然、社会和人生的了解,全面提高自身观察生活和理解生活的能力。医学生由于人生经历的局限,缺乏对人性的深刻体察与理解,文学是促进他们了解社会、深刻认识和理解人性与人心的一条重要途径。文学从各个角度展示人们的心理活动、社会活动,全方位揭示人们的思想感情。文学大师们从不同角度探讨剖析人性,目光犀利、入木三分。他们善于在时代背景下凸显人物的命运,在命运的际遇中凸显人物的个性,在特定个性的基础上揭示人性的普遍性以及其存在的社会合理性。他们的作品如同一面面镜子,折射出人类社会的丰富、复杂和矛盾。阅读优秀的文学作品,并进行理性分析和思考,有助于人们达到直面人生,认识人性和社会的目的。

(三) 文学的审美作用

古今中外优秀的文学作品都有很强的审美性,美的语言、美的形象、美的生活、美的意境、美的情感、美的思想,都能激发起人们心灵中美好情感的浪花,使人受到艺术的感染,在获得美的享受和情感愉悦的同时,陶冶性情、净化心灵、升华境界,帮助人们分辨真善美与假恶丑,建立健康良好的审美情趣,提高审美能力。文学的美育作用具体体现在以下几方面。

(1) 文学体现的生活之美,有助于培养人对生命的关怀。文学是对生活的反映,陶渊明的"采菊东篱下,悠然见南山"的恬淡惬意之情,张若虚的"春江潮水连海平,海上明月共潮生"的壮阔之境,王勃的"落霞与孤鹜齐飞,秋水共长天一色"的和谐之美,欧阳修的"醉翁之意不在酒,在乎山水之间也"的怡然自乐之意,无不投射出生活的美。徜徉在这样的生活图景里,能激发起欣赏生活、热爱生活的审美情趣,引发对生活、对生命的爱。

(2) 文学体现的艺术之美,有助于陶冶人的心灵。文学中的生活是艺术化的生活,文学使人们在接受艺术形象所带来的快感时受到教育,使人正确释放和净化内心的痛苦情感。如苏轼的《水调歌头》:"人有悲欢离合,月有阴晴圆缺,此事古难全。但愿人长久,千里共婵娟。"这首词展现了作者欲超脱尘世却依然热爱人生的矛盾心态,笔致奇逸自然,大开大合,刚柔相济,让人在文学艺术所生发的美感里流连忘返,生活中的压抑、苦闷、焦虑和激愤得到宣泄,心灵得到净化。

(3) 文学体现的思想之美,有助于培养人积极的生活态度。中外文学史上许多文学作品都曾深深冲击了我们的灵魂,影响着我们的生活态度。屈原在《离骚》中对于真理追求的"上下求索、九死未悔"的精神,成为人们执着追求的座右铭;文天祥的"人生自古谁无死,留取丹心照汗青"成为青年学子自励的格言警句;现代文学作品更是将新时代最可爱、最可敬的英雄们生动地呈现在读者面前,成为我们进行爱国主义教育的典范。

文学的审美教育是一种"诗意人生的教育",审美教育对人的思想、情感和人格产生的影响虽不能立竿见影,但却是持久的、巨大的。

> **说一说**
>
> 说一个阅读对你产生影响的经历。

(四) 文学的教育作用

文学的人生观教育,有助于培养医学生的坚贞气节和高贵品格。高尔基曾说:"文学的目的就是帮助人了解自身;就是提高人的自信心,发展人追求真理的愿望;就是和人们中间的卑俗做斗争,并善于发现人们的优点;就是在人们的灵魂中唤起羞耻、愤怒和英勇,并想尽办法变得高尚有力,使他们能够以神圣尚美的精神鼓舞自己的生命。"可以说,每一篇传诵不朽的优秀作品,都融入了生命的无穷力量,蕴含着对生活的坚定信念。这些思想和情感既是作品的灵魂和精髓,也是引导教育医学生如何正确认识人的尊严和使命、人的权利和义务、人的理想和品格的生动教材。优秀的文学作品在培养积极的人生观方面,有着独特的教育意义,成为追求进步的激励力量。

文学的情感教育,有助于培养医学生的健全人格。情感教育是文学特有的作用。在生活中,每个人都会遇到挫折、困难和痛苦,有的人因此而浮躁或脆弱。如何在挫折中奋起,在困难中前进,在痛苦中解脱,保持冷静、进取、乐观、豁达的精神状态,遭遇挫折不气馁,获得荣誉不骄傲,这可以从文学教育中得到感悟和启示。比如刘禹锡"沉舟侧畔千帆过,病树前头万木春"不以逆境为意,愈挫愈奋的执着,苏轼"一蓑烟雨任平生"的旷达,都对人生采取了超然物外的审美态度,教给了我们化解忧闷、战胜逆境的智慧,体现了淡泊名利的豁达精神,有利于医学生养成健康的心理品质。

优秀的文学作品充溢着高度的责任心和积极的进取精神,如《易经》中的"天行健,君子以自强不息;地势坤,君子以厚德载物";《论语》中的"曾子曰:士不可不弘毅,任重而道远";《孟子》中的"乐以天下,忧以天下""生于忧患,死于安乐",等等。文学作品中渗透出的强烈的责任感和积极进取精神对于培养医学生自重、自尊、自信、自立、自强的独立人格是极有启迪意义的。

三、叙事医学

(一)叙事医学的产生

"叙事医学"这个名词是由美国哥伦比亚大学的丽塔·卡伦于 2001 年提出。丽塔·卡伦本来是一名医生,同时也是文学爱好者,在修文学专业博士课程时,她突然产生了一念头:医学和文学渊源深厚,为什么不能把二者结合起来呢?医学,在本质上是叙事的,叙事在医学知识的传播上,能够起到不亚于数字、专业术语所起的作用。医学有普遍与特殊之分,而叙事,就是连通二者的桥梁。语言作为临床医学中的重要工具,早在古代医学中,无论古希腊医学还是我们的中医,都认为医学是"融入情感的科学",有情才有温度,有温度才会情暖人心。叙事,就是回归医学本身,以情说话,带情倾听,用情看病,由此叙事医学应运而生。

(二)叙事医学的概念及三要素

什么是叙事医学?叙事医学就是叙事文学与医学的结合,主要是通过文学叙事来丰富医学认知生命与疾苦的意义,用叙事能力来实践医学的人文关爱,聆听被科学话语掩盖了的病人的声音。简单来说,叙事医学是通过"讲故事"把医者、病人紧密联系在一起,是"有人出演的病历"。

叙事医学包含关注、再现和归属三个要素,具体而言即关注整体的人,倾听病人的故事,然后再现关注中所接收到的信息,为之赋予一定的意义,最后通过前两个要素形成归属感,建立积极的关系。

(三)叙事医学在临床应用的意义

1. 叙事医学是"匠"与"师"的试金石

医学生如果在医学院学到的只是医学知识,那么入职后,就只能达到"匠"的层次。在大多数医生眼里,治病只关注疾病本身。但是,病人既是有器官、有脉搏的生物体,也是有思想、有感情的生命体,单纯的医学技能虽然能治好病,但如果医生缺乏怜悯心、同理心,最终会因缺少人性的关怀,导致医患关系没有温度。治病的医生只能称为"匠",救人的医生才能称为"师"。叙事医学把病历当成脚本,确立积极正确的主题,讲述关怀温暖的故事,故事里有知识,还有情感、味道、欢笑,让我们感到社会的温暖。

2. 叙事医学架起了医患生命对等的桥梁

因为医患之间的信息不对等,医生有时会感觉和患者无法沟通。比如医生善于把复杂的事情简单化,剔除与疾病生物学无关的东西,对疾病的痛苦没有实感;而病人会把简单的事情复杂化,希望医生了解他的情感需求和巨细无遗的生活细节,与他感同身受。再比如医生对疾病的解释总要普遍适用,比如解释清楚是病毒、基因异常,还是免疫反应;而病人只关注自身,希望医生就这些独特的症状做出详尽解释,比如病因是不是受凉、劳累等。

叙事医学正能够弥补这一分歧,沟通的桥梁,就蕴含在"叙事"中。医生拿出一点时间跟病人谈谈心、聊聊天,听听病人的故事,想知道的病史就清楚了,对病人的个人史也掌握了,对病人的脾气秉性也摸透了。治疗中,医生再把疾病的来龙去脉、预后走势、日常注意事项,也精准地讲给病人,沟通就顺畅了。故事让医患之间产生感情的互动,激发心灵的碰撞,进而使其携手奏响医患和谐的交响曲。

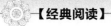

【经典阅读】

十　年

林　燕

十年,是人生旅程中屈指可数的生命节点,也是很多珍贵感情的丈量单位。

在我的有生之年,依从医所赐,有幸经历了若干携手十年的人生故事,每每想起,温暖我的身心,赋予我前进的力量。

安静坚强的小一

小一是个来自甘肃的姑娘,只有24岁,像所有小姑娘那样有怯怯的模样,却并不愁苦。她已经做了穿刺活检,右乳外下一个3厘米的肿瘤,腋窝有淋巴结肿大。她怯生生地问我,想保乳可不可以,我温柔地回答她:"我觉得可以试一试,应该问题不大。"

说到温柔,这也是我从医以来的一个转变。我本是个"硬汉型"的女子,从小翻墙爬树,长大更是雷厉风行。可是后来,当我做了医生,发现雷厉风行完全行不通。自己洋洋洒洒、一气呵成地说完一番话,患者往往是一脸愕然,于是你要再说一遍,然后再说一遍。慢慢地,我的语速愈来愈慢,愈来愈温柔。直到后来,不断有患者说:"您太温柔了。"我才愕然,原来我竟是温柔的。扪心自问,也许我的性格并不温柔,温柔的恐怕是医生这个职业。任何一个医生,从业久了,本性中温柔的那一点就被无限放大,然后投射在患者这个特定的群体中。对方愈是依赖与无助,你便愈是想强大且温柔。

小一的手术很顺利,安静且坚强的模样贯穿于手术、化疗、放疗的始终。放疗结束后,小一要回家了,她像来时那样依然怯怯地问我:"大夫,可以抱抱你吗?"

其实,这么多年来我已经被很多患者抱过了。有跳下手术床就一下子抱住我的,也有听到病理报告喜极而泣抱得我一身湿漉漉的,可以说"身经百抱"。但那一刻,我还是被那个瘦小的、坚强的、年轻姑娘的拥抱再次感动。

小一一去就不复返了,我都快忘记她了。将近5年后,她出现了,时光仿佛在她身上停留,她依然纯净如初,略带紧张地问我:"我可不可以要个孩子………"我给她讲了利弊,然后让她把正在吃的内分泌治疗药物先停掉。之后,小一心满意足地离开了。

十年,对乳腺癌患者来说是临床治愈,也有人说那是凤凰涅槃,是新的生命的开启。小一的心里可能想不到这些,但也知道十年是个重要的节点。术后十年时,小一又出现在我的面前,说想让我看一张照片——她儿子的照片。在那一刻,她的快乐就是我的快乐,她对我的感谢就是我对她的感谢。

开朗率性的小张

小张是个胖胖的姑娘,衬托之下他的爱人显得那么瘦小,但两个人之间永远是美满默契的样子。小张患的是三阴性乳腺癌,这种乳腺癌类型中有一部分是进展比较快的,但也不全是。两人一直没要孩子,直到38岁那年,小张同丈夫和我一起讨论了这个问题,然后就决定丁克下去了。于是,每一年见到他俩,都是小张在"叽叽喳喳",小伙子在角落里看着妻子,那目光就像在看一个孩子。

有一个早晨,寻常的一个门诊,我来到诊室,发现小张和丈夫又站在门口。小张手里捧着一大盒生日蛋糕,丈夫手里则捧着一个锦旗。我笑着说:"这是怎么了?还有补送锦旗的?"话音未落,小张放下手里的东西,抱住我哽咽着说:"让我抱你一下。

十年前的今天我做了手术。"说实话,我只见过小张欢快的样子,却见不得她这样流泪,这泪水承载了多少欢快面容背后的艰辛。

任何人的十年都不会是风平浪静的十年,对于一个三阴性类型的患者来说尤其艰难。即便开朗明媚如小张,也可以想象出她每一次接过复查结果的瞬间所承受的压力。所幸的是,在她身边一直有个他,让小张一直都是好好儿的。更让我觉得幸福的是,她的重要时刻,能让我和她一起分享。有时候真觉得医生是一个得天独厚的职业,何德何能,除养家育儿的普通职业功能之外,收获了这么多沉甸甸的感情馈赠,唯有抚心自语,我要对她更好。

山东大汉和他的妈妈

第三个故事有点儿沉重。那是一个来自山东的老人,身体原本是挺好的,不过患的病也是三阴性类型。

老太太第一次给我留下深刻印象是在病房里。我刚想推开门查房,就听到里面老太太训斥儿子的声音,说儿子把她骗来做手术,她不想做。她的儿子和我年龄相仿,是一个公司的老总,一米九十多的山东大汉,垂手而立,乖乖听着母亲的训斥。

老太太身体胖胖的,总是露出慈祥的笑容,像极了《红楼梦》里的老祖母。她对儿子之外的所有人都是客客气气的。唯独对儿子,那种挑剔劲儿唯有用任性来解释,像一个求关注的孩子。所以,山东大汉常常来找我,他说老母亲最听医生的话,让我跟她说说。最后的方案是老人家只能接受不切除乳腺的手术,只接受口服的化疗药。

平静的日子持续了几年,其间老太太从没有来过,每次都是儿子来复诊。直到某一天,他说妈妈的肿瘤在局部复发了,话语间的伤感弥漫了他整个魁梧的身形。之后他又来过几次,每次都带来更坏的消息,我也每次都老生常谈让她赶快来做手术。老人家试过了所有西医之外的方法。肿瘤从复发时的1厘米,到不能切除,到广泛转移。

老人家走的时候,病程就快满十年了。大汉说,这十年老人就最初那几年还行,后面净遭罪了,不知道最初拉她做手术对不对,也不知道自己为老母亲做的这些到底好不好。我很想说,最初做手术是对的,后面放弃治疗是不对的,我想给他展示大量的循证医学数据来佐证。

但是我没有,因为我也不能保证按部就班的治疗一定带来好的结局。医学所做的,不过是帮助;医生所做的,也不过是帮助。我们能做的,离"拯救"这个词还很遥远。帮助的力量是有限的,失败不可避免。患者的成功治愈能够带给我多少鼓励,治愈失败就会带给我多少落寞。所幸的是,无论鼓励或落寞,我们都在彼此支持。

一个又一个十年,在我的生命中慢慢滑过,浮光掠影,留下了一个又一个鲜活的面容在我心中闪耀,永不褪去。有个机会讲述这些真好,但是心中沉甸甸的,化成的言语唯有一句:谢谢你们,有一段路,选择了我与你同行。

(资料来源:《医之心:百名协和医学专家医学人文志》,北京大学出版社2021年版。)

作者简介： 林燕，北京协和医院乳腺外科副主任医师，中国研究型医院学会乳腺分会常委，北京乳腺病防治学会健康管理委员会常委。

赏析： 临床医生将工作经历富有文采地写出来，使读者得以深入了解临床医生真实的内心世界，他们眼中的生死、他们心中的生命价值、他们竭尽全力却又无能为力的遗憾，无不令读者感动至极。通过读这些文章，读者了解到医者的伟大与崇高，理解了医院的重重严格管理的意义。这些文章充满人性的温度，使读者在感动中化解了对医院及医生的畏惧和误解，面对医生就医时可以给医生更多的敬意和信任。这就是文学的力量。

【思考题】

1. 阅读《十年》，分析文章运用的文学技巧，谈一谈叙事医学在临床应用上的意义。

2. 医学与文学的共融性体现在哪些方面？

3. 梳理本章内容，画出思维导图。

【实践活动】

与经典同行　伴书香成长

1. 活动目的

读史使人明智，读诗使人聪慧，演算使人精密，哲理使人深刻，伦理使人有修养，逻辑修辞使人善辩。阅读经典，传承文明，开启智慧，陶冶情操，增长知识，积累资料，提高写作水平。

2. 活动过程

(1) 教师引导学生开展经典阅读活动，为学生提供经典阅读书目。

(2) 要求学生写读书笔记，教师讲授读书笔记的种类及写法。

(3) 在"世界读书日"这一天，举办读书笔记展览。

(4) 举办"与经典同行，伴书香成长"读书交流活动。

(5) 举办校园文学创作征文比赛。

3. 活动要求

(1) 读书笔记展览可与图书馆合作。

(2) 读书交流活动可以形式多样，如沙龙、主题演讲、寝室活动周。

(3) 校园文学创作征文，优秀作品可结集作为校园文化资料留存。

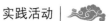

（4）以上各项活动皆可评奖。

4. 活动评价

项　目	分值	评　价　内　容	得分
读书笔记	30	感悟真挚、正能量，形式多样，书写美观工整	
读书交流	30	主题明确，作品介绍感人，对人有启发	
校园文学创作	40	反映校园生活主题鲜明正能量，有文采与创作才华	

【本章学习笔记】

第六章

让情感插上语言的翅膀——语言修养

【学习目标】

知识目标: 了解并掌握语言表达与交际的基本方法;了解医卫口语交际的技巧;了解医卫文书的基本写作方法。

能力目标: 能够以较为标准的普通话进行不同情境的交流;具备阅读和写作医卫文书的基本能力。

素养目标: 强化服务意识,以人文关怀的态度及语言进行职业沟通。提高语言修养,传递好声音,传播正能量。

语言不仅是人类情感交流的工具,更是一门艺术。语言与一个人的文化水平、自身修养以及综合素质息息相关。在我们工作生活中遇到问题,首先要用语言来解决,语言艺术的不同运用会产生不同的效果。医院作为服务行业,良好的语言修养尤为重要。在医疗护理过程中,医护人员与疾病缠身的患者打交道,使用诚恳、体贴、安慰、鼓励的语言,能给患者带来希望,使其树立战胜疾病的信心,起到药物所不能起到的作用,从而使患者建立起接受治疗的最佳状态,促进身体早日康复。

先交朋友，后做手术

张金哲是中国工程院院士，我国小儿外科创始人之一，首都医科大学教授，博士生导师。

张金哲院士说："披上白大褂就成了治病救人的医生。这中间有个缺口：他还不知道怎么接待患者。我上学时，用的是著名的《克里斯托夫外科》等医学教科书。教科书的第一页就写着：先交朋友，再做手术。下面还有一行注解：医生要跟病人讲疾病，医生是治人而不仅仅是治病。过去，我们的诸多医学课程中还有一门《接待学》，讲的就是如何跟患者交朋友。现在，越来越多的医生已经丢掉了这一条，只能在临床中自行磨炼了。"

以前医院有规定，医生见到病人首先要自我介绍，但现在还有几个医生会在病人进门时起身问好？有的医生连姓名都不愿意透露给病人。然而六十年来，张金哲一直坚持告诉病人他的名字。每件白大褂上，都鲜明地印着"外科张金哲"五个大字。他对他的病人说："我是张大夫，你有什么问题可以找我。"其实，每一个病人都想跟医生交朋友，只是医生有时不给他们机会。

接待病人是一种艺术化的行为。有了礼貌的开场白之后，医生还应该练就"三分钟口才"。在有限的时间内，你要让病人对自己的病情有个大概的了解，平素给人看病，口袋里总是装着很多"小抄"。

张金哲说起让他难忘的一位家长，这位家长带着肚子痛的儿子跑遍了大大小小的医院，却什么病都没查出来。家长急了，对医生很有意见。后来，找到了张金哲医生。这是一位普通肠痉挛的患儿。张教授为家长总结了五条："疼痛时间不长，几分钟到半小时，最多不超过两小时；疼痛过后，吃、喝、跑、跳一切正常；生长发育没有变化；可能由过敏引起，很多孩子都有这种症状；疼痛超过两个小时，就应该看急诊，不排除阑尾炎、肠梗阻的可能。"家长欢欢喜喜地走了。有的医生说："病人什么都不懂，我跟他讲三个小时也讲不明白呀。"张教授说："只要你有心，三分钟就够了。"所以，医生应该懂一点社会学和沟通学。

我们从张金哲院士的谈话中看到，医生要懂得与病人交流，这是一种细水长流的温暖，从实际出发为病人服务，激发出我们美好的情愫，成为医生生命轨迹上永远的坐标。

第一节　走进语言

一、语言表达基础

（一）准确发音与语法规范

1. 说好普通话

普通话的训练，是为了使说话者发音标准，吐字清晰，声音响亮，这是提高口语表达能力的前提和基础。什么是普通话？1955年在全国文字改革会议和现代汉语规范问题学术会议上对普通话做如下定义：以北京语音为标准音，以北方话为基础方言，以典范的现代白话文著作为语法规范的现代汉民族共同语。

这个定义实质从语音、词汇、语法三个方面提出了普通话的标准。"以北京语音为标准音"，指的是以北京话的语音系统为标准，并不是把北京话一切读法全部照搬，普通话并不等于北京话。北京话有许多土音，比如：老北京人把"蝴蝶（hú dié）"说成"hú diěr"，把"告诉（gào su）"说成"gào song"，这些土音，使其他方言区的人难以接受。从1956年开始，国家对北京土话的字音进行了多次审订，制定了普通话的标准读音。当前普通话的语音标准应该以2016年，教育部公布的《普通话异读词审音表（修订稿）》为规范。就词汇标准来看，普通话"以北方话为基础方言"，指的是以广大北方话地区普遍通行的说法为准，同时也要从其他方言吸取所需要的词语。普通话所选择的词汇，一般都是流行较广而且早就用于书面上的词语。国家语言文字工作委员会组织编写的《现代汉语规范词典》，对普通话词汇进一步做出了规范。普通话的语法标准是"以典范的现代白话文著作为语法规范"，这个标准包括四个方面的意思："典范"就是排除不典范的现代白话文著作作为语法规范；"白话文"就是排除文言文；"现代白话文"就是排除五四运动以前的早期白话文；"著作"就是指普通话的书面形式，它建立在口语基础上，但又不等于一般的口语，而是经过加工、提炼的语言。

2. 普通话的训练方法

（1）正音。

普通话的音节由声母、韵母和声调三部分组成。

① 声母辨正。

鼻音 n 和边音 l,如:南、蓝;唇齿音 f 和舌根音 h,如:房、航;舌面音 j、q、x,如:金、亲、新;舌尖后音:zh、ch、sh、r,如:志、赤、室、日。

② 难点声母训练。

b、p:饱了—跑了;步子—铺子。 d、t:队伍—退伍;调动—跳动。

g、k:挂上—跨上;关心—宽心。 j、q:尖子—扦子;精华—清华。

z、c:子弟—此地;坐落—错落。 zh、ch:摘花—拆花;竹纸—竹尺。

zh、j:标志—标记;短暂—短剑。 ch、q:长生—强身;船身—全身。

sh、x:师傅—吸附;诗人—昔人。 z、zh:自力—智力;栽花—摘花。

c、ch:仓皇—猖狂;藏身—长生。 s、sh:散光—闪光;塞子—筛子。

n、l:女客—旅客;难住—拦住。 f、h:开发—开花;公费—工会。

③ 韵母辨正。

前鼻韵母 an、en、in,如:安、恩、阴;后鼻韵母 ang、eng、ing,如:昂、梦、莹;er(卷舌音),如:耳目一新、尔虞我诈、接二连三。

④ 难点韵母训练(前鼻韵母与后鼻韵母对比)。

an－ang:烂漫—浪漫;反问—访问;赞颂—葬送。

en－eng:陈旧—成就;真诚—征程;审视—省事。

in－ing:亲生—轻生;人民—人名;信服—幸福。

⑤ 声调。

普通话有四个声调:阴平、阳平、上声、去声。

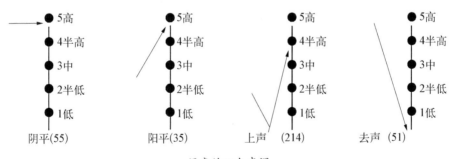

语音的四个声调

阴平:高平调,调值 55,如,花(huā)。

阳平:中升调,调值 35,如,麻(má)。

上声:降升调,调值 214,如,伟(wěi)。

去声:全降调,调值 51,如,下(xià)。

练一练

普通话声调练习:

巴拔把罢 方房访放 妞牛扭拗 青情请庆

知职止至 称成逞秤 亲勤寝沁 窗床闯创

（2）语流音变。

普通话的语流音变，是在连续说话的语流中，音节和音节互相影响，读音有些变化。汉语的音节都有它固定的声调，但是在语流中由于一个个音节是连续地发出来，音节和音节互相影响，调值就会发生变化，这种变化叫变调。例如"土""改"连着念，听起来像是"涂改"。变调出现在口语中，《汉语拼音方案》规定书写时一律按原声调符号标注。在普通话中最常见的变调有下列几种。

① 上声的变调。

单念和在词语的末尾的时候，上声的调值不变，为"214"。例如：好、看报纸、听不懂、开火。两个上声相连，前一个上声变得像阳平，调值由"214"变为"35"。例如：美好、水果、领导、演讲、海水。三个上声相连时，应根据词语内部结构的不同进行变读。

A：（上声＋上声）＋上声——阳平＋阳平＋上声。例如：演讲稿、展览馆、水彩笔。

B：上声＋（上声＋上声）——半上＋阳平＋上声。例如：党小组、纸老虎、跑百米。

② "一、不"的变调。

A：去声前变阳平（35）。

"yí"：一样、一定、一块儿、一望无际、一切顺利。

"bú"：不怕、不够、不看、不像、不必客气、不露声色。

B：非去声（阴平、阳平、上声）前变去声（51）。

"yì"：一般、一年、一边、一早、一帆风顺、一头白发。

"bù"：不吃、不同、不管、不开、不许、不想。

C：夹中间变轻声。

如：看一看、想一想、等一等、好不好。

③ 轻声。

轻声是指在词语、句子中有的音节丢失了原来的声调，变成一种在听感上显得又轻又短的调子，读作轻声的主要情况：名词、代词的后缀（"子、头、们"）；语气词（"啊、吗、呢、吧"）；助词（"的、地、得、着、了、过"）；音节重叠的亲属称谓；名词、代词后面的方位词（"上、下、里"）；人的五官、肢体、穿着基本读轻声。

常用轻声词语：馒头、舌头、毯子、孩子、咱们、月亮、蘑菇、疟疾、咳嗽、合同、打算、什么、客气、漂亮、栅栏、扫帚、庄稼、明白、钥匙、知识、便宜、东西、甘蔗、窗户。

④ 儿化音。

附着于其他韵母，使之成为带卷舌色彩的儿化韵。例如：好玩儿、聊天儿、玩意儿。儿化韵不是单纯的语音现象，它有区别词义、区别词性和表示感情色彩的作用。

区别词义：头（脑袋）、头儿（领头的）；信（书信）、信儿（口信、消息）；笑话（耻笑）、笑话儿（可笑的故事）。

区分同音词：开伙（办伙食）、开火儿（交战）；拉练（野营训练）、拉链儿（拉锁）。

区别词性：亮（形容词）、亮儿（名词）；盖（动词）、盖儿（名词）；堆（动词）、堆儿（量词）。

3. 普通话测试内容及要求

(1) 单音节字词(100 个)。

目的：考查应试人普通话声母、韵母和声调的发音。

要求：声母、韵母和声调的发音要清晰准确。

时间：限时 3 分钟

分数：10 分。每读错一个声、韵母或声调扣 0.1 分,读音有缺陷每字扣 0.05 分。

(2) 双音节词语(50 个)。

目的：除考查应试人声、韵、调的发音外,还要考查上声变调、儿化韵和轻声的读音。

要求：声、韵、调的发音和轻声、儿化,变调等音变要准确掌握并清晰发音。

时间：限时 3 分钟。

分数：20 分。每错读一个音节的声、韵、调扣 0.2 分,读音有明显缺陷每次扣 0.1 分。

(3) 朗读(400 字短文)。

目的：考查应试人使用普通话朗读书面材料的能力,重点考查语音、语流音变、语调等。

要求：用普通话正确、流利、有感情地把文章读出来。

时间：限时 4 分钟。

分数：30 分。每次语音错误扣 0.1 分,漏读一个字扣 0.1 分,如存在方言语调一次性扣 1—3 分,语言不连贯或语速不当一次性扣 1—2 分,回读一次,按语言错误计分,3 次以下扣 1 分,5 次以上扣 2 分。

(4) 命题说话。

目的：考查应试人在无文字凭借的情况下说普通话所达到的规范程度。

要求：要求普通话口语表达规范、流畅程度。

时间：不少于 3 分钟。

分数：40 分。语音标准程度,共 25 分;词汇语法规范程度,共 10 分;自然流畅程度,共 5 分。

(二) 培养语感与情感体验

1. 朗读的定义及要求

朗读是用清晰、响亮的语音,结合各种语言手段和表演手段来完善地表达作品思想感情的一种语言艺术。通过朗读,朗读者能积累名言佳句,体验艺术魅力,陶冶思想情操,提高审美能力,养成高雅气质,宣传教育他人。朗读要求发音清晰,吐字饱满,语速适当,语调适宜。朗读能力是口语表达的重要基础,也是医卫工作需要的基本素质。

2. 朗读的表现手段

(1) 停顿。停顿是指朗读时语句或词语之间声音上的间歇。停顿是出于朗读者在朗读时生理上的需要,出于句子结构上的需要;出于充分表达思想感情的需要,也可给听者一个领略和思考、理解和接受的余地,帮助听者理解文章含义,加深印象。

(2)重音。在表情达意上起重要作用的字、词或短语在朗读时要加以强调,通过声音的强调来突出其意义,能给色彩鲜明、形象生动的词增加分量。

(3)语速。朗读时,根据作品的内容和体裁适当掌握朗读的快慢,可以强调作品的情绪和气氛,增强语言的表达效果。

(4)语调。语调指语句里声音高低升降的变化,其中以结尾的升降变化最为重要,一般是和句子的语气紧密结合的。一般有高升调、降抑调、平直调、曲折调等变化。

3. 朗读符号

(1)停连。符号"/"表示句中语意间短暂的停顿;符号"∧"表示停顿时间稍长一些;符号"⌒"只用于有标点符号的地方,表示缩短停顿时间,连起来读。

(2)重音。在字下加圆黑点"·"表示重读。例如:桂林的山真奇啊;桂林的山真秀啊;桂林的山真险啊。"奇""秀""险",是桂林的山的特点,也是表现主题思想的重要词语。

(3)语调。符号"↗"表示上升语调(含语句尾音上扬),"↘"表示下降语调(含语句尾音下降),"→"表示平缓的语调。

4. 示例

海　燕

在/苍茫的/大海上,↘狂风/卷集着乌云。↗在/乌云/和大海之间,→海燕∧像黑色的闪电,→在高傲地飞翔。↗

一会儿/翅膀碰着波浪,→一会儿/箭一般地直冲向乌云,→它叫喊着,↘——就在这鸟儿勇敢的/叫喊声里,乌云∧听出了欢乐。↗

在这叫喊声里——充满着对/暴风雨的渴望!↗在这/叫喊声里,乌云∧听出了/愤怒的/力量、热情的/火焰∧和胜利的/信心。↗

海鸥∧在暴风雨来临之前呻吟着,——呻吟着,↘它们在大海上飞窜,想把自己/对暴风雨的恐惧,掩藏到大海深处。↘

海鸭∧也在呻吟着,——它们这些海鸭啊,享受不了/生活的/战斗的欢乐:轰隆隆的雷声就把它们吓坏了。↘

蠢笨的企鹅,胆怯地把肥胖的身体躲藏在悬崖底下……↘只有那高傲的海燕,勇敢地,自由自在地,在泛起白沫的大海上飞翔!↗

乌云越来越暗,⌒越来越低,向海面直压下来,↘而波浪一边歌唱,一边冲向高空,去迎接那雷声。↗

雷声轰响。波浪在愤怒的飞沫中呼叫,跟狂风争鸣。↗看吧,狂风紧紧抱起一层层巨浪,恶狠狠地把它们甩到悬崖上,把这些大块的翡翠摔成尘雾和碎末。↗

海燕叫喊着,飞翔着,像黑色的闪电,箭一般地穿过乌云,翅膀掠起波浪的飞沫↗。

看吧,它飞舞着,像个精灵,——高傲的、黑色的暴风雨的精灵,↗——它在大笑,它又在号叫……↖它笑那些乌云,它因为欢乐而号叫!↗

这个敏感的精灵,→——它从雷声的震怒里,早就听出了困乏,它深信,乌云遮不住太阳,——是的,遮不住的!↗

狂风吼叫……雷声轰响……↗

一堆堆乌云,像青色的火焰,在无底的大海上燃烧。→大海抓住闪电的剑光,把它们熄灭在自己的深渊里。↘这些闪电的影子,活像一条条火蛇,在大海里蜿蜒游动,一晃就消失了。↘

——暴风雨!暴风雨就要来啦!↗

这是勇敢的海燕,在怒吼的大海上,在闪电中间,高傲地飞翔;这是胜利的预言家在叫喊:

——让暴风雨来得更猛烈些吧!↗

二、语言交际基础

(一) 话题说话

1. 介绍类

自我介绍。包括介绍自己的自然状况、职业特点、特长爱好、脾气性格、学习情况、业余生活、婚姻状况、家庭生活等。

介绍他人。包括介绍自己的家庭成员、邻居、同事、老师、同学以及一些对自己影响较大、印象深刻的人等。

介绍事物。以介绍自己所见、所知的客观事物为主要内容,方法以说明为主。如介绍家乡、介绍校园、介绍难忘的一件事。

如介绍"我的业余爱好"。话题中"业余爱好",限定了说话的范围和主题——必须是在工作(学习)以外的时间里自己有浓厚兴趣的一种或几种有意义的爱好,如读书、下棋、唱歌、集邮、书法。可以分别说一说自己的几种不同的业余爱好,也可以集中谈一种业余爱好。叙述时应该说清楚这种业余爱好是什么时候养成的,是什么原因促使你对此感兴趣;这种业余爱好给你带来了哪些有益影响,是增长了知识,还是开阔了眼界,是陶冶了情操,还是使身心得到了放松。最后可以说一说自己在这方面取得的成绩,如作品发表、获奖、参加展览。

2. 评述类

评述,就是阐述自己对某一论题的认识、看法,也包括就某一现象或某种观点发表见解、表明态度等。这类话题一般都与人们的现实生活、思想实际、社会思潮联系得比较密切。评述类话题要根据提供的论题或提出的要求,确立正确、鲜明的论点。有时话题给出的是一个有争议的或认识上有偏差的甚至是错误的观点,就更需要我们认真分析,仔细辨别。然后围绕确定的论点,选择恰当的论据。用作论据的材料必须真实可信,有说服力。作为论据的材料有两类,一类是事实论据,一类是理论论据,两者经常配合运用。

如评述"说勤俭"。要明确"勤俭"的含义是勤劳而节俭,勤俭是中华民族的传统美德,也是一个人应该具有的美好品德;要说清勤俭的重要性,可以从正反两方面用事实、数字等来说明勤俭的好处和不勤俭的危害(小至个人大到国家);可以针对当前社会上某些人铺张浪费、贪求奢华的现象谈谈你的看法;还可以谈谈怎样才能做到勤俭,可以联系自己、自己的家庭或单位的实际情况具体说一说。

3. 描述类

描述指通过运用各种修辞手法对事物进行形象化的阐述,给人明了的感受。描述要注意运用点面结合的方法描述整个场面的状况,既有整体概括,又有具体描述,一般采用先总述再分述的方法。例如,描述庆祝教师节的场面,可以先描述欢庆活动的总体场面,勾勒"面"的情况,然后分别写校长、老师、同学的表现,这样就能点面结合、条理清楚。场面描述要突出表现人物,把人物的活动与场面交织在一起,恰到好处地写出人物的感想体会,表露人物感情,才能把一个场面描述得活灵活现。另外,在描述场面时要安排好先后顺序,注意逻辑性。

如描述"运动会拔河比赛"。要交代清楚活动场面发生的时间、地点、环境等让听众了解所描述场面的整体情况;突出典型人物和事件,细致描述人物的神态、动作、语言和心理活动。描述场面气氛时,既要描述参加活动人的心情、神态表现,又要描述围观人的反映,把场内外交织在一起描述,才能更好地烘托环境气氛。通过描述气氛,展示一幕幕精彩的场面,使人有种身临其境的感觉。注意描述顺序,条理要清晰。

(二) 演讲与口才

1. 演讲的概念与特点

(1)演讲又叫讲演、演说,是演与讲的有机结合。演讲是指演讲者在特定的时空环境中,凭借有声语言和相应的体态语言,郑重系统地发表见解和主张,从而达到感召听众、说服听众、教育听众之目的的艺术化的语言交际形式。以"讲"为主,以"演"为辅——"讲"起主导作用,是决定因素,而"演"则必须建立在"讲"的基础上,起到增强效果的作用。

(2)演讲有以下特点。

① 现实性。演讲属于现实公众活动的范畴,不属于艺术活动的范畴,它是演讲者通过对社会现实的判断和评价,直接向广大听众公开陈述自己的主张和看法的现实活动。

② 艺术性。演讲的艺术性在于它具有文学特征、朗诵艺术色彩和富有感召力的体态语言,形成了统一的整体感和协调感,即演讲中的各种因素(语言、声音、表演、形象、时间、环境)形成一种相互依存、相互协调的美感。

③ 工具性。演讲是人们交流思想的工具。任何思想、任何发明和创造,都可以借助演讲这个工具来传播。在医护工作中,演讲是卫生宣教及与病人沟通的最实用、最方便的工具。

④ 适应性。演讲的内容包罗万象,男女老幼,不同背景、文化层次、职业身份、种族、阅历的人都可以演讲;同时,它不受时空、设备等限制,演讲者可以随时随地进行。因此,演讲是具有很强适应性的宣传教育形式之一。

2. 演讲稿的写作方法

一份演讲稿,完整的格式包括标题、开头、主体和结尾。演讲稿的标题没有特别的要求,可以直接揭示主题,如《竞争万岁》《理想、开拓、献身》;可以揭示演讲场合,如《在马克思墓前的讲话》《在县委组织部欢送会上的讲话》;可以利用比喻或象征等修辞手段,如《走进历史这条古巷》《丰碑》;也可以使用祈使句式,如《大学生,请补上交际这一课》《请节约能源》。写好演讲稿最关键的是写好开头和结尾,做到"凤头""豹尾"。

(1) 演讲稿的开头——精彩漂亮如"凤头"。请看下面这个例子。

女士们、先生们:下午好! 现在我来给你们讲一下"道德与法律"这个问题,对不起! 由于时间关系,我准备得不充分,请你们多包涵。

这是一个非常糟糕的开头。首先,向听众们道歉是演讲者常犯的一个错误。这等于暗示这个演讲不值得去准备,可以随意打发,这是对听众的敷衍。其次,如"上午好,下午好"之类的,若不是在特别庄重的场合,能免则免。当然还要有一个比较新颖的问候语,表示出对听众的尊重。如果条件允许,可以这样问"今年夏天你们过得好吗""新的一年开始了,你们有什么新的计划",也可以用眼神和微笑来表示问候。

好的演讲稿开头,绝非只是引出演讲的话题,而应当吸引听众,在引出话题的基础上"收买"听众。开头犹如同听众握手,又如同电影海报,第一句就要能拨动听众的心弦。最常见的开头有以下几种方式。

① 直白式,"开门见山",直奔主题,开宗明义。1945 年 11 月,法国总统戴高乐在《在凯旋门广场上的讲话》中开篇直言:

这些为法兰西捐躯但同法兰西一起凯旋的人,在日日夜夜决定着我们命运的战场上牺牲的战士,经历我们的一切痛苦和胜利的烈士,现在回来了!

这种开头多采用呼告式语言,往往会使整个演讲都饱含激情,与演讲的目标相匹配,为演讲定下基调。

② 引用式,开头引用一些名言、数据、诗句、故事,可点出演讲的宗旨。语言学家张志公的一次学术演讲是这样开头的:

我们中国有句俗语"隔锅的饭香",小孩儿吃自家的饭菜吃惯了,总以为邻居家的饭菜更好吃。其实,我们扬州师范学院汉语组的老师在学术方面很有建树,很值得我学习。

张志公引用的俗语,通俗易懂,让人莞尔,成功引出了话题。

③抒情式，先不谈正题，而是用情感与在场的听众交流，拉近与听众的距离。如连战在北京大学发表演讲，他的开场白是这样的：

今天我和内人偕同中国国民党大陆访问团一起来到北京大学，非常荣幸。在这里首先向各位表示感谢。北京大学的现址，刚才我了解到，就是当年燕京的校址，我的母亲在20世纪30年代在这里念书，所以今天来到这里可以说是倍感亲切。看到斯草、斯木、斯事、斯人，想到我母亲在这儿年轻的岁月，在这个校园接受教育、进修成长，心里实在是非常亲切。她老人家今年已经90岁了，我告诉她我要到这边来，她还是笑眯眯地，很高兴。台湾的媒体说我今天回"母校"，母亲的学校。这是一个非常正确的报道。

诚挚的情感，使得本来与北大没什么直接联系的连战，立刻就与在场的每一位北大学子有了血脉相通的亲近感，拉近了和听众的距离。

④悬念式，在演讲一开头就设置一个或多个悬念来吸引听众，一开口就让听众全神贯注，牢牢抓住听众的注意力，迫使听众融入演讲，进入思考。使用悬念式开头需要注意以下几个方面。一是悬念的设置要与演讲内容与主题有密切关系；二是悬念的设置要自然贴切，切不可故弄玄虚；三是悬念设置后要尽快解开悬念，否则，听众受挫过深便不再对演讲话题保持兴趣了。总之，设置悬念的目的是吸引听众，引起听众好奇，而不是为难听众。

例如：

我想诸位会同意今天晚上我要讲的这个题目的，它对于这个国家中的每个男人、女人、孩子都是绝对的至关重要。因为它将涉及每个人的腰包，和我们在座的每个人都密切相关。

这个开头充满悬念，一下子就引起了听众的好奇，紧紧抓住了听众的注意力，促使听众急切地想知道答案，并满怀兴趣地听下去。

又如：

各位同学，在我演讲之前，先请大家听听这些数字：36 000、600、25。大家知道这些数字意味着什么吗？（听众有人回答不知道）时间分分流逝，历史缓缓推移。时钟的秒针再转过36 000圈，分针再走过600转，日历牌再翻过25张，我们的祖国母亲就会将香港拥入自己温暖的怀抱！（掌声）36 000个祝福，600个思念，25份渴望，都送给令人魂牵梦绕的7月1日，说不尽的千言万语，都汇成我今天演讲的题目："欢迎你，香港！"

这个开头巧设悬念，用一连串数字吸引听众的注意和好奇，然后又用数字连缀起时间和祝福，烘托出热烈盼望香港回归的主题，可谓引人入胜。

⑤幽默式，在演讲稿的开篇说一些幽默的话语，让听众在笑声中融入演讲。

微软公司前首席执行官兼总裁史蒂夫·鲍尔默2000年9月19日在清华大学礼堂作的题为《一切都会在互联网上实现》的演讲，是这样开头的：

能够在这里和大家交流，是我无比的荣幸。对我来说，学生几乎是我最乐于为之演讲的听众。张亚勤（主持人）介绍了我的学生时代，当时我和比尔·盖茨一道在哈佛读书。我可以向大家保证,我曾经当过学生,我也曾经有过头发。

　　这个诙谐幽默的开头,缩短了演讲者和听众之间的心理距离,营造了轻松的交流气氛。

　　此外,还有呼告式、叙事式、解题式、设问式等开头,在写作演讲稿时应灵活选择,甚至可以多种模式一起使用,可以在"抒情"中"直白",也可以在引用中幽默。但无论哪种开头方式都必须做到:自然贴切,紧紧围绕演讲的宗旨;生动有趣,吸引听众的注意力;精彩有力,通俗而不低俗。

　　(2)演讲稿的主体部分,应紧承开场白,通过丰富的内容,完备的逻辑打动听众,特别需要注意安排结构层次,通常可以采用并列式、递进式、对比式等,并且组织安排好高潮,使演讲者和听众在情感上产生强烈的共鸣,达到"快者欣然,愤者扼腕,悲者掩泣,羡者色飞"的境界。

　　(3)演讲稿的结尾——简短有力如"豹尾"。美国作家约翰沃尔夫说:演讲最好在听众兴趣达到高潮时果断收束,在听众意犹未尽时戛然而止。这是演讲稿结尾最为有效的办法。在演讲处于高潮的时候,听众大脑皮层高度兴奋,注意力和情绪都由此达到最佳状态,如果在这种状态下收束演讲,那么保留在听众大脑中的最后印象就特别深刻。常见的结尾模式有以下几种。

　　① 总结式,简明扼要地总结一下演讲的重要内容,能起到提醒和强调的作用,给听众留下一个完整的印象。如:

　　听听我这个没当成的女记者的心声吧:我相信,女性是伟大的,我也相信,男性是伟大的,我更希望我们都相信,伟大的男性和伟大的女性加起来才是伟大的人民!他们的自信、自尊、自爱焕发出来的巨大能量才是伟大的文明!

　　这个结尾恳切热情,总括全文,给人留下清晰深刻的印象。

　　② 抒情式,以抒情怀、发感慨的方式结尾。演讲本身是一种思想和激情的燃烧,用抒情怀、发感慨的诗情画意的语言结尾,最易激起听众心中感受情的浪花。

　　如英国科学家赫胥黎在《科学和艺术》中的结尾:

　　但是如果撇开比喻,当人们不再爱,也不再恨;当苦难不再引起同情,伟大的业绩不再激励人心,当野百合花不再显得比功成名就的老苏罗门装扮得更美;当面对白雪皑皑的高山和幽深不见底的山谷,敬畏之情完全消失,到那时,科学也许真的会独占整个世界。但是,这倒不是因为科学这个怪物吞没了艺术,而是因为人类本性的某一面已经死亡,是因为人们已经丧失了古代的和现代的品质的一半。

　　深切的抒情结合有力的排比,让这个结尾有着震撼人心的效果。

　　③ 警言式,通过引用名言警句谚语、格言、诗句等作为结尾,不仅可以使语言表达得精练、生动、富有节奏和韵律,而且还可以使演讲的内容丰富充实,具有启发性和感染力,同时还可以给人一种生动活泼、别开生面之感。如:

　　毅力是攀登智慧高峰的手杖;毅力是漂越苦海的舟楫,毅力是理想的春雨催出的鲜花。朋友,或许你正在向成功努力,那么,运用你的毅力吧。这法宝可以推动你不断地前进,可以扶持你度过一切苦难。记住:"顽强的毅力可以征服世界上任何一座高峰!(狄更斯语)"

用名言结尾,不仅能给演讲者的思想提供有力的证明,增加演讲的可信度,而且显得更加优美、含蓄、睿智、大气,具有较强的说服力和鼓励作用。

④ 祝贺式,用祝贺或赞美的言辞结尾,能造成欢乐愉快、热情洋溢的气氛,使人在愉快中增加自豪感、荣誉感、激励人们满怀信心去创造未来。如:

最后在春节即将到来之际,我借此机会向全市的父老、兄弟、姐妹们拜个早年。祝老年人春节愉快,寿比南山!祝中年人春节快乐,家庭幸福,事业有成!祝年轻人春节快乐,爱情甜蜜,前程无量!祝大家年年幸福年年富,岁岁平安岁岁欢!

通过热情洋溢的祝福,可活跃气氛,融洽关系,但不要过分夸张和庸俗地捧场,否则有哗众取宠之嫌。

演讲结尾的形式还有号召式、决心式、点题式、提问式等。

3. 演讲稿的写作要求

成功的演讲,首先要能够从情感上打动人、鼓舞人,才能说服人、教育人。要取得这样的效果,演讲稿的主题要鲜明,举例要生动,感情要深厚,条理要清晰,结构要完整。忌平铺直叙,力求跌宕起伏。

(1)有的放矢。写演讲稿首先要了解听众的思想情况,了解他们所关心和迫切需要解决的问题,确立符合他们意愿的主题,这样才能达到宣传、鼓动和教育的目的。

(2)以情动人。演讲的关键是能够打动人、感染人。因而,演讲稿要注重感情色彩,营造浓郁的情感氛围。既要以理服人,更要以情动人。

(3)注意内容节奏。演讲的节奏主要是通过演讲内容的变换来实现的。演讲内容的变换,是在一个主题思想所统领的内容中,适当地插入幽默、诗文、逸事等内容,以便听众既保持注意力高度集中又不因高度集中而疲劳。

(4)语言优美。演讲稿的语言既要有自然质朴、简洁明了的本色,又要具有准确严密、条理清晰、生动形象、平易亲切、圆润动听、幽默风趣等特点。有时在整散结合中显示出参差美;有时在平易中显示出绚丽美;有时明白晓畅,酣畅淋漓;有时庄重严肃,有时诙谐幽默。凡此种种,都要恰到好处,各得其"体"。

4. 演讲的技巧

"演"是无声语言,给人以视觉形象,"讲"是有声语言,给人以听觉形象。"只演不讲"或"只讲不演"都不能算演讲。所以,演讲要声、色、势、情相得益彰。要注意的是,技巧只是方法、是捷径,要真正做好演讲,需长期的积累和持之以恒,坚持不懈地刻苦训练。

(1)语言表现技巧。

掌握语速,快慢适宜,太快则听不清,太慢则显得拖沓。把握停顿、重音、节奏、语气,形成轻重缓急,抑扬顿挫,声音欲高先低,欲低先高;节奏欲快先慢,欲慢先快;语气欲扬先抑,欲抑先扬。灵活运用多种句式,整句和散句相结合,错落有致。避免口头禅,避免重复。

（2）非语言表现技巧。

① 目光。演讲者的表情如"荧光屏"，听众的眼神都集中在"荧光屏"上。因此，要善于用目光接触听众，获得并掌握听众的注意力，建立相互的信任；还可以通过目光的交流来回应听众，分析听众的表情。

演讲中目光接触的方法主要有以下几种。

前视法：演讲者视线平直向前面弧形流转，从听众席的中心线弧形照顾两边，直至视线落到最后的听众头顶。

环视法：眼睛向全场有目的地扫一下，使所有听你演讲的人都注意到你，使其不觉得你只是在和某个人交流。这样演讲者才能较全面地了解听众的心理反应，可根据听众反应随时调整演讲的节奏、内容、语调，把握演讲的主动权。

虚视法：就是似"视"而非"视"，演讲就需要这样虚与实的目光交替，"实"看某一部分人，"非"看大家，演讲要做到"目中无人"但心中有人。

目光还有一条妙用，当你注视着听众时，听众觉得你在盯着他，便不太好意思不听你讲而私下里与周围的人交头接耳了，这也让听众不易走神。在演讲中最忌目光空洞呆滞，这最易破坏自己的形象。目光畏缩慌乱是不自信的表现。另外，毫无目的地左右乱看也应极力避免。还有的人老是无意识地频繁眨眼，让人觉得莫名其妙，这种不良习惯也应克服。

② 表情。演讲时的脸部表情无论好坏都会带给听众极其深刻的印象。紧张、疲劳、喜悦、焦虑、等情绪无不清楚地表露在脸上。演讲的内容即使再精彩，如果表情总觉缺乏自信，老是畏畏缩缩，演讲就很容易变得欠缺说服力。

控制表情的方法，首先是"不可垂头"，人一旦"垂头"就会给人"丧气"之感，让听众觉得演讲者很不自信。其次是"缓慢说话"，说话速度一旦缓慢，情绪即可稳定，脸部表情也会得以放松。

③ 服饰和发型。服装也会带给观众各种印象。轻松的场合不妨穿着稍微花哨一点的服装来参加。不过如果是正式的场合，一般来说仍以深色西服以及燕尾服为宜。发型也可塑造出各种形象来。长发和光头各自蕴含其强烈的形象，而鬓角的长短也被认为是个人喜好的表征。演讲时，你的服装、发型究竟会带给听众何种印象，这要好好地思量一番。

三、语言交流艺术

（一）基本素养

1. 用词准确生动

用词要表意确切，不生造、割裂，不滥用方言和文言词，不用不文雅的词语；用词要生动形象，词义褒贬鲜明，具有丰富的表现力。

2. 语句通顺简练

说理叙事，每句话都要说得明白透彻，符合语法规范。过于深奥、冗长、啰唆的话语会使听者理解困难，甚至感到厌烦。用简洁的语言表达丰富的内涵才是说话的最高境界。说话时应注意避免出现成分残缺、搭配不当、异式杂糅、否定不当等语病。

3. 语序符合逻辑

说话要注意语句的顺序。空间以从上到下、从左到右、从外到内为序；时间以先后为序；事物发展以前后为序；说理以由表及里、由浅入深、由感性到理性为序。句群要首尾照应，前后勾连，开头讲起因，结尾讲结论。围绕中心安排句序，句与句之间符合逻辑。

4. 表意恰当得体

用语要看对象和场合，对象不同，措辞用语必须讲究说法和分寸，符合彼此特定情境中的角色关系，正式场合用语庄重规范，工作场合用语准确简要，生活场合用语自然灵活，娱乐场合用语风趣生动。要根据不同场合选择不同语体。科学语体和文学语体不同，科学语体大量使用限定成分构成长句，插入成分多；文学语体形象生动、用语灵活、富于感染力。政治语体和事务语体不同，政治语体富于逻辑性，概念精确而严密，如报告、社论；事务语体大都应用于公文，讲究简要平实程式化。

（二）交流艺术

1. 倾听的重要性

沟通的过程也是倾听的过程。研究表明，在沟通中倾听比表达更重要。在与人相处中，很重要的一环是学会倾听。所谓倾听就意味着要有听别人说话的耐心。有许多人正是由于缺乏这种聆听的耐心，不虚心接受别人的教诲而失败。

2. 交谈礼仪

（1）谈话的表情要自然，语气要和气亲切，表达得体。说话时可适当做些手势，但动作不要过大。与人谈话时，不宜与对方离得太远，但也不要离得过近。

（2）参加别人谈话时要先打招呼。别人在交谈时不要凑前旁听。若有事需与某人说话，应待别人说完。有人与自己主动说话，应乐于交谈。第三者参与说话，应以握手、点头或微笑表示欢迎。发现有人欲与自己谈话，可主动询问。谈话中遇有急事需要处理或需要离开，应向谈话对方打招呼，表示歉意。

（3）谈话现场超过三人时，应不时地与在场的所有人攀谈几句。不要只与其中的一个人说话，而不理会在场的其他人。也不要与个别人只谈两个人知道的事而冷落第三者。如所谈问题不便让旁人知道，则应另找场合。

（4）在交际场合，自己讲话时要给别人发表意见的机会。别人说话时，要善于倾听对方谈话，不要轻易打断别人的发言。一般不提与谈话内容无关的问题。如果对方谈到一些不便谈论的问题时，不对此轻易表态，可转移话题。在相互交谈时，应目光注视对方，以示专心。对方发言时，不左顾右盼、心不在焉，或注视别处，显出不耐烦的样子;也不要老看手表,或做出伸懒腰、摆弄东西等漫不经心的动作。

（5）谈话的内容一般不要涉及疾病、死亡等不愉快的事情,不谈一些荒诞离奇、耸人听闻、无聊低俗的事情。一般不询问女性的年龄、婚否,不径直询问对方履历、工资收入、家庭财产、衣饰价格等私人生活方面的问题。对方不愿回答的问题不要追问,不盘根问底。说到对方反感的话题时应表示歉意,并立即转移话题。

3. 劝导的技巧

1930 年,卡耐基组织专家、教授、学者进行研究,在长时间的讨论下,一个符合心理学法则又能引导人们行动的说话结构终于诞生了,即"魔术公式",能为我们进行有效的劝导工作提供借鉴和启发。所谓的"魔术公式",其实就是以下的两个谈话步骤:第一步,说你的实例的细节,生动地说明你想传达的意念;第二步,以详细、清晰的语言,说出你的重点,要听众做什么。

（1）调节气氛,以退为进。在劝导别人时,首先要维护他人的自尊和荣誉,态度应该是和颜悦色的,气氛应是友好而和谐的,避免以命令的方式进行劝导。反之,在说服时不尊重他人,拿出一副盛气凌人的架势,那么说服多半是要失败的。毕竟人都是有自尊心的。

（2）争取同情,以弱克强。渴望同情和同情弱者是人的天性,如果你想说服比较强大的对手时,不妨采用这种争取同情的技巧,从而以弱克强,达到目的。

（3）善意威胁,以刚制刚。很多人都知道在社交场合中,使用威胁的方法是不道德的。但适当的时候,使用善意的威胁,给对方一定的压力,可以增强说服力。当然,在具体的劝导过程中要注意:第一,态度要友善;第二,讲清后果,说明道理;第三,威胁程度不能过分,否则反会弄巧成拙。

（4）消除防范,以情感化。一般来说,劝说对象会对劝说人产生一种防范心理,尤其是在情况比较危急的场合中。所以要想说服成功,就要注意消除对方的防范心理。应该说,防范心理的产生是把对方当作假想敌人时产生的一种自卫心理。所以,在劝导过程中,应该不断地向对方表明自己是朋友而不是敌人。例如,可以通过嘘寒问暖,或给予帮助等方法,消除对方的敌意。

（5）设身处地,将心比心。善于站在他人的立场上分析问题,能给他人一种善解人意的感觉。这种"投其所好"的技巧常常具有极强的说服力。但要做到这一点,"知己知彼"十分重要,充分了解对方的情况,才能站对方的立场上考虑问题。

（6）寻求一致,取长补短。一般来讲,习惯于拒绝他人说服的人,经常都处于顽固的"不"的心理状态中。面对这样的人,不宜直接切入正题。一般可通过寻找其他与对方一致的地方,先让对方在某个问题上取得与自己一致的意见,然后再想法引入话题,最终获得对方的同意。

4. 有效拒绝

（1）直接拒绝。将拒绝之意当场明讲。采取此法时,重要的是避免态度生硬,说话难听。在一般情况下,直接拒绝别人,需要把拒绝的原因讲明白。可能的话,还可向对方表达自己的谢意,表示自己对其好意心领神会,借以表明自己通情达理。有时,还可为之向对方致歉。

(2)婉言拒绝。用温和婉转的语言表达拒绝的本意。与直接拒绝相比,它更容易被接受,因为它在很大程度上顾全了被拒绝者的尊严。这是拒绝中最常用也是最有效的方法。

(3)笑而不语,沉默拒绝。对于一些难以说清的或不需要多解释的问题,可以避实就虚,以笑代答。对对方不说"是",也不说"否",只是搁置此事,转而议论其他事情。

(4)回避拒绝。回避拒绝是指针对对方的要求,避实就虚,转而谈论其他事情的方法。遇上他人过分的要求或难以回答的问题时,都可以使用这一方法表明态度。

5. 不轻易批评

(1)不要只懂批评。与其诅咒黑暗,不如点亮蜡烛。人生悲喜交集,每天有得有失,不断地批评会使自己和身边人都感到疲惫。

(2)提出建设性批评。批评是严肃的事情,批评之前应确定自己是想解决问题而非借此侮辱、操控,或报复对方。

(3)不要推卸责任,怪罪他人。

6. 真诚道歉

有道是"知错就改",人不怕犯错误,却怕不承认错误,甚至明知故犯。在人际交往中,倘若自己的言行有失礼不当之处,或是打扰、麻烦、妨碍了别人,最聪明的方法,就是及时向对方道歉。道歉的好处在于,它可以化解矛盾、冰释前嫌,消除他人对自己的敌意;可以消除自己内心的愧疚,解除难堪;还可以防患于未然,为自己留住朋友。

(三)沟通中的语言修养

古人说"覆水难收",讲话就像泼水,水泼出去收不回来,讲过的话也是无法收回的。所以在话说出口前要慎思哪些当讲、哪些不当讲,怎么讲能让别人乐于接受。

(1)丧志的话不讲。有的人经常喜欢讲丧志、泄气的话,其实人更希望接受别人的鼓励。

(2)负气的话不讲。人在生气时,往往不自觉地讲出负气的话来,伤害别人也伤害自己。人在沟通中产生矛盾,最好保持冷静,不要随便发言,因为气头上所说的话,往往很难听。

(3)抱怨的话不讲。人在不满意的时候,经常说出一些抱怨的话,怨恨领导,怨恨朋友,甚至怨恨家人。经常讲抱怨的话,会令人生厌,甚至被个别人听到以后,成为其借题发挥、搬弄是非的工具,最后只能自食苦果。事实上,抱怨对解决问题是没有意义的。

(4)损人的话不讲。有的人轻浮,对人不够尊重包容,经常在言谈之间讲些贬损别人的话,有时候是损人利己,有时是损人不利己。语言损人是一时的,但自己的人格被人看轻,所受的伤害是永久的。

（5）自夸的话不讲。有的人在言谈之间，喜欢自我标榜、自我夸大，别人听了必定不能认同，所以自我夸大并无实益，反而自我损伤。人以谦卑为怀，不自我称大，方显品格高贵。

（6）不实的话不讲。人不能妄语，妄语就是"见言不见、不见言见、是的说非、非的说是"，也就是说假话。真诚是沟通的基础，假话是无法建立起友谊的。

（7）机密的话不讲。每个人都有很多机密，包括家庭的、公司的。业务有业务的机密，国家有国家的机密。我们应该养成不说机密的习惯。

（8）隐私的话不讲。自己的隐私不要向外讲叫自重，知道了别人的隐私也不要向外讲，这叫厚道。人要互相尊重，不讲暴露隐私的话。

第二节　医卫口语交际

一、医卫口语交际的概念及原则

（一）医卫口语交际的概念

医卫口语是临床医务人员使用的特有语言形态。在临床工作中，医务人员必须在短时间内斟酌和选择简短准确的词汇，根据病人的年龄、性别、职业、文化程度、疾病种类、病情程度等，用热情庄重的态度、严肃亲切的基调、耐心温和的语气、通俗易懂的术语，介绍诊断情况及治疗方法。除医患沟通外，围绕病人这一核心，整个诊疗过程，同时存在医护、护患、医技、同行、医药等多向关系。进行有效沟通，会使病人在诊治中得到更为优质的服务，形成和谐温暖的人文环境，更好地促进病人恢复健康。

（二）医卫口语遵循原则

1. 规范性原则

（1）语音要清晰。说话要让人听得清、听得懂，才能交流信息，沟通思想感情。医务人员临床面对的病人及家属来自不同地域，所以在工作中要尽量使用标准的普通话进行沟通，同时也要努力掌握当地方言，以减少交谈中的困难。

（2）语义要准确。医护人员在与病人交谈时，用词要朴实、准确、明晰。避免用病人听不懂的专业术语，尽量口语化、通俗化。

（3）语法要规范。表达符合语法要求，有系统性和逻辑性。比如护士在早会交接班报告病人的病情时，应把人物的称谓、时间、空间关系说清楚，把一件事的起始、经过、发展、变化、结局按逻辑顺序讲清楚，同时要注意语言的简练。

2. 治疗性原则

医护人员与病人交谈时，应时刻想到如何提高语言的治疗作用，通过交谈，给病人以温暖、安慰、鼓励，使病人消除顾虑、恐惧等不良刺激，建立起接受治疗的最佳身心状态，促进病人早日康复，这是每个医护人员应尽的责任。

（1）开场白的艺术。能否向病人提出恰当的话题，是交谈的技巧。年轻的医护人员常因不会找合适的话题，而不愿与病人进行交谈，使病人觉得医护人员缺乏热情，而影响良好的医护患关系。如何很自然地引起话题，可根据不同情况确定。如先问好或询问病人的睡眠、饮食情况，与病人就自然形成了感情交流，使病人愿意和你交流；也可用能引起病人兴致的话开头，如说"你的脸色好多了""你的精神好多了"；用关心病人生活的话开头，如"天气变了，要添点衣服，不要感冒了"。当病人愿意和你交谈后，你就可以开始谈其他问题。

（2）倾听与反馈。交谈过程中要注意倾听病人的谈话，要全神贯注，并做出积极的反应，可用"唔"表示愿意听，或用"噢"表示探究或期待。在说话间歇时，可做简短的提问或复述，以表示你听得十分认真，并力求理解他所说话的含义。在复述病人所讲的话时，要用自己的语言，如"你的意思是你想尽量不采用手术治疗""根据我的理解，你很想知道你的病对孩子有无影响"，复述时应完全从病人的角度讲问题，抓住中心意思，使病人感到你确实在认真听他讲话，并且能理解他，鼓励他继续讲。

（3）转变话题或结束谈话。当病人的谈话偏离了中心议题需转变话题时，要做到委婉自然，不能突兀地打断谈话使病人不快。结束谈话也要在病人话题告一段落时，劝告病人休息，说明以后再继续谈，或先将话题引开再结束你的谈话。

3. 礼貌性原则

态度礼貌谦虚，使用文明用语和谦语，说好见面语，如"您早""早上好"；迎接语，如"您好，很高兴认识您，有什么困难，请尽管来找我"；告别语，如"恭喜您痊愈出院"；感谢语，如"谢谢您的合作"；道歉语，如"真对不起，我们会尽全力，请您放心"。称谓得体，可以病人姓名加职务、职业或辈分来称呼。如"李科长""赵老师""高大爷"，以表示对病人的尊重，忌讳仅以床号称呼病人。

二、医护交际多向关系沟通技巧

（一）医患关系

医患关系是临床诊疗多种关系里的核心关系。沟通技巧概括为"一、二、三、四、五、六"。

"一"指一个根本：对患者要做到尊重。

"二"指两个技巧：倾听，就是多听患者或家属说话；介绍，就是多对患者或家属说话。

"三"指三个掌握：掌握患者的病情、治疗情况和检查结果；掌握患者医疗费用的使用情况；掌握患者心理状况。

"四"指四个留意：留意患者的情绪状态；留意患者的受教育程度及其对沟通的感受；留意患者对病情的认知程度和对交流的期望值；留意自身的情绪反应，学会自我控制。

"五"指五个避免：避免强求患者立即接受事实；避免使用易刺激患者情绪的词语和语气；避免过多使用患者不易听懂的专业词汇；避免刻意改变患者的观点；避免压抑患者的情绪。

"六"指六种方式：即针对沟通、交换沟通、告知沟通、说服沟通、书面沟通、非语言沟通。

针对沟通，指在以预防为主的医疗活动过程中，主动发现可能出现的问题，以此为重点对象，与家属预约后根据其具体要求进行有针对性的沟通。如在晨间交班中除交接医疗工作外，还要把当天值班中发现的家属的不满意作为交接内容进行交班，使下一班医护人员有的放矢地做好沟通工作。

交换沟通，指双方已经建立一定的信任，可以彼此谈论看法，交流想法和意见的沟通。沟通时应以关心、共情、信任的语言和非语言行为鼓励患者，引导其说出自己的想法和意见。当患者的认知和观点有违医学常识时，医护人员不能流露嘲笑、嫌弃的表情，以免影响患者的信任和继续提出自己看法的意愿。

告知沟通，指以告知对方自己的意见、观点和咨询为目的的沟通，通过告知向患者提供信息，如进行自我介绍、医院环境介绍、治疗护理方案说明。

说服沟通，指为改变对方的态度或行为的沟通，常采取晓之以理、动之以情的说理方式。由于说服沟通是以改变他人观点、态度、思想、情感、行为为目的，因此具有较大难度。规劝、批评、调节等都属于说服沟通的方式。

书面沟通，指借助书面文字进行沟通，是语言沟通由"可听性"向"可视性"的转换。其优点在于不受时空限制、传递信息较为准确且便于信息长期保存，信息发出者可反复核对、修改，接收者可以反复推敲、思考再给予反馈。书面沟通在信息传递和接收反馈方面较口语沟通慢，沟通过程和效果受双方语言文字修养水平影响。

非语言沟通，指超越字词之外，借助仪表、动作、眼神、空间距离等非语言媒介实现的沟通，与语言沟通相辅相成，起到加强配合语言、实现反馈和传达情感的作用。在恰当的时间、地点和情境中，针对交往对象的不同采用恰当的非语言形式，会收到良好的沟通效果。

(二) 医护关系

医护关系是临床医疗活动过程中联系最紧密的合作关系，只有互相配合，互相尊重,平等合作,才能建立互相协作与信任的新型、和谐的医护关系,提高医疗和护理服务质量,发挥现代医院的整体效应。医护在沟通中注意以下几个问题。

1. 明确职责,把握角色

医生和护士虽然工作对象、目的相同,但侧重点和使用的技术手段是不同的。医生主要的责任是做出正确的诊断,采取恰当的治疗手段;护士的责任是能动地执行医嘱,做好患者身体和精神护理,向病人解释医嘱的内容,取得患者的理解与合作。注意,护士也不是盲目执行医嘱,如发现医嘱有误,有责任主动向医生提出意见和合理化的建议,协助医生修改、调整不恰当的医嘱。

2. 真诚合作,互相配合

医生和护士在医院为患者服务时,只有分工的不同,没有高低之分。医生的正确诊断与护士优质护理服务的配合是取得最佳医疗效果的保证。医护关系是互相尊重、互相支持、真诚合作的关系,不是发号施令与机械执行的关系。

3. 互相监督,共同预防

任何一种医疗差错都会给患者带来心身健康的损害,甚至危及生命。因此,医护之间应互相监督对方的医疗行为,及时预防医疗差错的发生。一旦发生医疗差错,要做到不隐瞒、不包庇,及时纠正,以免铸成大错。

(三) 医技关系

医院技术人员指各种辅助检查科室的技术员工(如检验科、影像科、B超室、心电图室、脑电图室的技术人员),麻醉师,口腔技师和医疗器械维护人员等。医技人员在工作中应注意以下几点。

1. 加强与患者的沟通

如患者排队就诊时,由于排队时间较长难免会有焦躁情绪,可能会有一些不当语言,此时医学技术人员应多与病人沟通,做好思想工作。比如说:"由于患者多,每个患者都要认真仔细地看,所以排队候诊的时间较长。草草看完的话,虽然大家候诊的时间会缩短,但大家都不希望这样,是吧?"如果这样沟通,患者一定会理解的。

2. 加强医技双方的沟通

良好的医技关系是减少医患纠纷的重要因素。遇到问题医技人员要及时沟通,切不可只做完自己的工作就行,比如患者已切除胆囊,临床医生要及时告知影像人员或在检查申请单上写明,方便技术人员判断,避免出现差错。再比如患者化验结果提示血小板计数过低,那么为了准确报告,医技人员与管床医生沟通一下看是否与临床病情相符再发报告,这样就可以避免许多医患纠纷。

(四) 同行关系

这里的同行关系指的是医际关系,即医生之间的同事关系。良好的同事关系,是确保团队正常运行、创造优质人文环境的关键。同行关系的沟通技巧注意以下几点。

1. 正确看待上下级关系

同在一个部门,下级要接受上级领导,尊重、服从、支持上级的安排,工作积极主动,遵守规范。

2. 正确看待同事关系

同事是职场主体,同事之间应与人为善、真诚相待,互相支持,形成和谐愉快的职场氛围。另一方面,要想长久维持良好的同事关系,还需保持恰当的距离。

3. 明辨是非

要明辨是非善恶,清楚自己该做的和不该做的,心中要有一把良知的尺子。要以美好的道德陶冶情操,懂得法律规范,选择善良正义的人做榜样,避免误入歧途,学会理性分析,懂得思考不同的价值选择会导致的不同后果。守道德之正,守学问之正,守处世之正,守行事之正。

(五) 医药关系

临床药师所能发挥作用的两大领域是处方审核和药学监护。药剂师的处方审核的功力基本上来源于药学治疗学,这个学科最大的作用就是和医生站在同一起跑线来了解掌握整个治疗过程,区别就是医生可以基于实际病情而制订个性化的治疗方案,而药剂师掌握标准的治疗流程,而且在专科医生不清楚其他科室用药经验的情况下,药剂师可以发挥其全科作用完成初步的药物推荐。医疗团队中,临床药剂师可以对用药的交互作用、用量、不良反应等进行控管监督。对剂量进行整合也是药剂师可以做的事。

医院药剂师与患者沟通非常重要:可以提高患者用药的依从性;对患者用药指导主要是在调剂发药时,就药物的用法用量,注意事项,可能出现的不良反应等对患者进行说明,提醒其注意,避免发生用药差错;当患者进行口头咨询、电话咨询或网络咨询时,药剂师要围绕患者的提问进行解答。

三、提高医卫语言素养的意义

(一) 医疗模式转化的需要

现代医学已进入"生物-心理-社会"医学模式,随着医学模式的转变与国人生活水平的提高,社会对医生的职业素养、服务态度期望值越来越高。人们对医疗的需求不再满足于治愈疾病,对生命质量的关注意识也日益增强。人们更向往热情的态度、温馨舒适的环境、服务周到的医疗体验,患者要求被尊重,要求医患平等交流的呼声日益高涨,这在客观上需要医生不仅要提高自己的医疗诊治水平,而且要不断提高自己的医务语言素养,要善于运用语言准确无误地交流信息,进一步提高医疗服务质量,促进医患关系的和谐。

（二）临床诊疗活动的需要

医务语言是整个临床诊疗活动得以顺利实施的前提条件，以患者为主题的问诊以及倾听患者主诉是诊疗活动的开始，也是医务语言在获取诊断信息中发挥的首要作用；之后的诊断则是医务工作者运用医学知识和临床经验，借助恰当医务语言制订治疗方案的过程；直到最后下达医嘱、尊重患者知情同意权的全部环节，都离不开医务语言的良好运用。医务语言在一定情况下本身就是治疗处方，在当前新的医学模式下，医务语言本身含的科学力量和人文关爱对于患者树立信心、配合治疗起到很大作用，成为精神上有效的治疗处方。

（三）和谐医患关系的需要

医卫语言是临床诊疗工作中实施人性化服务的重要手段，患者从走进医院就诊到接受治疗，每一个环节都需要同情关爱和抚慰，对医务工作者的语言和态度极为敏感，亲切温和的医务语言是融洽医患关系的好帮手，医务工作者必须借助医务语言以适应患者的需求，进而形成信任甚至感激的良好关系。

（四）医学生未来发展的需要

医学生是未来医学人才的主力军，由于专业课程多、学习压力大，医学生更多地将时间用在大量专业知识的学习上，如果不强化医务语言训练，将导致医学生医务语言表达能力不足、医患语言交流能力普遍缺失，不利于医护综合素养的培养。

第三节　医卫文书写作

一、社会实践报告

（一）社会实践报告的概念

大学期间，为了增强社会责任感，增加社会阅历、职业阅历，提高就业竞争力，大学生应利用课余时间参加社会实践活动。社会实践报告就是在参与社会实践活动之后，对社会实践活动进行分析总结，对实践单位或实践事项予以基本评价、汇报收获、提出有关意见和建议的书面报告。

(二) 社会实践报告的写法

社会实践报告由标题和正文两部分组成。

(1) 标题。标题应用简短、明确的文字把实践活动的内容、特点概括出来。字数不超过 20 个字。一般有两种写法：第一种，由实践主题和文种构成，如"关于临床护理的社会实践报告"；第二种，正副标题结合式，正标题陈述社会实践的主题，副标题标明社会实践的单位名称和文种。如"高校发展重在学科建设——黑龙江大学学科建设实践报告"。

(2) 正文。正文是实践报告的核心内容，是对实践活动的详细表述。内容叙述主要事实和观点，介绍实践活动的目的、相关背景、时间、地点，以及实践活动的结论。正文一般分前言、主体、结尾三部分。

前言一般要写明实践的起因或目的、时间和地点、对象或范围、经过与方法，以及人员组成等实践本身的情况；或者写明实践对象的背景、大致发展经过、现实状况、主要成绩、突出问题等基本情况，进而提出中心问题或主要观点来；或者开门见山，直接概括出实践的结果，如肯定做法、指出问题、提示影响、说明中心内容。

主体是实践报告最主要的部分，包括以下内容。第一，介绍社会实践的形式和具体的实践内容；第二，对实践单位或实践事项的基本认识和基本评价；第三，介绍作者参加社会实践的收获，包括知识、技能、思想、能力上的提高。

结尾的写法比较多，可以提出解决问题的方法、对策或下一步改进工作的建议；或总结全文的主要观点，进一步深化主题；或提出问题，引发人们的进一步思考；或展望前景，发出鼓舞和号召。

(三) 示例

读万卷书还要行万里路
——医学生暑期社会实践报告

一、实践目的

社会是人生舞台，每位大学生最终都将走出校门，走向社会。大学生社会实践是投身社会的形式，使我们在实践中巩固知识，锻炼才干，树立服务社会意识。通过社会实践，可以发现自身不足，为步入社会奠定基础，在实践中成才，在服务中成长，体现大学生的自身价值。在注重素质教育的今天，为响应学校号召，我在暑假期间到哈尔滨市某眼科医院进行了为期一周的社会实践。此次社会实践活动，开阔了我的视野，使我学习到了很多新知识，提高了实践技能水平。

二、基本情况

暑假刚开始，我就搜集并整理了多家医院信息，最终选择在某眼科医院进行社会实践。该家医院是一所专科医院,是集医疗、科研、教学于一体的大型眼科医院。第一天进入医院,对这里几乎一无所知,但在带教老师的指导下,我逐渐熟悉了各个诊室。由于我专业知识掌握得不够扎实,大部分时间都用来观察医生、护士的工作,这使我基本了解了医护工作的流程,这使我增强了信心。我在实习期间,正赶上医院开展"光明"工程,这个工程是为贫困的白内障病人进行免费的白内障手术,帮助病人重见光明。带教老师给我分配的任务是导诊工作,核对病人信息,并依序带领病人就诊。来此做手术的病人多数是老年人。"能看到脚下的路就好了,这样就不会摔倒,不会拖累儿女们",这是一位八十三岁的老人对我说的,使我感触很深。就在与病人的沟通交谈中,我渐渐消除了紧张感,熟练地核对病人信息,顺利完成导诊工作。

三、重要收获

暑期社会实践使我收获很大,学到了很多东西,不仅明白了工作和学习的差别,积累了更多经验,更重要的是在实践中,我学会了自主学习和团队精神。在人际交往方面,我变得更加开朗,能够主动与人沟通交流。懂得了无论是工作还是学习,我们都要有一颗真诚的心去对待。尤其是医护工作者,面对病人要怀有医者仁心,传递爱心,传播文明。

四、社会实践的体会

社会实践是考验能力的试金石。走出校门融入社会,才能真正认识到自身知识和能力的欠缺,读万卷书还要行万里路,实践才能出真知,第一次参加社会实践就让我体会到了这种活动的重要性,它是我们在学校学习之外另一个学习的机会。我坚信通过此次社会实践,获得的实践经验将会在日后的实际工作中得到印证,期望自己在将来的学习和工作中能够更好地展示自己的人生价值。

(这篇社会实践报告结构完整,开头写实践目的,之后依次写前期准备、开展实践的情况、收获和感想。开展实践情况叙述翔实,语言精练,材料与观点统一,是一篇不错的大学生社会实践报告。)

二、文摘

(一) 文摘的概念及分类

文摘是对文献的主要内容所做的简略而确切的叙述,一般不加评论、补充或解释,长度在 200～800 字。文摘条目及文摘杂志具有报道、检索、示址、参考和交流等功能,是开展情报交流的重要手段。文摘的写作能够帮助读者迅速准确地鉴别一篇文献的内容,决定其取舍,从中取得信息时,可免于查阅一次文献,在一定程度上代替了原文;在获取外文资料的时候,帮助读者解决了语言不通的困难,节省查阅文献的时间和精力。

常用的文摘可分为三类：报道性文摘，概括叙述原文献中的重要事实信息，包括研究对象、工作目的、主要结果，以及与研究性质、方法、条件和手段等有关的各种资料，在一定程度上可代替原文献，字数多为500~800字；指示性文摘，指明原文献的主题与内容梗概，为读者查检和选择文献提供线索，指示性文摘又称"简介"，一般在200字以内；指示报道性文摘，兼具报道性文摘与指示性文摘的特点，一般为300~500字。

文摘还可按编写人员分为作者文摘（文章作者自作的摘要）和文摘员文摘（专人摘作的文章提要）等。

（二）文摘的写作要领及要求

医学文摘是医学论文的窗口，一篇医学论文能否吸引读者，摘要起着十分重要的作用。因此，医学生和临床工作者在撰写医学论文之前，应该学会如何写好医学文摘。

（1）文摘的写作要领。全文通常由题录、正文、补充项目（参考文献、插图、表格的数量及文摘员姓名等）和关键词组成。

题录，包括题名、著者、期刊名称、出版年、卷、期、页码、语种。

正文，文摘正文通常从摘要的目的、方法、结果、结论等四要素出发，通读论文全文，仔细将文中的重要内容一一列出。目的，即明确指出研究工作的前提、目的、任务和研究的范围；方法，即简要说明课题的工作流程、研究内容、材料和方法，包括对象、原理、条件、材料、程序和手段等；结果，即陈述研究之后的主要结果，包括通过调研、实验和观察所取得的数据和结果，并说明其价值和局限性；结论，即通过对这个课题的研究所得出的重要结论，包括正确的观点、实际运用的意义、实用价值和前景预测等。

（2）文摘的写作要求。文摘写作要着重反映新内容和作者特别强调的观点，不遗漏主要概念，体现论文特色，要排除本学科领域内已成常识性的内容；不要对论文内容做诠释和评论；结构严谨，按逻辑顺序写作；简明扼要，语义确切，表述清楚，杜绝文学性修饰与无用的叙述；采用第三人称表述，可使用"对……进行了研究""报告了……现状""进行了……调查"等表述方法标明文献的性质和主题，不必使用"本人""作者"等作为主语；要使用规范化的名词术语，不用非公知公用的符号和术语，不用特殊字符及由特殊字符组成的数学公式和化学结构式，不出现插图、表格。

（三）示例

《急性心肌梗死早期静脉溶栓治疗及其护理对策》摘要

［作者］施祖东；周永胜；禹勤
［机构］北京大学医学院
［文献出处］现代医院，2010年01期
［分类号］R-051

［摘要］

目的：总结急性心肌梗死病人早期给予溶栓治疗的护理对策。

方法：对 40 例救治的急性心肌梗死病人，采用早期给予溶栓治疗，在溶栓前后采用不同的护理对策。

结果：经治疗护理，临床治愈 36 例，死亡 4 例，有效率 90％。

结论：急性心肌梗死病人及时溶栓治疗并在溶栓时和溶栓后给予严密监护、仔细观察、专人护理，能提高急性心肌梗死病人治愈率，减少并发症。

（这篇文摘语言准确、规范，逻辑性强。内容简明扼要，让人一目了然。）

三、医护科技论文

医护论文属于科技论文类，是医护工作者通过科学实践获得科研成果进行总结归纳后所写成的论证性文章。

（一）医护科技论文的特点及类型

科技论文具有学术性、创新性及科学性特点，按照研究方法不同，可分理论型、实验型、描述型三类。理论型论文指运用理论证明、理论分析、数学推理等方法获得科研成果；实验型论文指运用实验研究获得科研成果；描述型论文指运用描述、比较、说明方法，对新发现的事物或现象进行研究而获得科研成果。

（二）医护科技论文的写法

（1）标题。标题一般不超过 20 个汉字，必要时可加副标题，拟题要符合编制题录、索引和检索的有关原则，应以简明、准确的词语反映文章特定内容，并有助于选定关键词。应避免使用非公知公用的缩写词、字符、代号，尽量不出现数学式和化学式。

（2）署名。作者姓名署于题目下方，团体作者的执笔人也可注于首页页脚或文末，作者署名是文责自负和拥有著作权的标志。对作者应标明其工作单位全称及邮编，工作单位和邮编之间空一个字。

（3）摘要。摘要包括研究的目的、方法、结果和结论。其中，研究的结果和作者的结论为摘要的核心部分。摘要应简明扼要地提供全文重点信息，是一篇完整的短文，一般在 300 字左右，一般不分段，不用图表、公式和非公知公用的符号。

（4）关键词。关键词是反映论文主题概念的词或词组，可从题名、摘要中选出 3～5 个关键词，也可以把重要术语和地区、人物、文献、产品及重要数据名称作为关键词标出。

（5）正文。正文是医护论文的核心部分，包括以下几个方面。

① 前言，又称序言、导言或绪论，是正文的引子，包括研究的目的、意义、主要方

法、范围和背景等。

② 对象与方法,说明研究的对象、方法和基本过程,交代的是"怎么做"的问题,例如临床试验用"病例与方法"。

③ 结果,是对实验或临床观察所得数据或资料进行审核、分析,对所得数据和现象加以解释,阐明自己的新发现或新见解。

④ 讨论,是论文的精华部分,是对引言提出的问题做出回答,是将研究结果进行分析而得出结论的过程。

⑤ 小结,是论文全文的总结,以结果和讨论为前提,评价分析结果的误差,也是结果论点的提炼与概括,同时提出存在的问题和对今后解决问题的展望。

⑥ 参考文献。凡引用前人的研究方法、论点及重要数据等,均要列出参考文献。

(三) 示例

儿童颅内血肿 24 例临床分析

安阳地区医院神经外科 李彦伟 吕继锋

[关键词] 儿童;颅内;血肿

[分类号] R726.5

1999 年 10 月—2002 年 10 月我院共收治 12 岁以下及学龄前儿童颅内血肿 24 例,采取锥颅穿刺引流和开颅手术清除血肿,取得良好效果,现报告如下:

1. 临床资料与方法

1.1 一般资料

本组 24 例,男 16 例,女 8 例;年龄 3—6 岁 9 例;7—12 岁 15 例;坠落伤 9 例,摔伤 5 例,车祸伤 7 例,打击伤 3 例。其中硬膜外血肿 7 例,硬膜下血肿 11 例,脑内血肿 6 例。血肿量 25—55 ml,平均 38 ml。血肿位于额颞顶部 19 例,其中多发性血肿 3 例;枕部血肿 3 例,纵裂血肿 2 例。

1.2 临床表现

本组病例均有明确的外伤史,患儿伤后有短暂或持续性昏迷,伴头痛、呕吐、癫痫发作。有 5 例出现一侧瞳孔扩大,形成脑疝;19 例有不同程度的肢体运动功能障碍。CT 显示颅骨内板下新月形成或棱形高密度影,脑内血肿为混杂密度影。

1.3 治疗方法与结果

采取锥颅穿刺引流血肿治疗 16 例;开颅清除血肿 8 例,其中去骨片减压 3 例。锥颅方法为用直径 3 mm 的颅锥,利用 CT 定位,选择靶点穿刺,入颅后先用 9 号针头抽吸血肿,并反复用生理盐水冲洗,然后置入内径为 1 mm 的硅胶引流管,用尿激酶 1 万 U 溶于 3—5 ml 生理盐水后注入引流管,夹闭 2~4 小时后放开,隔 6 小时后重复尿激酶注入,并持续引流 3~5 天。根据复查头颅 CT 情况,适时拔出引流管。本组 24 例,死亡 2 例。22 例存活者中,随访 3~6 个月,除 2 例一侧肢体肌力Ⅳ度外,其余

20例均恢复良好,无神经功能缺损。

2.讨论

由于儿童头部占躯体比例较大,颈部肌肉薄弱,加之其活动多,自身保护能力差,因而颅脑损伤的发生率比较高。同时,因儿童发育和解剖上的诸多特点,又使其颅脑损伤的诊治与成人有较大区别。儿童颅内血肿在诊断和治疗上有以下特点。首先,儿童脑损伤时外力与损伤的程度往往不成正比,有时很轻的外伤,可造成严重的脑损伤。故应严密观察病情变化并及时行头颅CT检查,明确颅内情况以利及时治疗。其次,因儿童脑皮层发育不完善,神经系统功能稳定性差,脑损伤后临床体征表现较突出,偏瘫、失语、嗜睡、癫痫等较常见。但儿童大脑组织愈合能力和代偿功能强,故治疗预后较好,脑损伤后遗症少,死亡率相对较低。最后,由于儿童颅骨骨壁较薄,含钙低,容易穿刺治疗。本组24例患儿中,有16例采取锥颅穿刺引流治疗,均取得良好效果。因液态血肿可占血肿量的20%以上,随着时间的延长,血肿逐渐液化,故在穿刺时,首次清除可达血肿的50%以上,然后置入引流管,注入尿激酶溶液持续引流,3～5天可基本清除血肿,部分患儿血肿量较大,或合并有较重的脑水肿,容易发生脑疝,这部分患儿应做好开颅手术的准备。患儿如果意识障碍加重,一侧瞳孔扩大,头颅CT检查显示有脑受压,中线移位,应立即开颅清除血肿,必要时行去骨片减压。

儿童不是成人的缩影,其疾病的诊断和治疗有其特殊性。回顾分析24例儿童颅内血肿,无论在解剖生理、临床表现和诊断治疗上,都与成人有很大不同。认真区别掌握其不同之处,采取正确的、有针对性的诊疗措施,则能取得良好的治疗效果。

(这篇论文科学性很强。前言概述了治疗对象和治疗效果。"一般资料"部分从年龄、受伤方式和血肿部位等几方面分类归纳介绍,清楚明白。讨论部分简洁且条理清晰。)

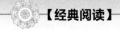 【经典阅读】

在马克思墓前的讲话

恩格斯

3月14日下午两点三刻,当代最伟大的思想家停止思想了。让他一个人留在房里总共不过两分钟,等我们再进去的时候,便发现他在安乐椅上安静地睡着了——但已经是永远地睡着了。

这个人的逝世,对于欧美战斗着的无产阶级,对于历史科学,都是不可估量的损失。这位巨人逝世以后所形成的空白,在不久将来就会使人感觉到。

正像达尔文发现有机界的发展规律一样,马克思发现了人类历史的发展规律,即历来为繁芜丛杂的意识形态所掩盖着的一个简单事实：人们首先必须吃、喝、住、穿，然后才能从事政治、科学、艺术、宗教等等；所以，直接的物质的生活资料的生产，因而一个民族或一个时代的一定的经济发展阶段，便构成为基础，人们的国家制度、法的观点、艺术以至宗教观念，就是从这个基础上发展起来的，因而，也必须由这个基础来解释，而不是像过去那样做得相反。

不仅如此。马克思还发现了现代资本主义生产方式和它所产生的资产阶级社会的特殊的运动规律。由于剩余价值的发现，这里就豁然开朗了，而先前无论资产阶级经济学家或者社会主义批评家所做的一切研究都只是在黑暗中摸索。

一生中能有这样两个发现，该是很够了。甚至只要能作出一个这样的发现，也已经是幸福的了。但是马克思在他所研究的每一个领域，甚至在数学领域，都有独到的发现，这样的领域是很多的，而且其中任何一个领域他都不是浅尝辄止。

这位科学巨匠就是这样。但是这在他身上远不是主要的。在马克思看来，科学是一种在历史上起推动作用的、革命的力量。任何一门理论科学中的每一个新发现，即使它的实际应用甚至还无法预见，都使马克思感到衷心喜悦，但是当有了立即会对工业、对一般历史发展产生革命影响的发现的时候，他的喜悦就完全不同了。例如，他曾经密切地注意电学方面各种发现的发展情况，不久以前，他还注意了马赛尔·德普勒的发现。

因为马克思首先是一个革命家。以某种方式参加推翻资本主义社会及其所建立的国家制度的事业，参加赖有他才第一次意识到本身地位和要求，意识到本身解放条件的现代无产阶级的解放事业，——这实际上就是他毕生的使命。斗争是他得心应手的事情。而他进行斗争的热烈、顽强和卓有成效，是很少见的。最早的《莱茵报》（1842年），巴黎的《前进报》（1844年）[229]，《德意志—布鲁塞尔报》（1847年），《新莱茵报》（1848—1849年），《纽约每日论坛报》（1852—1861年），以及许多富有战斗性的小册子，在巴黎、布鲁塞尔和伦敦各组织中的工作，最后是创立伟大的国际工人协会，作为这一切工作的完成——老实说，协会的这位创始人即使别的什么也没有做，也可以拿这一成果引以自豪。

正因为这样，所以马克思是当代最遭嫉恨和最受诬蔑的人。各国政府——无论专制政府或共和政府——都驱逐他；资产者——无论保守派或极端民主派——都纷纷争先恐后地诽谤他，诅咒他。他对这一切毫不在意，把它们当作蛛丝一样轻轻抹去，只是在万分必要时才给予答复。现在他逝世了，在整个欧洲和美洲，从西伯利亚矿井到加利福尼亚，千百万革命战友无不对他表示尊敬、爱戴和悼念，而我敢大胆地说：他可能有过许多敌人，但未必有一个私敌。

他的英名和事业将永垂不朽！

（资料来源：《马克思恩格斯选集》第三卷，人民出版社1995年版。）

作者简介： 恩格斯（1820—1895），德国思想家、哲学家、革命家、教育家、军事理论家，是全世界无产阶级和劳动人民的伟大导师和领袖、马克思主义创始人之一。恩格斯是马克思的挚友,被誉为"第二提琴手",他为马克思从事学术研究提供经济支持。马克思逝世后,他将马克思遗留下的手稿、遗著整理出版,并众望所归地成为国际工人运动的领袖。

赏析： 马克思于1883年3月14日在英国伦敦逝世。3月17日,安葬于伦敦城北的海格特公墓。本文是恩格斯作为马克思的亲密战友在马克思墓地上发表的讲话。恩格斯用英语发表的这篇讲话,代表全世界无产阶级对于马克思的逝世表示了深切的哀悼,对于马克思一生为无产阶级事业所作的伟大贡献作了崇高的评价和热情的赞颂。讲稿结构完整,层次清晰,逻辑严谨。标题揭示演讲场合;开头段开门见山,介绍马克思逝世的时间、地点以及场景,并表示悼念;主体部分以并列方式,具体论述了马克思一生对人类历史发展的伟大贡献和为无产阶级解放事业奋斗一生的革命精神,深刻说明马克思是一个伟大的思想家和革命家的评价;结尾段表达对马克思的尊敬、爱戴和悼念。

【思考题】

1. 阅读《在马克思墓前的讲话》这篇演讲稿,谈谈这篇演讲稿有哪些值得我们学习的地方。

2. 医学生如何提高语言修养？

3. 梳理本章学习内容,画出思维导图

【实践活动】

撰写医卫文书

1. 活动目的

(1) 学会写作医卫文摘,能够仿写医学科技论文。

(2) 掌握查阅医卫文献的方法,理解医卫论文的特点及作用。

(3) 培养获取医学信息的能力,增强刻苦学习专业知识的责任感。

2. 活动过程

(1) 查阅文献。以学习小组为单位,确定分工,去图书馆、阅览室,或上网分别查找理论型、实验型、描述型的医卫论文,分析论文结构,撰写报道性文摘及指示性文摘。

(2) 小组讨论医卫论文的作用、各类医卫论文的特点及区别。

(3) 根据所查阅文献资料,对应医卫论文的写作方法,以专业技能实践为内容,仿写一篇医卫科技论文。

3. 活动评价

项　目	评　价　内　容	评价方式
文献查阅	文献类型认识明确,正确分析论文的结构要素,提炼重点信息	类型把握准确, 结构完整层次 清晰 50 分; 要义明晰,语义 确切符合逻辑 50 分
文摘写作	类型明确,主题单一突出,语言简练,语义确切,表述清晰,无主观言论	
论文写作	结构完整层次清晰,着重反映新内容和作者发现的新观点,语义确切,表述符合逻辑,规范使用专业术语	

【本章学习笔记】

附 录

附录1　中华优秀传统文化常识

中华优秀传统文化是在中华大地上孕育涵养、成长发展起来的，是中华民族物质财富和精神成果的结晶，是中华民族的精神命脉。它博大精深，是中华民族的精神支柱，是中华民族的根与魂。

中华优秀传统文化中蕴含的天下为公、民为邦本、为政以德、革故鼎新、任人唯贤、天人合一、自强不息、厚德载物、讲信修睦、亲仁善邻等思想，是中国人民在长期生产生活中积累的宇宙观、天下观、社会观、道德观的重要体现，同科学社会主义价值观主张具有高度契合性。

炎黄二帝为中华文化初祖。后人总结了炎帝神农氏的八大功绩：始作耒耜，教民耕种；遍尝百草，发明医药；日中为市，首辟市场；治麻为布，制作衣裳；削桐为琴，练丝为弦；弦木为弧，剡木为矢；作陶为器，冶制斤斧；建屋造房，台榭而居。他带领先民开创农耕文化、医药文化、工业文化、市场文化、火文化和原始艺术等，是炎帝文化外延的具体内容，已成为中华民族的宝贵文化遗产。被尊为五帝之首的黄帝是中国古代部落联盟首领，相传他播种百谷草木，大力发展生产，始制衣冠、建造舟车、发明指南车、定算数、制音律。

中国传统的社会生产经济形态是农耕经济，中华优秀传统文化深厚的经济基础在于农业。农业给古老的中华民族提供了基本的衣食之源，创造了相应的文化环境。关于中国农业的起源，有很多传说，有说是被称为农业之神的神农氏发明了农业；还有说周人的先祖弃发明了农业；而司马迁则在《史记·五帝本纪》中说黄帝"时播百谷草木，淳化鸟兽虫蛾"，认为是黄帝发明了农业。据考古成果表明，南稻北粟的农业格局出现于距今1万年以前的新石器时代早期。居住在长江中、下游的南方远古先民，是水稻农业的发明者；居住在黄河中、下游的北方远古先民，则是粟、黍等旱地农作物栽培的发明者。人类进入新石器时代，磨制石器作为生产工具，促进了制陶、制革、纺织等以妇女为主的家庭手工业的发展，促使农业村落出现，人类逐步实现了定居生活。

一、中国传统艺术

（一）铜镜及其文化内涵

上古的镜，就是大盆的意思，它的名字叫鉴。商周时期，虽然出现了铜鉴，但是瓦鉴依然流行。到秦朝时期,才开始流行铜镜。秦汉以后,镜的制作也更加精良。它的质料包括金、银、铜、铁等,以铜最为多,也有镀金银的、背面包金银的或镶嵌金银丝的。隋唐以来,出现了带柄的、四方的铜镜,其上各种花纹应有尽有。明代末期,出现了玻璃镜子。清代乾隆以后,玻璃镜子开始大兴于民间。

在中国,铜镜具有其社会意义,以铜为鉴引申出以人为鉴,官衙悬挂"明镜高悬"的大匾,寓意明辨是非、公正无私。

(二)瓷器及其文化内涵

1. 瓷器的产生及发展

瓷器是有着丰富文化内涵的物品,英语"china",本意为瓷器,可见在西方人眼中,瓷器就代表中国。瓷器技术成熟于东汉时期。五代时期,柴窑的青瓷有"雨过天晴"的美誉,被誉为"青如天,明如镜,薄如纸,声如磬"。宋代瓷器生产达到高峰,龙泉窑、钧窑、汝窑、官窑、哥窑、定窑等名窑接连出现。元代在宋代白瓷发展基础上,更逐步向彩瓷过渡。明清两代陶瓷工艺继续发展,并达到了制瓷业的顶峰。

2. 瓷器产地分类

(1)越窑:形成于汉代,经三国、西晋,至晚唐五代达到全盛期,至北宋中叶衰落。中心窑址在今浙江慈溪上林湖一带,始终以生产青瓷为主,质量上乘。

(2)邢窑:始于隋代,盛于唐代,主产白瓷,质地细腻,釉色洁白,曾被纳为御用瓷器,一时与越窑青瓷齐名,世称"南青北白"。

(3)汝窑:宋代五大名窑之一,在今河南宝丰一带,因北宋属汝州而得名。北宋晚期为宫廷烧制青瓷,是古代第一个官窑。釉色以天青为主,用石灰碱釉烧制技术,釉面多开片,胎呈灰黑色,胎骨较薄。

(4)钧窑:宋代五大名窑之一。在今河南禹州,此地唐宋时为钧州所辖而得名。始于唐代,盛于北宋,至元代衰落。以烧制铜红釉为主,还大量生产天蓝、月白等乳浊釉瓷器,至今仍生产各种艺术瓷器。

(5)定窑:宋代五大名窑之一。在今河北曲阳,因唐宋时属定州而得名。唐代已烧制白瓷,五代有较大发展,白瓷釉层略显绿色,流釉如泪痕。

(6)官窑:宋代五大名窑之一,宋室南迁后设立的专烧宫廷用瓷的窑场。前期设在龙泉,后期设在临安郊坛下。两窑烧制的器物胎、釉特征非常一致,难分彼此,均为薄胎,呈黑、灰色等;釉层丰厚,有粉青、米黄、青灰等色;釉面开片,器物口沿和底足露胎,有"紫口铁足"之称。

(7)哥窑:宋代五大名窑之一,胎有黑、深灰、浅灰、土黄等色,釉以灰青色为主,也有米黄、乳白等色,由于釉中存在大量气泡、未熔石英颗粒与钙长石结晶,所以乳浊感较强。釉面有大小纹开片,细纹色黄,粗纹黑褐色,俗称"金丝铁线"。

(8)建窑:始于唐代,早期烧制部分青瓷,至北宋以生产兔毫纹黑釉茶盏而闻名。兔毫纹为釉面条状结晶,有黄、白两色,称金、银兔毫;有的釉面结晶呈油滴状,称鹧鸪斑;也有少数窑变花釉,在油滴结晶周围出现蓝色光泽。

(9) 景德镇窑:在今江西景德镇。始烧于南朝陈时,有青瓷与白瓷两种,青瓷色发灰,白瓷色纯正,素有"白如玉、薄如纸、明如镜、声如磬"之誉。

(10) 宜兴窑:在今江苏宜兴丁蜀镇。汉晋时期,始烧青瓷,造型的纹饰受越窑影响,胎质较疏松,釉色青中泛黄,常见剥釉现象。于宋代开始改烧陶器,到明代它则以生产紫砂而闻名于世。

(11) 德化窑:始于新石器时代,兴于唐宋,盛于明清,技艺独特,至今传承未断。新石器时代烧造印纹陶器,唐代开始烧制青釉器,宋代生产的白瓷和青瓷已很精致并大量出口,元代德化瓷塑佛像进贡朝廷,得到帝王的赏识。明清两代德化瓷器大量销往欧洲,它的象牙白釉(又名奶油白)对欧洲瓷器的艺术产生很大的影响。

瓷器的文化价值反映了中国自古以来人与自然和谐统一的人文思想,充分地表现了人物内心纯真的感情和潇洒的风度,使人成为真正优美的形象,是中华优秀传统文化的典型代表。

(三) 书画及其文化内涵

1. 书法

微课:汉字

文字自诞生开始,便被赋予美感和历史责任。汉字是象形文字,体现着原始先民对现实世界的抽象概况。它不仅是语言的载体,更是一幅具象化的图画,描绘着中国五千年的灿烂历史。书法以汉字书写为创作对象,通过书法家丰富的想象与加工,成为我国特有的艺术形象。

古老的甲骨文,美丽的金文,尽展古典美的身姿。秦统一六国,李斯等人创造了小篆,匀称的线条,修长的体态,对称的样式,把小篆的书写规范到了极致。从此,古代书体也走向终结。隶书的兴起,开了今体书的先河,书法界有"汉隶唐楷"之称。汉隶上承前代篆书的笔法,下启魏晋、隋唐楷书的风范,其形体方正,笔画平直,恢宏古朴。汉代各种书法体的雏形都已出现,是中国书法艺术的奠基时期。汉代兴起的草书,至晋时已发展成熟,其笔势连绵,纵任奔逸,尽显气韵。"书圣"王羲之的草书更是笔力雄健;他的楷书开阖纵横,柔中带刚;他的行书如行云流水,飞舞飘逸。数千年来,汉字的形体虽多有变异,但又一脉相承,一直散发着艺术的魅力。

回眸千古华夏,汉字如同东方沃土上永不移动的河床,承载着中华民族的生活情感和人间理想,承载着中华民族五千年博大深厚的民族文化,昭示着华夏民族的个性和精神。书法艺术通过笔墨表达内心世界,用有形的笔墨表达其情趣、品格、意境。一个人的品德、内涵、审美、学养等都能在那简单笔墨的线条中彰显出来,那是对生命节奏的一种直接的表达。

2. 绘画

中国绘画在万紫千红的艺苑中独树一帜。经千年不竭地创作及发展流变,中国绘画艺术已经形成了自己独特而成熟的精神特质和文化内涵。中国画"画分三科",

即山水、人物、花鸟。山水画所表现的是人与自然的关系,将人与自然融为一体;人物画所表现的是人类社会,人与人的关系;花鸟画则是表现大自然的各种生命,与人和谐相处。三者相得益彰,构成了宇宙整体。

中国画有工笔、写意、勾勒、设色、水墨等技法形式,设色又可分为金碧、大小青绿、没骨、泼彩、淡彩、浅绛等几种。水墨画主要运用线条和墨色的变化,以钩、皴、点、染、浓、淡、干、湿、阴、阳、向、背、虚、实、疏、密和留白等表现手法,来描绘物象与经营位置;取景布局,视野宽广,不拘泥于焦点透视。中国画的画幅形式较为多样,横向展开的有长卷(又称手卷)、横披;纵向展开的有条幅、中堂;盈尺大小的有册页、斗方;画在扇面上面的有折扇、团扇。

中国画融诗、书、画、印为一体,将诗书、题跋、篆刻引入画面,从而进一步丰富了中国画表现形式的完美性,形成了中华民族绘画的基本特点。中国画无论写意还是工笔,在处理形神关系上都要求"形神兼备",在意境的表达上都要求"气韵生动"。中国画蕴含着各个历史时期浓郁的文化观、历史观和人生观,是与观念文化并行不悖的有形文化,也是表达各种文化信息的媒体。

(四) 戏曲及其文化内涵

中国的戏曲与古希腊戏剧、古印度梵剧并称为世界三大古老的戏剧文化,但古希腊戏剧和古印度梵剧已成为历史上的陈迹,唯有中国戏曲至今仍活跃在舞台上。经历数千年的历史积淀,其声腔曼妙委婉、韵律动人;人物形象饱满、鲜明生动;故事感人至深、脍炙人口,因此呈现出更加旺盛的生命力。

中国戏曲主要是由民间歌舞、说唱和滑稽戏三种不同艺术形式综合而成。它起源于原始歌舞,是一种历史悠久的综合舞台艺术样式,经历了漫长的孕育发展演变的过程。秦汉时期的"角抵戏",又称"百戏",是以角抵为基础,有故事情节和配乐的武打娱乐活动;南北朝时期,民间出现了歌舞与表演相结合的"歌舞戏";至唐代出现了以滑稽表演为特点的"参军戏",对宋金杂剧的形成产生了直接影响;宋代,出现了"瓦舍""勾栏"这样的民间娱乐场所,民间歌舞、说唱、滑稽戏有了综合的趋势,出现了"宋杂剧";金代在宋杂剧的基础上,北方出现了"金院本",南方出现了"南戏";到了元代,出现了元杂剧,元杂剧是在金院本的基础上,融合各种表演艺术形式而成的一种完整的戏剧形式,它标志着中国戏曲的成熟,是中国戏曲史上的第一个高潮;明代戏曲获得了更大的发展,其脉络分为明杂剧和明传奇两大系统;清代戏坛,沿明代两大系统发展,表演形式和唱腔流派纷呈,形成了后期不同特色的地方戏曲。

中国戏曲剧种种类繁多,据不完全统计,中国各民族地区的戏曲剧种约有 360 种,传统剧目数以万计。其他比较著名的戏曲种类有:昆曲、坠子戏、粤剧、淮剧、川剧、秦腔、沪剧、晋剧、汉剧、河北梆子、河南越调、河南坠子、湘剧、湖南花鼓戏等。经过长期的发展演变,逐步形成了以"京剧、越剧、黄梅戏、评剧、豫剧"五大戏曲剧种为核心的中华戏曲百花苑,形成了相当完整的艺术风格和表演体系,京剧成为中国戏曲文化的代表。

京剧凝聚着深厚的中国文化,是地道的中国国粹。京剧有西皮、二黄两个系统,因而早期被称为"皮黄戏",它是在徽剧和汉剧基础上,吸取了昆曲、秦腔等剧种的优点而形成的。唱、念、做、打是京剧表演的四种艺术表现手段。"唱"指歌唱,"念"指具有音韵性的念白,二者相辅相成,构成歌舞化的京剧表演艺术两大要素之一的"歌";"做"指舞蹈化的形体动作,"打"指武打和翻跌的技艺,二者相互结合,构成歌舞化的京剧表演艺术两大要素之一的"舞"。生、旦、净、末、丑是京剧的主要角色,也称行当。"生"是除了花脸以及丑角以外的男性角色的统称,又分老生、小生、武生、娃娃生。"旦"是女性角色的统称,又分为正旦、花旦、武旦、刀马旦等。"净",俗称花脸,大多是扮演性格、品质或相貌上有些特异的男性人物,化妆用脸谱,音色洪亮,风格粗犷。"净"又分为以唱功为主的大花脸,如包拯;以做功为主的二花脸,如曹操。"丑"指喜剧角色,因在鼻梁上抹一小块白粉,俗称"小花脸"。京剧行当是经过长期的提炼和规范形成的,这是京剧区别于其他戏曲形式的重要特征。京剧脸谱是京剧的一大特点。京剧脸谱起源于生活,如生活中常说的人的脸色晒得漆黑、吓得煞白、臊得通红等,既是剧中人物心理活动、精神状态的揭示,又是确定脸谱色彩、线条、纹样与图案的基础。脸谱虽然来源于生活,但又是实际生活的放大,如关羽的丹凤眼、卧蚕眉,张飞的豹头环眼,赵匡胤的面如重枣等。戏曲演员在舞台上勾画脸谱是用来表现所扮演人物的性格特点、相貌特征、身份地位,实现丰富的舞台色彩的。简单地讲,红脸含有褒义,代表忠勇,如关羽、姜维等;黑脸为中性,代表猛智,如包拯、张飞等;蓝脸和绿脸也为中性,代表草莽英雄,如窦尔敦、马武等;黄脸和白脸含贬义,代表凶诈,如典韦、曹操等。

戏曲是我国传统的艺术形式,也是世界文化宝库中一颗璀璨的明珠。它色彩斑斓的服饰、优美悦耳的唱念、婀娜婆娑的舞姿、出神入化的武打、异彩纷呈的脸谱、栩栩如生的人物形象,给观众带来了无与伦比的美的艺术享受。今天,根植于中国独特文化土壤之上的戏曲正以它深厚丰富的文化内涵被更多的人所了解、所喜爱,璀璨的戏曲艺术将会继续大放异彩。

二、中国传统民俗

(一) 饮食及其文化内涵

中国的饮食文化历史悠久,具有鲜明的中国特色。从萌生的远古时代到成形的夏商周时代,再到丰富的秦汉魏晋南北朝和高峰的唐宋元明清。中国素有"民以食为天"的说法,饮食之乐为人生至乐。中国饮食最早以谷物蔬菜为主,如稷、黍、麦、菽和麻。《诗经》《礼记》等典籍中记载了当时的饮食情况,据统计约有一百四十多种食物原料,其中野果、野菜占有较大比重。秦汉以来,特别是自"丝绸之路"开辟以来,中原和西域各国来往频繁,食物种类也逐渐丰富。

中国饮食历来重视食物与器具的搭配。食器最早源于距今1.1万年左右的陶器时代,有盘、杯、壶、瓶、钵、罐、缸、盆、瓮、碗等多种多样的陶制器具。在青铜时代,古代炊具有鼎、鬲、甗、镬、甑等;餐具有簠、豆、皿、盆、盨、敦、盂、案、俎、箸等;酒器有尊、爵、卣、彝、杯、罍、缶、觥等。后期,随着金属业的发展,铁制、金银制以及玉制器具越来越多,也越来越精美。

据记载,早在三千多年前的商周时期,我国的饮食就已形成了比较完整的体系,后来经过不断发展与完善,迄今已发展为一种完整的、独具特色的文化体系。传统菜肴以色、香、味、形作为终极艺术,讲究选料,刀工,注重火候,重视调味,在意食物的美感,尤其讲究烹饪,各地菜系创造出了蒸、煮、炸、炒、煎、爆、烤、腌、熘、焖、熬、炖、熏、卤、拌、涮等烹饪技法。

我国幅员辽阔,各地物产、气候、风俗习惯都存在着差异,长期以来,在饮食上也就形成了风味多样的饮食习惯。中国一直有"南米北面"的说法,口味上有"南甜北咸东酸西辣"之分,有八大菜系、十大菜系等说法。中国饮食文化之所以在世界上享有盛誉,在于它丰富的文化内涵及审美意义,形成了特有的民族性格、哲学思想。除了注重饮食活动在形式和内容上的和谐,也很强调在饮食过程中给人以充分的审美愉悦和精神享受,并由此衍生出茶文化、酒文化等许多亚文化体系。

中国茶文化作为饮食文化的重要部分历史悠久,有着深厚的底蕴,俗语说开门七件事:柴米油盐酱醋茶,可见茶在中国百姓生活中的重要地位。中国是茶的故乡,是茶文化的发源地,也是最早发现茶、制作茶、饮用茶的国家。中国是世界上茶叶品类最多的国家之一,对茶叶的分类有不同的标准。绿茶是我国产量、销量最大的茶类,也是最早的茶叶。红茶是我国第二大茶类。中国茶的发现和利用已有四五千年历史,且长盛不衰,传遍全球。

关于茶的起源,据《神农本草经》记载:"神农尝百草,日遇七十二毒,得荼(茶)而解之。"由此可见,远古时期的神农已经发现了茶树,发现了茶叶的药用价值。之后很长一段时间里,人们对茶叶的使用,只在药理方面。随着茶叶的发展,才逐渐转作食用或饮用。秦之前,茶以药理功能为主,人们使用早期的陶制或瓷制鼎、釜、罐等器物进行"混煮",喝茶汤吃茶叶。秦汉魏晋时期,药用品茗兼具。唐代饮茶之风盛行,盛行"煎茶法"。随着"茶圣"陆羽所著的《茶经》问世,茶叶遂成了"举国之饮"。《茶经》是我国乃至世界现存最早、最完整、最全面的茶学专著,被誉为"茶叶百科全书",也标志着茶文化的产生。茶"兴于唐而盛于宋",两宋是茶文化的繁盛期,时兴"点茶法",对饮茶的品质、过程要求更严,文人之间也流传着"斗茶"的佳话。元、明、清是茶文化的普及期,人们已不再简单地注重饮茶的形式,而是将饮茶和茶艺升华到精神的高度。

茶文化的精神内涵是通过沏茶、赏茶、闻茶、饮茶、品茶将茶的色香味形与天地自然、人文精神、生活哲理等中华文化内涵相结合,展现出具有鲜明中国文化特色的茶艺、茶道、茶文化。所谓茶道是以修身养性为宗旨的饮茶艺术,具有一定的时代性和民族性。在茶事活动中学习礼法,修身、怡情、养性,充满了谦和之美,达到精神上的享受,人们以茶悟道,从而怡然自乐,得到人生境界的升华。对于中国茶道的基本精神,不同学者有不同的理解,其中林治先生认为"和、静、怡、真"应作为中国茶道的"四谛",认为茶道精神契合了中华民族传统的审美情趣和哲理风范。

（二）传统服饰及其文化内涵

中国素有"衣冠古国"之称,服饰文化由来已久、内涵丰富。早在原始社会,我国先民便开启了中华服饰文化光辉的篇章。距今一万多年前的"山顶洞人",就已经使用骨针缝制兽皮遮体蔽身,还以石子、兽牙等串成项链,作为装饰。这说明我国先民的衣着穿戴,在防寒御暑的基础上,已经具有了装饰自己、美化生活的意蕴,并由此产生了独具特色的中华服饰文化。

中国传统服饰以天然的葛麻和丝帛为主,虽其特质各异,但最初都来于自然,它们不仅给人类带来温暖和舒适,也慰藉了人们亲近自然的心态取向。在生产力低下的原始社会,人们与自然为伍,以原始技能开天辟地,葛是大自然对远古祖先无尽的恩赐与馈赠。新石器时代,中国先民就用葛茎的纤维作为纺织原料,所制成的织物叫葛布,俗称"夏布",质地细薄。丝绸是中国历史上最早的发明之一,是中国人对人类独有的贡献。桑林遍野,男耕女织,是中国历史中的独有风景。锦的出现是中国丝绸史上一个重要的里程碑,它把蚕丝性能和美术结合起来,既是高档的衣料,又是珍贵的艺术品。四川的蜀锦、苏州的宋锦、南京的云锦、广西的壮锦被称为中国"四大名锦"。

华夏民族自古有自己的衣裳,即"汉服",全称是"汉民族传统服饰",又称"汉衣冠"。在五千年的历史长河中,汉服是中国最典型的传统服饰,是中华民族文化的重要组成部分。中国传统衣饰从具体的功用上看,可分为头衣、体衣和足衣三部分。

1. 头衣

先秦时期,饰于头上之服,称为头衣,又称元服。上古头衣各有专名,主要为冠、冕、弁、帻四种。古人视披头散发为不雅之举,常以"披发"形容不文明。古时男子二十岁时,要举行加冠之礼,意味着从此成年,可以外出谋事了。女子待到十五岁,就要举行笄礼以示成年。

2. 体衣

体衣包括上衣和下裳。古人把穿在上身的衣服统称为"衣"。穿着衣的基本形式是"交领右衽",即用左襟盖住右襟,在右边的腋下系带子,这称为"右衽"。商周时期,人们把下身穿着的服装称"裳"。裳由七幅布联结而成,前面三幅,后面四幅。下衣还有裤和裈。

冕服是上衣下裳制的最高代表,是古代男子最高级别的礼服,通常用作祭服,共分六种,又称六冕,和女子礼服的三翟相对应。冕服相传起源于我国尧舜时期。冕服中的十二章服级别最高,是仅有皇帝在祭天时才可以穿着的大礼服,另一种看法认为十二章服是皇帝的朝服。

襦裙是深受中国古代女子喜爱的汉服样式。襦裙历时两千多年,尽管长短宽窄时有变化,但基本形制始终保持着最初的上衣下裳样式,由短上衣加长裙组成。上衣叫"襦",长度较短,一般盖过腰部,下身为拖地长裙。襦在内,裙在外,腰间用长长的绸带系扎。襦裙按上襦领子的式样不同,分为交领襦裙和直领襦裙;按是否夹里的区别,分为单襦裙和复襦裙;按裙腰的高低,可分为中腰襦裙、高腰襦裙和齐胸襦裙。

随着社会的发展,上衣下裳制渐渐不能满足人们的需求,春秋战国时期深衣式袍服开始流行。深衣是延续衣裳制结构,分别剪裁,但上衣下裳不再分开缝制,而在腰处缝合为一体,领、袖、裾用其他面料或刺绣边缘。深衣大多为丝帛面料,不是礼服,从官僚到百姓都可着深衣。深衣延续了汉服交领右衽的特点,分曲裾和直裾,流行于不同的年代。曲裾深衣,在形制上多为单层,下裳裁成 12 片;外观上,衣襟拉长呈三角状,经背后绕至前襟系带,下摆成喇叭状;在穿着上,领口很低,以便露出里衣,最多达三层以上,时称"三重衣"。直裾襦裙,下摆部分裁剪为垂直,衣裾在身侧或侧后方,由布质或皮革制的腰带固定。汉代以后,本着经济胜过美观的历史发展原则,直裾逐渐普及,成为深衣的主要模式。

3. 足衣

足衣包括鞋和袜。鞋有屦、屐、舄等。早在先秦时期,古人就已普遍穿鞋了。汉代时,鞋称为屦,用草、麻、皮丝制作。舄是加了木底的屦。屐是木拖鞋。明清时,妇女的鞋子都讲究绣工精巧,满族妇女的鞋子,鞋底高达两寸,又称"花盆底"。

服饰是社会文化的符号,体现出一个民族的审美思想和文明发展程度。上衣下裳,代表天阳地阴;圆袖交领,代表天圆地方;中缝垂带,代表人道正直。汉服浓缩了华夏大地最古老的文明,充分体现了中华民族柔静安逸和娴雅超脱、泰然自若的民族性格以及平淡自然、含蓄委婉、典雅清新的审美情趣。

(三) 传统建筑及其文化内涵

中国传统建筑是具有中华民族特色的最精彩、最直观的传承载体和表现形式之一。中国自古地大物博,建筑艺术源远流长。不同地域和民族的建筑艺术风格等各有差异,但其传统建筑的组群布局、空间、结构、建筑材料及装饰艺术等方面却有着共同的特点,区别于西方,享誉全球。从庄严威仪的皇家宫殿到精巧别致的私家园林,中国建筑形成了丰富而独特的建筑传统,体现出大气、生气、富丽、重山林风水等特点。

1. 大气

大气体现在大门、大窗、大进深、大屋檐上,给人以舒展的感觉。大屋檐下形成的半封闭的空间,既遮阳避雨,起庇护作用,又视野开阔,直通大自然。

2. 生气

生气体现在四角飞檐翘起上，或扑朔欲飞，或伫立欲飘，从很大程度上削弱了建筑物的沉重感，如果"大气"产生于理，那么"生气"则产生于情，情越浓，艺术性越强。

3. 富丽

流光溢彩的琉璃瓦是中国传统的建筑材料，通常施以金黄、翠绿、碧蓝等彩色铅釉，材质坚固、色彩鲜艳、釉色光润。在阳光的照耀下，琉璃材料色泽鲜艳，光彩夺目。

4. 重山林风水

中国的建筑在选址方面非常讲究。有山，易取其势，视野开阔，排水顺畅；有林，易取其物，苍柴丰盛，鸟鸣果香；有风，易得其动，空气清新，消暑灭病；有水，易得其利，鱼虾戏跃，鹅鸭成群。

凸显中国传统建筑理念的故宫，是明清两代的皇宫，山水融合，靠山面水，反映了中国传统建筑始终追求的理念。故宫又称紫禁城，作为现存规模最大、最完整的古代宫殿建筑群，不仅是中国最重要的文物保护单位之一，也是著名的世界文化遗产。紫禁城的"紫"，是指紫微星垣。明清皇宫之所以叫紫禁城，是因为紫微星垣位于北天中央，北极星是它的中枢，位置永恒不变，传说为天帝所居。皇帝和皇后分别居住在乾清宫和坤宁宫。"乾""坤"二字意味着天地，其东西两侧的日精门和月华门，则象征着日月争辉。东西六宫及其他宫殿也分别象征着天上的十二星辰和各个星座。紫禁城三大殿是太和殿、中和殿、保和殿。"和"是中国传统文化的精髓，构成了中国人的核心价值。

中国传统建筑在发展过程中，逐步形成了各地不同的民居建筑形式，这种传统的民居建筑深深地打上了地理环境的烙印，生动地反映了人与自然的关系。四合院是北京地区乃至华北地区的传统民居建筑，"四"字表示东南西北四面；"合"是围在一起的意思。四合院的格局就是一个四面建有房屋的院子，房屋通常由正房、东西厢房和倒座房组成，从四面将庭院合围在中间，故名四合院。前院的北房为正房，这是长辈的居所，比其他房屋的规模要大。正房两侧的厢房，是带有檐廊的硬山顶居室，按宗法制要求，长子为大宗居左，次子为小宗居右。厢房南墙分别以曲尺形走廊与中门两侧相连，是为"抄手游廊"形式。厨房、厕所、库房等一般设在正房后的窄院内，因而正房的厅堂既是过厅，又是全家人起居生活的中心。门房之内前院的南面是倒座房，用为和客房、书房仆人的住所等。四合院除大门与外界相通之外，一般都不对外开窗户，因此，只要关上大门，四合院便形成一个封闭式的小环境，在这种环境中居住，其恬静安适可想而知。

中国传统建筑植根于中国传统文化，体现和代表着中国传统文化的丰富内涵和基本特点。从民居到宫殿，处处以严整的格局、井然的秩序来反映人与人、人与自然的关系，建筑与自然的有机结合，强调人与自然的统一，在自然环境中融入人的思想感情和精神风貌，形成了中国建筑文化独特的体现，为世界灿烂的建筑文化贡献了力量。

三、中华优秀传统文化常见名词

序号	名　词	内　　　　容
1	四书	《论语》《中庸》《大学》《孟子》
2	五经	《诗经》《尚书》《礼记》《易经》《春秋》
3	六子全书	《老子》《庄子》《列子》《荀子》《扬子法言》《中说》
4	中医经典	《黄帝内经》《难经》《伤寒杂病论》《神农本草经》
5	十三经	《易经》《诗经》《尚书》《周礼》《礼记》《仪礼》《公羊传》《穀梁传》《左传》《孝经》《论语》《尔雅》《孟子》
6	四大古典戏剧	王实甫《西厢记》、汤显祖《牡丹亭》、孔尚任《桃花扇》、洪昇《长生殿》
7	四大民间传说	《牛郎织女》《孟姜女器长城》《梁山伯与祝英台》《白蛇传》
8	四大文化遗产	明清档案、殷墟甲骨、居延汉简、敦煌经卷
9	晚清四大谴责小说	李宝嘉《官场现形记》、吴沃尧《二十年目睹之怪现状》、刘鹗《老残游记》、曾朴《孽海花》
10	元日	正月初一，一年的开始
11	人日	正月初七
12	上元	正月十五，张灯为戏，又叫"灯节"
13	社日	祭祀土神的日子，一般在立春、立秋后第五个戊日
14	寒食	清明前两天（一说前一日），禁火三日
15	清明	四月初，扫墓、祭祀。
16	端午	五月初五，吃粽子，划龙舟
17	七夕	七月初七，妇女乞巧
18	中元	七月十五，祭祀亡故亲人
19	中秋	八月十五，赏月，思乡
20	重阳	九月初九，登高，插茱萸免灾
21	冬至	又叫"至日"，民间开始"数九"，是中国农历中一个重要的节气
22	腊日	腊月初八，喝腊八粥

续　表

序号	名　词	内　　　　　容
23	除夕	一年的最后一天的晚上,辞旧迎新
24	三皇	说法较多,一般认为是伏羲、女娲、神农
25	五帝	说法较多,一般认为是黄帝、颛顼、帝喾、尧、舜
26	竹林七贤	嵇康、刘伶、阮籍、山涛、阮咸、向秀、王戎
27	扬州八怪	郑燮(郑板桥)、汪士慎、李鱓、黄慎、金农、高翔、李方膺、罗聘
28	饮中八仙	李白、贺知章、李适之、李琎、崔宗之、苏晋、张旭、焦遂
29	宋四家	苏轼、黄庭坚、米芾、蔡襄
30	唐宋八大家	韩愈、柳宗元、欧阳修、苏洵、苏轼、苏辙、王安石、曾巩
31	京剧四大名旦	梅兰芳、程砚秋、尚小云、荀慧生
32	汉字六书	象形、指事、形声、会意、转注、假借
33	书法九势	落笔、转笔、藏锋、藏头、护尾、疾势、掠笔、涩势、横鳞竖勒
34	五色	青、黄、赤、白、黑
35	五音	宫、商、角、徵、羽
36	七宝	金、银、琉璃、珊瑚、砗磲、珍珠、玛瑙
37	九宫	正宫、中吕宫、南吕宫、仙吕宫、黄钟宫、大石调、双调、商调、越调
38	六礼	冠、婚、丧、祭、乡饮酒、相见
39	六艺	礼、乐、射、御、书、数
40	六义	风、赋、比、兴、雅、颂
41	三山	传说中的蓬莱、方丈、瀛洲三座神山
42	五岳	(中岳)河南嵩山、(东岳)山东泰山、(西岳)陕西华山、(南岳)湖南衡山、(北岳)山西恒山
43	五岭	越城岭、都庞岭、萌诸岭、骑田岭、大庾岭
44	五行	金、木、水、火、土
45	八卦	乾(天)、坤(地)、震(雷)、巽(风)、坎(水)、离(火)、艮(山)、兑(泽)
46	九属	玄孙、曾孙、孙、子、身、父、祖父、曾祖父、高祖父
47	五谷	说法较多,一般认为是稻、黍、稷、麦、豆

续　表

序号	名　词	内　　　　容
48	八大菜系	四川菜、湖南菜、山东菜、江苏菜、浙江菜、广东菜、福建菜、安徽菜
49	五毒	石胆、丹砂、雄黄、矾石、慈石
50	配药七方	大方、小方、缓方、急方、奇方、偶方、复方

附录 2　普通话测试题示例

一、读单音节字词(100 个音节,共 10 分,限时 3.5 分钟)

蹦(bèng)	耍(shuǎ)	德(dé)	扰(rǎo)	直(zhí)	返(fǎn)
凝(níng)	秋(qiū)	淡(dàn)	丝(sī)	炯(jiǒng)	粗(cū)
袄(ǎo)	瓮(wèng)	癣(xuǎn)	儿(ér)	履(lǚ)	告(gào)
筒(tǒng)	猫(māo)	囊(náng)	驯(xùn)	辱(rǔ)	碟(dié)
栓(shuān)	来(lái)	顶(dǐng)	墩(dūn)	忙(máng)	哀(āi)
霎(shà)	果(guǒ)	憋(biē)	捺(nà)	装(zhuāng)	群(qún)
精(jīng)	唇(chún)	亮(liàng)	馆(guǎn)	符(fú)	肉(ròu)
梯(tī)	船(chuán)	溺(nì)	北(běi)	剖(pōu)	民(mín)
邀(yāo)	旷(kuàng)	暖(nuǎn)	快(kuài)	酒(jiǔ)	除(chú)
缺(quē)	杂(zá)	搜(sōu)	税(shuì)	脾(pí)	锋(fēng)
日(rì)	贼(zéi)	孔(kǒng)	哲(zhé)	许(xǔ)	尘(chén)
谓(wèi)	忍(rěn)	填(tián)	颇(pō)	残(cán)	涧(jiàn)
穷(qióng)	歪(wāi)	雅(yǎ)	捉(zhuō)	凑(còu)	怎(zěn)
虾(xiā)	冷(lěng)	躬(gōng)	莫(mò)	虽(suī)	绢(juàn)
挖(wā)	伙(huǒ)	聘(pìn)	英(yīng)	条(tiáo)	笨(bèn)
敛(liǎn)	墙(qiáng)	岳(yuè)	黑(hēi)	巨(jù)	访(fǎng)
自(zì)	毁(huǐ)	郑(zhèng)	浑(hún)		

二、读多音节词语(100 个音节,共 20 分,限时 2.5 分钟)

损坏(sǔn huài)	昆虫(kūn chóng)	兴奋(xīng fèn)
恶劣(è liè)	挂帅(guà shuài)	针鼻儿(zhēn bí er)
排斥(pái chì)	采取(cǎi qǔ)	利索(lì suo)
荒谬(huāng miù)	少女(shào nǚ)	电磁波(diàn cí bō)
愿望(yuàn wàng)	恰当(qià dàng)	若干(ruò gān)
加塞儿(jiā sāi er)	浪费(làng fèi)	苦衷(kǔ zhōng)
降低(jiàng dī)	夜晚(yè wǎn)	小熊(xiǎo xióng)
存留(cún liú)	上午(shàng wǔ)	按钮(àn niǔ)
佛教(fó jiào)	新娘(xīn niáng)	逗乐儿(dòu lè er)
全面(quán miàn)	包括(bāo kuò)	不用(bú yòng)
培养(péi yǎng)	编纂(biān zuǎn)	扎实(zhā shi)
推测(tuī cè)	吵嘴(chǎo zuǐ)	均匀(jūn yún)
收成(shōu cheng)	然而(rán ér)	满口(mǎn kǒu)
怪异(guài yì)	听话(tīng huà)	大学生(dà xué shēng)
发作(fā zuò)	侵略(qīn lüè)	钢铁(gāng tiě)
孩子(hái zi)	光荣(guāng róng)	前仆后继(qián pū hòu jì)

三、朗读短文(400 个音节,共 30 分,限时 4 分钟)

一位访美中国女作家,在纽约遇到一位卖花的老太太。老太太穿着破旧,身体虚弱,但脸上的神情却是那样祥和兴奋。女作家挑了一朵花说:"看起来,你很高兴。"老太太面带微笑地说:"是的,一切都这么美好,我为什么不高兴呢?""对烦恼,你倒真能看得开。"女作家又说了一句。没料到,老太太的回答更令女作家大吃一惊:"耶稣在星期五被钉上十字架时,是全世界最糟糕的一天,可三天后就是复活节。所以,当我遇到不幸时,就会等待三天,这样一切就恢复正常了。""等待三天",多么富于哲理的话语,多么乐观的生活方式。它把烦恼和痛苦抛下,全力去收获快乐。沈从文在"文革"期间,陷入了非人的境地。可他毫不在意,他在咸宁时给他的表侄、画家黄永玉写信说:"这里的荷花真好,你若来……"身陷苦难却仍为(wèi)荷花的盛开欣喜赞叹不已,这是一种趋于澄明(chéng míng)的境界,一种旷达洒脱(sǎ tuō)的胸襟,一种面临磨难坦荡从容的气度。一种对生活童子(tóng zǐ)般的热爱和对美好事物无限向往的生命情感。

由此可见,影响一个人快乐的,有时并不是困境及磨难,而是一个人的心态。如果把自己浸泡在积极、乐观、向上的心态中,快乐必然会占据你的每一天。

四、命题说话(请在下列话题中任选一个,共 40 分,限时 3 分钟)

1. 难忘的旅行　2. 谈谈卫生与健康

附录3　百 家 姓

赵(zhào)	钱(qián)	孙(sūn)	李(lǐ)	周(zhōu)	吴(wú)
郑(zhèng)	王(wáng)	冯(féng)	陈(chén)	褚(chǔ)	卫(wèi)
蒋(jiǎng)	沈(shěn)	韩(hán)	杨(yáng)	朱(zhū)	秦(qín)
尤(yóu)	许(xǔ)	何(hé)	吕(lǚ)	施(shī)	张(zhāng)
孔(kǒng)	曹(cáo)	严(yán)	华(huà)	金(jīn)	魏(wèi)
陶(táo)	姜(jiāng)	戚(qī)	谢(xiè)	邹(zōu)	喻(yù)
柏(bǎi)	水(shuǐ)	窦(dòu)	章(zhāng)	云(yún)	苏(sū)
潘(pān)	葛(gě)	奚(xī)	范(fàn)	彭(péng)	郎(láng)
鲁(lǔ)	韦(wéi)	昌(chāng)	马(mǎ)	苗(miáo)	凤(fèng)
花(huā)	方(fāng)	俞(yú)	任(rèn)	袁(yuán)	柳(liǔ)
酆(fēng)	鲍(bào)	史(shǐ)	唐(táng)	费(fèi)	廉(lián)
岑(cén)	薛(xuē)	雷(léi)	贺(hè)	倪(ní)	汤(tāng)
滕(téng)	殷(yīn)	罗(luó)	毕(bì)	郝(hǎo)	邬(wū)
安(ān)	常(cháng)	乐(yuè)	于(yú)	时(shí)	傅(fù)
皮(pí)	卞(biàn)	齐(qí)	康(kāng)	伍(wǔ)	余(yú)
元(yuán)	卜(bǔ)	顾(gù)	孟(mèng)	平(píng)	黄(huáng)
和(hé)	穆(mù)	萧(xiāo)	尹(yǐn)	姚(yáo)	邵(shào)
湛(zhàn)	汪(wāng)	祁(qí)	毛(máo)	禹(yǔ)	狄(dí)
米(mǐ)	贝(bèi)	明(míng)	臧(zāng)	计(jì)	伏(fú)
成(chéng)	戴(dài)	谈(tán)	宋(sòng)	茅(máo)	庞(páng)
熊(xióng)	纪(jì)	舒(shū)	屈(qū)	项(xiàng)	祝(zhù)
董(dǒng)	梁(liáng)	杜(dù)	阮(ruǎn)	蓝(lán)	闵(mǐn)
席(xí)	季(jì)	麻(má)	强(qiáng)	贾(jiǎ)	路(lù)

娄(lóu)　危(wēi)　江(jiāng)　童(tóng)　颜(yán)　郭(guō)

梅(méi)　盛(shèng)　林(lín)　刁(diāo)　钟(zhōng)　徐(xú)

邱(qiū)　骆(luò)　高(gāo)　夏(xià)　蔡(cài)　田(tián)

樊(fán)　胡(hú)　凌(líng)　霍(huò)　虞(yú)　万(wàn)

支(zhī)　柯(kē)　昝(zǎn)　管(guǎn)　卢(lú)　莫(mò)

经(jīng)　房(fáng)　裘(qiú)　缪(miào)　干(gān)　解(xiè)

应(yīng)　宗(zōng)　丁(dīng)　宣(xuān)　贲(bēn)　邓(dèng)

郁(yù)　单(shàn)　杭(háng)　洪(hóng)　包(bāo)　诸(zhū)

左(zuǒ)　石(shí)　崔(cuī)　吉(jí)　钮(niǔ)　龚(gōng)

程(chéng)　嵇(jī)　邢(xíng)　滑(huá)　裴(péi)　陆(lù)

荣(róng)　翁(wēng)　荀(xún)　羊(yáng)　於(yū)　惠(huì)

甄(zhēn)　曲(qū)　家(jiā)　封(fēng)　芮(ruì)　羿(yì)

储(chǔ)　靳(jìn)　汲(jí)　邴(bǐng)　麋(mí)　松(sōng)

井(jǐng)　段(duàn)　富(fù)　巫(wū)　邬(wū)　焦(jiāo)

巴(bā)　弓(gōng)　牧(mù)　隗(wěi)　山(shān)　谷(gǔ)

车(chē)　侯(hóu)　宓(mì)　蓬(péng)　全(quán)　郗(xī)

班(bān)　仰(yǎng)　秋(qiū)　仲(zhòng)　伊(yī)　宫(gōng)

宁(nìng)　仇(qiú)　栾(luán)　暴(bào)　甘(gān)　钭(tǒu)

厉(lì)　戎(róng)　祖(zǔ)　武(wǔ)　符(fú)　刘(liú)

景(jǐng)　詹(zhān)　束(shù)　龙(lóng)　叶(yè)　幸(xìng)

司(sī)　韶(sháo)　郜(gào)　黎(lí)　蓟(jì)　薄(bó)

印(yìn)　宿(sù)　白(bái)　怀(huái)　蒲(pú)　邰(tái)

从(cóng)　鄂(è)　索(suǒ)　咸(xián)　籍(jí)　赖(lài)

卓(zhuó)　蔺(lìn)　屠(tú)　蒙(méng)　池(chí)　乔(qiáo)

阴(yīn)　郁(yù)　胥(xū)　能(nài)　苍(cāng)　双(shuāng)

闻(wén)　莘(shēn)　党(dǎng)　翟(zhái)　谭(tán)　贡(gòng)

劳(láo)　逄(páng)　姬(jī)　申(shēn)　扶(fú)　堵(dǔ)

冉(rǎn)　宰(zǎi)　郦(lì)　雍(yōng)　郤(xì)　璩(qú)

桑(sāng)　桂(guì)　濮(pú)　牛(niú)　寿(shòu)　通(tōng)

边(biān)　扈(hù)　燕(yān)　冀(jì)　郏(jiá)　浦(pǔ)

尚(shàng)　农(nóng)　温(wēn)　别(bié)　庄(zhuāng)　晏(yàn)

柴(chái)　瞿(qú)　阎(yán)　充(chōng)　慕(mù)　连(lián)

茹(rú)　习(xí)　宦(huàn)　艾(ài)　鱼(yú)　容(róng)

向(xiàng)　古(gǔ)　易(yì)　慎(shèn)　戈(gē)　廖(liào)

庾(yǔ)　终(zhōng)　暨(jì)　居(jū)　衡(héng)　步(bù)

都(dū)　耿(gěng)　满(mǎn)　弘(hóng)　匡(kuāng)　国(guó)

文（wén）　　寇（kòu）　　广（guǎng）　　禄（lù）　　阙（quē）　　东（dōng）

欧（ōu）　　殳（shū）　　沃（wò）　　利（lì）　　蔚（wèi）　　越（yuè）

夔（kuí）　　隆（lóng）　　师（shī）　　巩（gǒng）　　厍（shè）　　聂（niè）

晁（cháo）　　勾（gōu）　　敖（áo）　　融（róng）　　冷（lěng）　　訾（zī）

辛（xīn）　　阚（kàn）　　那（nā）　　简（jiǎn）　　饶（ráo）　　空（kōng）

曾（zēng）　　毋（Wú）　　沙（shā）　　乜（niè）　　养（yǎng）　　鞠（jū）

须（xū）　　丰（fēng）　　巢（cháo）　　关（guān）　　蒯（kuǎi）　　相（xiàng）

查（zhā）　　后（hòu）　　荆（jīng）　　红（hóng）　　游（yóu）　　竺（zhú）

权（quán）　　逯（lù）　　盖（gě）　　益（yì）　　桓（huán）　　公（gōng）

万俟（mò qí）　　司马（sī mǎ）　　上官（shàng guān）　　欧阳（ōu yáng）

夏侯（xià hóu）　　诸葛（zhū gě）　　闻人（wén rén）　　东方（dōng fāng）

赫连（hè lián）　　皇甫（huáng fǔ）　　尉迟（yù chí）　　公羊（gōng yáng）

澹台（tán tái）　　公冶（gōng yě）　　宗政（zōng zhèng）　　濮阳（pú yáng）

淳于（chún yú）　　单于（chán yú）　　太叔（tài shū）　　申屠（shēn tú）

公孙（gōng sūn）　　仲孙（zhòng sūn）　　轩辕（xuān yuán）　　令狐（lìng hú）

钟离（zhōng lí）　　宇文（yǔ wén）　　长孙（zhǎng sūn）　　慕容（mù róng）

鲜于（xiān yú）　　闾丘（lú qiū）　　司徒（sī tú）　　司空（sī kōng）

亓官（qí guān）　　司寇（sī kòu）　　仉督（zhǎng dū）　　子车（zǐ jū）

颛孙（zhuān sūn）　　端木（duān mù）　　巫马（wū mǎ）　　公西（gōng xī）

漆雕（qī diāo）　　乐正（yuè zhèng）　　壤驷（rǎng sì）　　公良（gōng liáng）

拓跋（tuò bá）　　夹谷（jiá gǔ）　　宰父（zǎi fǔ）　　谷梁（gǔ liáng）

晋（jìn）　　楚（chǔ）　　闫（yán）　　法（fǎ）

汝（rǔ）　　鄢（yān）　　涂（tú）　　钦（qīn）

段干（duàn gān）　　百里（bǎi lǐ）　　东郭（dōng guō）　　南门（nán mén）

呼延（hū yán）　　归（guī）　　海（hǎi）　　羊舌（yáng shé）

微（wēi）　　生（shēng）　　岳（yuè）　　帅（shuài）

缑（gōu）　　亢（kàng）　　况（kuàng）　　后（hòu）

有（yǒu）　　琴（qín）　　梁丘（liáng qiū）　　左丘（zuǒ qiū）

东门（dōng mén）　　西门（xī mén）　　商（shāng）　　牟（móu）

佘（shé）　　佴（nài）　　伯（bó）　　赏（shǎng）

南宫（nán gōng）　　墨（mò）　　哈（hǎ）　　谯（qiáo）

笪（dá）　　年（nián）　　爱（ài）　　阳（yáng）

佟（tóng）　　第五（dì wǔ）　　言（yán）　　福（fú）

（《百家姓》原收集 411 个，经增补到 504 个姓，其中单姓 444 个，复姓 60 个。）

附录 4 医学领域容易读错的字

（括号内的字音是正确的）

a

安瓿(ān bù)ān píng

胺　(àn)ān

凹陷(āo xiàn)yáo xiàn

b

白痴(bái chī)bái zhī

半身不遂(bàn shēn bù suí)bàn shēn bù suì

贲门(bēn mén)pēn mén

鼻衄(bí nù)bí niù

便溺(biàn niào)biàn nì

濒死(bīn sǐ)pín sǐ

槟榔(bīng láng)bīn láng

屏气(bǐng qì)píng qì

哺乳(bǔ rǔ)pǔ rǔ

c

搐搦(chù nuò)chù ruò

创伤(chuāng shāng) chuàng shāng

粗糙(cū cāo)cū zào

皲裂(cūn liè)jùn liè

痤疮(cuó chuāng)zuò chuāng

d

大黄(dà huáng)dài huáng

代偿(dài cháng)dài shǎng

倒嚼(dǎo jiào)dào jiáo

癫痫(diān xián)diān jiān

酊剂(dīng jì)dǐng jì

酩酊(míng dǐng)mǐng dīng

胴体(dòng tǐ)tóng tǐ

毒蕈碱(dú xùn jiǎn)dú tán jiǎn

堕胎(duò tāi)zhuì tāi

e

阿胶(ē jiāo)ā jiāo

f

发绀(fā gàn)fā gān

发酵(fā jiào)fā xiào

房颤(fáng chàn)fáng zhàn

分娩(fēn miǎn)fēn wǎn

孵化(fū huà)fú huà

氟骨症(fú gǔ zhèng)fó gǔ zhèng

g

干酪物(gān lào wù)gān luò wù

胳臂(gē bei)gē bài

手臂(shǒu bì)shǒu bei

肱骨(gōng gǔ)hóng gǔ

佝偻(gōu lóu)gōu lǚ

伛偻(yǔ lǚ)yǔ lǒu

枸杞(gǒu qǐ)gǒu jǐ

骨骺(gǔ hóu)gǔ gòu

骨殖(gǔ shi)gǔ zhí

骨头(gǔ tou)gú tou

骨折(gǔ zhé)gǔ shé

骨髓(gǔ suǐ)gǔ suí

h

横死(hèng sǐ)héng sǐ

齁鼾声(hōu hān shēng)jù hān shēng

厚朴(hòu pò)hòu pǔ

琥珀酸(hǔ pò suān)hǔ bó suān

黄檗(huáng bò)huáng bì

溃脓(huì nóng)kuì nóng

溃疡(kuì yáng)huì yǎng

和药(huò yào)hé yào

j

畸形(jī xíng)qí xíng

间脑(jiān nǎo)jiàn nǎo

跰子(jiǎn zǐ)kāi zǐ

间歇热(jiàn xiē rè)jiān xiē rè

结巴(jiē ba)jié ba

解剖(jiě pōu)jiě pāo

浸润(jìn rùn)qīn rùn

痉挛(jìng luán)jīng luán

枸橼(jǔ yuán)gǒu chuán

龟裂(jūn liè)guī liè

菌子(jùn zi)jūn zǐ

k

咯血(kǎ xiě)ké xiě

看护(kān hù)kàn hù

髁(kē)guǒ

克汀病(kè tīng bìng)kè dīng bìng

空心吃药(kòng xīn chī yào)kōng xīn
　　chī yào

l

拉开(lá kāi)lā kāi

肋骨(lèi gǔ)lè gǔ

淋巴结(lín bā jié)lìn bā jié

淋病(lìn bìng)lín bìng

氯霉素(lǜ méi sù)lù méi sù

m

麻痹(má bì)má pì

秘方(mì fāng)bì fāng

n

脑卒中(nǎo cù zhòng)nǎo zú zhōng

内眦(nèi zì)nèi cī

牛皮癣(niú pí xuǎn)niú pí xiǎn

p

蹒跚(pán shān)mán shān

膀肿(pāng zhǒng)pǎng zhǒng

膀胱(páng guāng)pǎng huáng

喷嚏(pēn tì)pèn tì

胼胝(pián zhī)bìng dǐ

屏障(píng zhàng)bǐng zhàng

q

憩室(qì shì)xī shì

髂骨(qià gǔ)kè gǔ

荨麻疹(xún má zhěn)qián má zhěn

嵌顿(qiàn dùn)kān dùn

雀盲眼(qiǎo mang yǎn)què mang yǎn

羟基(qiǎng jī)qīng jī

巯基(qiú jī)liú jī

祛痰(qū tán)qù tán

龋齿（qǔ chǐ）yǔ chǐ

颧骨（quán gǔ）guàn gǔ

r

桡骨（ráo gǔ）náo gǔ

妊娠（rèn shēn）rèn chén

s

散光（sǎn guāng）sàn guāng

散热（sàn rè）sǎn rè

栓塞（shuān sè）shuān sāi

吮吸（shǔn xī）yǔn xī

尿脬（suī pao）niào fú

羧基（suō jī）jùn jī

t

炭疽（tàn jū）tàn zǔ

羰基（tāng jī）tàn jī

绦虫（tāo chóng）tiáo chóng

烃基（tīng jī）qíng jī

头孢噻肟（tóu bāo sài wò）tóu bāo sài
　　kuī

吐根素（tǔ gēn sù）tù gēn sù

吐血（tù xiě）tǔ xiě

呕吐（ǒu tù）ǒu tǔ

臀部（tún bù）diàn bù

唾液（tuò yè）tù yè

w

胃襞（wèi bì）wèi pí

恶寒（wù hán）è hán

x

膝关节（xī guān jié）qī guān jié

细胞（xì bāo）xì pāo

细菌（xì jūn）xì jǔn

涎腺（xián xiàn）yán xiàn

霰粒肿（xiàn lì zhǒng）sàn lì zhǒng

纤维（xiān wéi）qiān wéi

鲜血（xiān xuè）xiān xiě

献血（xiàn xiě）xiàn xuè

心广体胖（xīn guǎng tǐ pán）xīn guǎng
　　tǐ pàng

眩晕（xuàn yùn）xuàn yūn

血管（xuè guǎn）xuě guǎn

y

眼睑（yǎn jiǎn）yǎn lián

银屑病（yín xiè bìng）yín xiāo bìng

阴蒂（yīn dì）yīn tì

z

粘连（zhān lián）nián lián

砧骨（zhēn gǔ）zhàn gǔ

脂肪（zhī fáng）zhǐ fáng

跖骨（zhí gǔ）zhē gǔ

中毒（zhòng dú）zhōng dú

潴留（zhū liú）chǔ liú

贮藏（zhù cáng）chǔ cáng

足踝（zú huái）zú guǒ

附录 5　医学生推荐阅读书目

中国经典名著			
序号	书　名	作　者	内 容 简 介
1	道德经	老子,春秋时期伟大的哲学家、思想家,道家学派创始人	《道德经》,又称《道德真经》《老子》《五千言》《老子五千文》,是中国古代先秦诸子分家前的一部著作,为其时诸子所共仰,是春秋时期老子所作的哲学著作,是中国历史上最伟大的名著之一
2	论语	孔子及其弟子。孔子(前 551—前 479),中国著名的思想家、教育家	《论语》是中国春秋时期一部语录体散文集,由孔子弟子及再传弟子编纂而成。主要记录孔子及其弟子的言行,较为集中地反映了孔子的思想,是儒家学派的经典著作之一
3	诗经	相传为孔子删定	《诗经》是中国古代诗歌的开端,最早的一部诗歌总集,收集了西周初年至春秋中叶(前 11 世纪至前 6 世纪)的诗歌,共 305 篇
4	楚辞	屈原(约前 340—约前 278),中国历史上一位伟大的爱国诗人,浪漫主义文学的奠基人,"楚辞"的创立者和代表作家	《楚辞》是中国古典文学经典名著之一,人们常常将其与《诗经》并称为"诗骚"或"风骚",是中国古典文学传统的源头之一
5	史记	司马迁(前 145 或前 135—?),我国西汉时期伟大的史学家、文学家,思想家	《史记》是中国第一本纪传体通史,是中国古代最著名的古典典籍之一,与后来的《汉书》《后汉书》《三国志》合称"前四史"
6	乐府诗集	郭茂倩(1041—1099),字德粲,郓州须城(今山东东平)人,以编纂《乐府诗集》百卷扬名后世	《乐府诗集》是北宋文学家郭茂倩编撰的上古至唐、五代的乐府诗歌总集,成书于北宋时期。书中《木兰诗》与《孔雀东南飞》被后人合称"乐府双璧"

序号	书　名	作　者	内容简介
7	陶渊明集	陶渊明（约365—427），一名潜，字元亮，曾作过江州祭酒、镇军参军、建威参军和彭泽令，四十一岁由彭泽令上辞官归隐，直至去世。卒后友人私谥"靖节"，世称"靖节先生"	陶渊明的作品继承了汉、魏传统，并形成了独特的风格，内容充实，情感真挚，风格冲淡，韵致悠然，极善用写意的手法点染出浑朴深远的意境
8	唐诗评选	王夫之（1619—1692），字而农，号姜斋，学者尊称其为船山先生。中国朴素唯物主义思想的集大成者、启蒙思想的先导者，与黄宗羲、顾炎武并称为明末清初的三大思想家	《唐诗评选》是王夫之三部诗歌评选著作之一，分乐府歌行、五言古、五言律、五言排律几部分，对王绩、王勃、卢照邻、崔融、刘庭芝等人的诗进行了评点
9	红楼梦	曹雪芹（约1715—约1765，清代小说家。名沾，字梦阮，雪芹是其号高鹗（约1738—约1815），清代文学家。字兰墅，一字云士	《红楼梦》是一部具有高度思想性和艺术性的伟大作品，对官场的黑暗、封建贵族阶级及其家庭的腐朽，封建的科举制度、婚姻制度、奴婢制度、等级制度，以及与此相适应的社会统治思想即孔孟之道和程朱理学，社会道德观念等都进行了深刻的批判。并提出了朦胧的初步民主主义理想和主张，是当时正在滋长的资本主义经济萌芽因素的曲折反映。作品塑造了众多的人物形象，他们各自具有独特而鲜明的个性特征，成为不朽的艺术典型，在中国文学史和世界文学史上永远放射着奇光异彩
10	老残游记	刘鹗（1857—1909），清末小说家，字铁云，号老残，笔名"洪都百炼生"。出身官僚家庭，不喜科场文字。一生纵览百家，致力于水利、音乐、数学、医学、算学等实际学问	《老残游记》是胡适、王国维、林语堂等都极为推崇的传世之作。小说以江湖郎中老残的游历为主线，谐谑描绘特定环境下的社会众生相。有世情小说的奇幻、心理小说的洞察、武侠小说的热血。有人认为它的章回如秦砖汉瓦，分别看来精美绝伦，凑在一起则不成长篇。但细读内容就会发现，它妙就妙在"不成体统"，写得任性，写得恣意飘洒。其中对景致及声音的创新性描写，在今天依然属于教科书级别
11	呐喊	鲁迅（1881—1936），原名周树人，是中国现代文学史上最杰出的文学家、思想家之一	鲁迅的第一本短篇小说集，其中作品多写于五四运动的高潮时期。因要为新文化运动助威，故取名《呐喊》
12	子夜	茅盾（1896—1981），本名沈德鸿，字雁冰。中国著名作家、社会活动家	围绕民族资本家吴荪甫与买办赵伯韬之间的尖锐矛盾，全方位地描绘了20世纪30年代初中国社会的广阔画面

续　表

序号	书　名	作　　者	内　容　简　介
13	谈美书简	朱光潜(1897—1986),中国美学家、文艺理论家、教育家、翻译家,中国现代美学的奠基人	全书由十三封书信结集而成,是作者美学生涯和美学思想的回顾和整理,是初涉美学者学习美学的重要参考书籍
14	倾城之恋	张爱玲(1920—1995),中国现代作家,作品主要有小说、散文、电影剧本以及文学论著,她的书信也被人们作为著作的一部分加以研究。张爱玲是当代重要的作家,也是五四时期以来优秀的作家	《倾城之恋》是张爱玲最脍炙人口的短篇小说之一。是一篇探讨爱情、婚姻和人性在战乱中的生存和挣扎的作品。小说告诉人们:旧式以经济为基础的婚姻是没有爱情可言的,女性只有经济上自立、自强,才能自主地去追求爱情、寻找幸福
15	四世同堂	老舍(1899—1966),本名舒庆春,字舍予,中国现代著名小说家、剧作家。1949 年后曾任中国作家协会副主席、北京市文联主席等职,著有《骆驼祥子》《四世同堂》《茶馆》《正红旗下》等大量深受读者喜爱的作品	《四世同堂》是老舍写作时间长、花费精力多、完成过程艰难的一部作品。作品通过传神的描绘,对旧社会人们的"国民性"及封建文化对于人的精神束缚进行了透彻的反思,意蕴极其丰厚。《四世同堂》是一部"笔端蘸着民族的和作家的血写成的'痛史'和'愤史'",结构宏大,书写从容,人物描写栩栩如生,表现出思想和艺术的全面成熟,是老舍现实主义创作的一个高峰
16	沈从文小说选	沈从文(1902—1988),曾任北京大学教授,作品有中篇小说《边城》《山鬼》《长河》,散文集《从文自传》《湘行散记》等	所选作品基本反映了沈从文小说创作发展的轮廓:以成熟期小说为主,也兼顾了早期与后期创作,兼顾了创作方法、题材、风格与文体形式诸方面的多样化特点
17	憩园	巴金(1904—2005),原名李尧棠,作家、翻译家、社会活动家,是五四运动以来最有影响的作家之一	小说通过一位作家重归故里、寄居憩园时的所见、所闻、所感,展示了一所大公馆新旧两代主人共同的悲剧命运。这部小说标志着巴金以往那种热情奔放的艺术风格开始朝冷静严肃、深蕴细腻的方向转变
18	傅雷家书	傅雷(1908—1966),字怒安,号怒庵,中国著名的翻译家、作家、教育家、美术评论家	摘编了傅雷先生在 1954 年至 1966 年间写的 186 封书信,字里行间,充满了父亲对儿子的挚爱、期望
19	雷雨	曹禺(1910—1996),中国现代杰出的戏剧家,著有《雷雨》《日出》《原野》《北京人》等著名作品	该话剧被称为中国现代话剧成熟的标志,它所展示的是一幕人生大悲剧,是命运对人残忍的作弄。专制、伪善的家长,热情、单纯的青年,被情爱烧疯了心的魅惑女人,痛悔着罪孽却又不自知地犯下更大罪孽的公子哥,还有家族的秘密,身世的秘密,所有这一切在一个雷雨夜爆发了……

序号	书 名	作 者	内 容 简 介
20	围城	钱锺书（1910—1998），字默存，号槐聚，著名作家、文学研究家。钱锺书在文学、国故、比较文学及文化批评等领域均成就卓著	书评家夏志清先生认为小说《围城》是"中国近代文学中最有趣、最用心经营的小说，可能是最伟大的一部小说"
21	我们仨	杨绛（1911—2016），原名杨季康，曾任中国社会科学院外国文学研究所研究员。主要作品有散文集《干校六记》、长篇小说《洗澡》等	作为老派知识分子，她的文字含蓄节制，那难以言表的亲情和忧伤弥漫在字里行间，令读者无不动容。生命的意义，不会因为躯体的生灭而有所改变，那安定于无常世事之上的温暖亲情已经把他们仨永远联结在一起，家的意义也在先生的书中得到了尽情的阐释
22	呼兰河传	萧红（1911—1942），中国近现代女作家，"民国四大才女"之一，被誉为"20世纪30年代的文学洛神"。代表作《呼兰河传》《生死场》	作品以萧红自己的童年生活为线索，把孤独的童话故事串起来，形象地反映出呼兰这座小城当年的社会风貌、人情百态，无情地揭露和鞭挞中国几千年的封建陋习在社会形成的毒瘤，以及这毒瘤溃烂漫浸所造成的瘟疫般的灾难
23	长恨歌	王安忆（1954—），当代作家、文学家。2013年获法兰西文学艺术骑士勋章。现为中国作协副主席、上海市作家协会主席，复旦大学教授	茅盾文学奖获奖作品《长恨歌》讲述了一个女人四十年的情与爱，被一支细腻而绚烂的笔写得哀婉动人，其中交织着上海这座大都市从20世纪40年代到90年代沧海桑田的变迁
24	人间草木	汪曾祺（1921—1997），现当代著名小说家、散文家，京派小说的传人，被誉为"抒情的人道主义者，中国最后一个纯粹的文人，中国最后一个士大夫"。沈从文先生的入室弟子	本文是汪曾祺写的旧人旧事、旅行见闻、各地风土人情、花鸟虫鱼的经典散文集，字里行间充分流露出他对凡人小事和乡土民俗的深深眷恋和对旧日生活情景的缅怀。作品具有浓郁的乡土气息，显示出沈从文的师承，堪称当代小品文的经典
25	青春万岁	王蒙（1934—），其作品反映了中国人民在前进道路上的坎坷历程。2019年被授予"人民艺术家"国家荣誉称号	小说描写了1952年北京女二中（现东直门中学）一群高三学生的学习、生活，赞美了她们不断探索的精神、昂扬向上的斗志，如诗似歌的青春热情，同时也探讨了当时学生中普遍存在的矛盾和问题
26	平凡的世界	路遥（1949—1992），原名王卫国，中国当代作家，1991年完成百万字的长篇巨著《平凡的世界》，路遥因此而荣获茅盾文学奖	这部小说以其恢宏的气势和史诗般的品格，全景式地表现了改革开放时期中国城乡的社会生活和人们思想情感的巨大变迁

续　表

序号	书　名	作　者	内　容　简　介
27	史铁生作品精选	史铁生(1951—2010),被誉为中国当代具有人格力量和灵魂的作家。作品《我的遥远的清平湾》《命若琴弦》《我与地坛》《务虚笔记》等	在轮椅上度过四十年岁月的史铁生,以不羁的心魂漫游于世界和人生的无疆之域,在生命深刻的困境中,对人性、神性和人生意义进行着艰苦卓绝而又辉煌壮丽的追问与眺望。他的作品和为人一样,豁达、温暖而宽容,照亮了在黑夜中前行的我们
28	额尔古纳河右岸	迟子建(1964—),中国作家协会会员,一级作家。中国作协第六、七届全国委员会委员。现担任中国作家协会第十届全国委员会副主席,黑龙江省作家协会主席	小说以一位年届九旬的鄂温克族最后一位酋长女人的口吻,讲述了一个弱小民族顽强的抗争和优美的爱情。小说语言精妙,以简约之美写活了一群鲜为人知、有血有肉的鄂温克人
外国经典名著			
29	荷马史诗	荷马,相传是古希腊的盲诗人	《荷马史诗》是古希腊不朽的英雄史诗,是西方古典文化的基石
30	蒙田随笔	蒙田(1533—1592),法国文艺复兴后期思想家、随笔作家。以博学著称,开创了近代法国随笔式散文的先河。主要著作有《随笔集》三卷	《蒙田随笔》是“欧洲随笔的鼻祖”,在蒙田的作品中,日常生活、传统习俗、人生哲理无所不谈,并旁征博引了许多古希腊、古罗马作家的论述
31	堂吉诃德	塞万提斯(1547—1616),文艺复兴时期西班牙小说家、剧作家、诗人	《堂吉诃德》是文艺复兴时期的现实主义杰作,描写和讽刺了当时西班牙社会上十分流行的骑士小说,揭示教会的专横、社会的黑暗和人民的困苦。堂吉诃德的名字已经变成一个具有特定意义的名词,成了脱离实际,热忱于幻想,主观主义,迂腐顽固,落后于历史进程的同义语
32	培根随笔	培根(1561—1626),英国著名的唯物主义哲学家和科学家	本书包括一些议论性质的短文,主要讲述培根以不同的角度看待事物的态度和想法。其中有《论读书》《论真理》《论嫉妒》《论死亡》《论美》等篇章,是培根文学方面的代表作,语言简洁文笔优美,说理透彻,警句迭出,蕴含着培根的思想精华
33	哈姆雷特	莎士比亚(1564—1616),是欧洲文艺复兴时期最重要的作家,杰出的戏剧家和诗人,也是西方文艺史上最杰出的作家之一,全世界最卓越的文学家之一	《哈姆雷特》是莎士比亚所有戏剧中篇幅最长的一部,也是莎士比亚最负盛名的剧本,具有深刻的悲剧意义。复杂的人物性格以及丰富完美的悲剧艺术手法,代表着整个西方文艺复兴时期文学的最高成就

续　表

序号	书　名	作　者	内容简介
34	忏悔录	卢梭(1712—1778)，法国伟大的启蒙思想家、哲学家、教育家、文学家，是18世纪法国大革命的思想先驱	本书通过作者深刻的自我忏悔，将自己与众不同的人生经历、思想情感和行为以惊人的坦率展现在世人眼前
35	浮士德	歌德(1749—1832)，德国诗人、戏剧家和小说家，世界文学巨匠之一	本书根据德国一个炼金术士向魔鬼出卖灵魂以换取知识和青春的古老传说，反其意而行之，展示了广阔、深邃而崇高的人生内容，为人类自强不息的进取精神唱了一出响彻寰宇的凯歌
36	高老头	巴尔扎克(1799—1850)，被称为现代法国小说之父，欧洲批判现实主义文学的奠基人和杰出代表	作品深刻揭露了资本主义社会人与人之间赤裸裸的金钱关系。高老头的两个女儿，在高老头的养育下过着奢华生活。一个高攀贵族，进入了上流社会；一个喜欢金钱，嫁给了银行家。她们出嫁时，每人得到了80万法郎的陪嫁，对父亲百般奉承体贴。但不久，这对女儿双双将父亲赶出大门，让他在破旧的伏盖公寓里过着寒酸的生活
37	悲惨世界	雨果(1802—1885)，19世纪法国浪漫主义文学的代表人物。代表作有长篇小说《巴黎圣母院》《海上劳工》《悲惨世界》及《九三年》等	本书被誉为"人性向善的精神史诗"。是19世纪法国浪漫派文豪充满人道主义精神的不朽之作。也是一部气势恢宏的"人类苦难的百科全书"，世界文学史上现实主义与浪漫主义结合的典范
38	简·爱	夏洛蒂·勃朗特(1816—1855)，19世纪英国著名作家、诗人	简·爱与雇主罗切斯特相爱，将结婚时因尊严而出走，又因为爱而在罗切斯特一无所有时回到其身边
39	瓦尔登湖	梭罗(1817—1862)，美国知名作家，1845年7月独自一人来到瓦尔登湖畔生活两年多。被称为自然随笔的创始者，其文简练有力，朴实自然，富有思想性，在美国19世纪散文中独树一帜	《瓦尔登湖》是一本使人安静的书。作者梭罗在向读者展示瓦尔登湖自然美景的同时，也展示了一种物质上简朴至极、精神上丰盈充实的生活状态
40	猎人笔记	屠格涅夫(1818—1883)，19世纪俄国批判现实主义作家、诗人和剧作家，被称为"现实主义艺术大师"	作品以一个猎人的行猎为线索写了25篇故事，刻画了众多人物形象，展现了农奴制下俄国外省城乡各阶层的生活
41	基督山伯爵	大仲马(1802—1870)，19世纪法国浪漫主义作家，著有《基督山伯爵》《三个火枪手》《双雄记》等作品	男主角被害入狱，幸运地得到宝藏秘密，他越狱找到宝藏后，化名基督山伯爵，最终报答了恩人，惩罚了仇人

续　表

序号	书　名	作　者	内 容 简 介
42	包法利夫人	福楼拜(1821—1880),19 世纪法国继司汤达、巴尔扎克之后又一位伟大的现实主义小说家	作者以简洁而细腻的文笔,通过一个富有激情的妇女爱玛的经历,再现了 19 世纪中期法国的社会生活
43	战争与和平	托尔斯泰(1828—1910),19 世纪写实主义的代表作家,是俄罗斯文学史上创作时间长、作品数量多、影响深远、地位崇高的作家,长篇巨著《战争与和平》《安娜·卡列尼娜》和《复活》是托尔斯泰文学艺术上的三个里程碑	《战争与和平》以战争为中心,展示了 19 世纪最初 15 年的俄国历史,全面再现当时社会风貌。《战争与和平》恢宏的构思和卓越的艺术描写震惊世界文坛,成为举世公认的世界文学名著和人类宝贵的精神财富。英国作家毛姆及诺贝尔文学奖得主罗曼·罗兰称赞它是"有史以来伟大的小说""是我们时代伟大的史诗,是近代的伊利亚特"
44	红与黑	司汤达(1783—1842),19 世纪法国批判现实主义作家。他以准确的人物心理分析和凝练的笔法而闻名。被誉为"现代小说之父"。代表作还有《阿尔芒斯》《巴马修道院》	小说以深刻细腻的笔调充分展示了主人公的心灵空间,广泛运用了独白和自由联想等多种艺术手法挖掘出了于连深层意识的活动,并开创了后世"意识流小说""心理小说"的先河,是一首"灵魂的哲学诗"
45	莫泊桑中短篇小说精选	莫泊桑(1850—1893),19 世纪后半叶法国优秀的批判现实主义作家。与契诃夫和欧·亨利并称为"世界三大短篇小说家"	书中所选小说深刻地反映了 19 世纪后半期的法国社会现实,无情地揭露了资产阶级的丑恶
46	泰戈尔诗选	泰戈尔(1861—1941),印度著名诗人、文学家、社会活动家、哲学家和印度民族主义者	作品反映了印度人民在帝国主义和封建种姓制度压迫下要求改变自己命运的强烈愿望,富有民族特色
47	名人传	罗曼·罗兰(1866—1944),20 世纪的法国著名思想家、文学家、批判现实主义作家、音乐评论家、社会活动家	该书描写了处于不同时代、不同民族的三位伟大艺术家贝多芬、米开朗琪罗、托尔斯泰的精神力量和心灵之美
48	幸福之路	罗素(1872—1970),20 世纪法国最杰出的哲学家之一,同时又是著名的数学家、散文作家和社会活动家。对 20 世纪的思想文化和社会生活产生了巨大的影响,被人们誉为"世纪的智者"。为了表彰他的"哲学作品对人类道德文化所做出的贡献",1950 年,罗素被授予诺贝尔文学奖	《幸福之路》是罗素的一本经典名著。浅显易懂,读起来饶有趣味。正如罗素写此书的目的,"希望那些遭受不幸而并未享受幸福的众多男女能够诊断出自己的症状并找出摆脱的方法"

序号	书　名	作　者	内容简介
49	月亮与六便士	毛姆(1874—1965),英国小说家,剧作家。现实主义文学代表人物。在现实主义文学没落期坚持创作,并奠定了其在文学史上的地位	一位证券经纪人,在人届中年时突然响应内心的呼唤,离经叛道地舍弃一切,先是奔赴巴黎,后又到南太平洋的塔希提岛与土著人一起生活,全身心投入绘画,并在死后声名大噪。艺术家的故事以生极落魄、死备哀荣的法国后印象派画家高更的生平为基础
50	假如给我三天光明	海伦·凯勒(1880—1968),美国著名的女作家、教育家、慈善家、社会活动家	作者以一个身残志坚的柔弱女子的视角,告诫身体健全的人们应珍惜生命
51	人类群星闪耀时	茨威格(1881—1942),奥地利作家。逝世后出版的《昨日的世界》,是世人了解欧洲文化的经典名著	茨威格从悠久的历史中撷取了14个重要时刻加以生动刻画,这些时刻——正如他在本书"序言"中所说——"对世世代代做出不可改变的决定;它决定着一个人的生死,决定着一个民族的存亡甚至整个人类的命运"
52	老人与海	海明威(1899—1961),美国小说家,1954年诺贝尔文学奖获得者,"新闻体"小说的创始人	主人公经过重重艰险,捕获了一条大马林鱼。但这条大马林鱼却被鲨鱼吃光了,他只拖回了一副鱼的骨架
53	雪国	川端康成(1899—1972),日本文学界泰斗级人物,新感觉派作家,著名小说家。1968年以《雪国》《古都》《千只鹤》三部代表作获得诺贝尔文学奖	《雪国》是川端康成最高代表作,其间描绘的虚无之美、洁净之美与悲哀之美达到极致,令人怦然心动,又惆怅不已。作品中唯美的意象描写融入人物情感的表达之中,往往带着淡淡的哀思,表现了川端康成的物哀思想
54	飘	米切尔(1900—1949),美国现代著名女作家。1937年她以长篇小说《飘》获得普利策奖	小说以主人公斯嘉丽不屈不挠的抗争故事,生动再现了美国南方农奴制经济为资本主义所取代的这一历史历程
	医学人文作品		
55	医之心	张抒扬,北京协和医院院长,主任医师,教授,博士生导师,心血管病学专家	本书讲述了作者从医生涯中印象最深的故事。这些故事呈现出的特殊的人与人之间的关切,都带着医生的专业担当,闪耀着医学的人文光芒。全书分为"治愈篇""帮助篇""安慰篇"三部分
56	医学的温度	韩启德,男,1945年7月出生于上海,中共党员,病理生理学家,中国科学院院士、北京大学教授、博士研究生导师,中国科学技术协会名誉主席	本书结集了韩启德院士对医学的本质、医学史、叙事医学、精准医学等的人文思考,提出回归以病人为中心的价值医疗。该书充满人文情怀与医者的温度,思想深邃,具有哲理性和普适性,给人以重要启迪

续　表

序号	书　名	作　者	内　容　简　介
57	医学人文十五讲	王一方,1958 年生人,医学硕士,北京大学医学部医学人文学院原教授	本书呈现了作者对于医学人文的审视和思考,既有历史追溯,又有抽象理论。作者对医学所兼有的科学和艺术二重属性有深刻的把握,贴近现实热点的个案分析也极具说服力
58	让人文照亮医学	姚志彬,从医多年,现任广东省医学会会长	本书针对我国医疗卫生现状,阐述了提高医务工作者人文素养、提高医疗行业人文关怀水平的重要性
59	温暖生命:平行病历选辑	王平,苏州市吴中人民医院原院长	平行病历是医务人员以人文关怀的理念去记录病人的疾病故事、生活境遇、内心痛苦的文章,为医务人员理解病人、感悟生命、抚慰心灵、反思医疗行为提供参考
60	关于医学的100 个故事	张健,医学博士,现从事营养研究工作	本书用讲故事的形式描述了医学史进程,旨在通过记述医学史上的重要事件向大众普及医学知识
61	医事法学	姚军,复旦大学法学院原副教授	本书将医学院办案实践所汲取的医学知识和医疗实践相融合,结合临床八年制专业博士班授课经验及他们提出的问题,运用哲学、法理学、卫生法学、行政法学(含保密及行政诉讼)、民法学(含侵权法和知识产权法)、商法学、经济法学、刑法学、刑事诉讼法学、人权法学、法律文书学等学科知识及原理,从医学人的视角看待相关的法学和法律问题,以我国医疗卫生事业的发展实践形成的各项制度和现状去解释法理,是临床医学院和法学院学生及普通读者都能学通看懂又能深入思考的医事法学专著
62	新药的故事	梁贵柏,博士,长期致力于医药科普工作	药从哪里来? 安全性如何保障? 如何治愈我们? 了解药物诞生背后的故事,才能读懂我们身体的健康密码。新药研发一线科学家,带你重温人类挑战疾病的动人时刻
63	急诊室手记	南宫仁,韩国急诊医生	本书写了 36 个比普通人更接近"生死"的急诊故事,是一部席卷亚洲的现象级医疗文学作品

序号	书　名	作　者	内 容 简 介
64	叙事医学：尊重疾病的故事	丽塔·卡尔，美国哥伦比亚大学内科学教授、内科医生及文学学者	叙事医学的诞生是为了保证在任何语言环境和任何地点的临床工作者可以全面地认识患者，并尊重他们的悲痛。如果具有叙事技巧，医疗卫生就能带来真正的尊敬和公正
65	医生的精进：从仁心仁术到追求卓越	阿图·葛文德，美国著名的健康政策顾问	本书是一本讲述医生行医过程的书，书中从勤奋、正直、创新三个方面描述了医生所面对的困境和方法

主要参考文献

［1］张抒扬.医之心：百名协和医学专家医学人文志［M］.北京：北京大学出版社，2021.

［2］吴慧荣，毕子家.综合素质教程［M］.北京：人民卫生出版社，2017.

［3］吴军.全球科技通史［M］.北京：中信出版社，2019.

［4］考克汉姆.医学社会学［M］.高永平，杨渤彦，译.北京：中国人民大学出版社，2011.

［5］孙宝志.临床医学导论［M］.4版.北京：高等教育出版社，2013.

［6］古津贤，李大钦.多学科视角下的医患关系研究［M］.北京：天津人民出版社，2009.

［7］王琳，董杨.医学生人文修养教程［M］.北京：高等教育出版社，2020.

［8］刘虹，张宗明，林辉.新编医学哲学［M］.南京：东南大学出版社，2010.

［9］王一方.医学人文十五讲［M］.2版.北京：北京大学出版社，2020.

［10］孙正聿.哲学修养十五讲［M］.北京：北京大学出版社，2004.

高等教育出版社　　**教学资源服务指南**

　　感谢您使用本书。为方便教学，我社为教师提供资源下载、样书申请等服务，如贵校已选用本书，您只要关注微信公众号"高职素质教育教学研究"，或加入下列教师交流QQ群即可免费获得相关服务。

"高职素质教育教学研究"公众号

最新目录
样书申请
资源下载
写作试卷
线上购书

师资培训　　教学服务　　教材样章

资源下载：点击"**教学服务**"—"**资源下载**"，或直接在浏览器中输入网址（http://101.35.126.6/），
　　　　　　注册登录后可搜索下载相关资源。（建议用电脑浏览器操作）
样书申请：点击"**教学服务**"—"**样书申请**"，填写相关信息即可申请样书。
样章下载：点击"**教材样章**"，可下载在供教材的前言、目录和样章。
师资培训：点击"**师资培训**"，获取最新直播信息、直播回放和往期师资培训视频。

联系方式

高职人文素质教师交流QQ群：167361230
联系电话：（021）56961310　　电子邮箱：3076198581@qq.com